本书获国家社会科学基金项目（12XJY029）、广西高校科学技术研究项目（YB2014344）、自治区级协同创新中心——陆海经济一体化协同创新中心、广西高校人文社会科学研究基地——广西金融与经济研究院、广西高等学校高水平创新团队及卓越学者计划、广西一流学科（培育）——应用经济学的资助

镜湖文库
JINGHU LIBRARY
广西财经学院经济与贸易学院

镜湖文库

JINGHU LIBRARY

中小商业银行跨区域发展的经济效应评估及监管政策研究

欧阳青东 陈雨花 著

中国经济出版社
CHINA ECONOMIC PUBLISHING HOUSE
·北京·

图书在版编目（CIP）数据

中小商业银行跨区域发展的经济效应评估及监管政策研究／欧阳青东，陈雨花著. --北京：中国经济出版社，2019. 12

（广西财经学院镜湖文库）

ISBN 978-7-5136-5996-3

Ⅰ. ①中… Ⅱ. ①欧… ②陈… Ⅲ. ①商业银行—银行发展—研究—中国 Ⅳ. ①F832. 33

中国版本图书馆 CIP 数据核字（2019）第 298437 号

责任编辑　彭　欣
责任印制　马小宾
封面设计　赵　飞

出版发行　中国经济出版社
印 刷 者　北京九州迅驰传媒文化有限公司
经 销 者　各地新华书店
开　　本　710mm×1000mm　1/16
印　　张　16. 25
字　　数　230 千字
版　　次　2019 年 12 月第 1 版
印　　次　2019 年 12 月第 1 次
定　　价　92. 00 元
广告经营许可证　京西工商广字第 8179 号

中国经济出版社 **网址** www. economyph. com **社址** 北京市东城区安定门外大街 58 号 **邮编** 100011

本版图书如存在印装质量问题，请与本社销售中心联系调换（联系电话：010-57512564）

序

金融在现代经济社会发展过程中起着无可替代的基石作用。但要认识到金融"上则富国，下则富家"的本质规律是什么、是如何起作用的并加以运用，却并非易事，即使第二次世界大战之后，Robinson（1952）依然认为金融发展不过是"企业发展引导金融机构追随"的结果，甚至诺贝尔经济学奖获得者 Lucas（1988）也认为，金融学家对金融体系在经济增长过程中的作用过于敏感。一旦出现金融危机，"怀疑论"就会卷土重来。

众所周知，金融业是被监管很严格的特殊行业。受金融自由化理论思潮的影响，很多发达国家和发展中国家在 20 世纪 70 年代开始大举金融改革旗帜。到 20 世纪 90 年代末，欧美主要发达经济体已基本不再对商业银行经营地域范围和设立分支机构进行严格的市场准入管制。在过去的 40 余年中，我国政府和金融监管部门也一直在持续推动金融监管体制改革，不仅将数量众多的城市信用合作社和农村信用合作社成功转制为更加适应市场化发展的股份制商业银行，也稳步推动了利率市场化改革和汇率市场化改革等，并建立起了现代存款保险制度。建立更加开放和公平竞争的市场环境和市场条件、探求适合经济金融发展规律的最优金融监管体制，是我国金融监管体制改革的主旨所在。

1994 年，我国开始了对金融业实施"分业经营、分业监管"的监管模式，而且对中小商业银行经营地域范围和设立分支机构进行严格管制。从 2006 年开始逐渐放松中小商业银行市场准入管制后，在 2009 年一度取消了中小商业银行跨区域设立分支机构的数量管制和拨付营运资本等市场准入管制，但在 2011 年又逐渐收紧监管政策，对中小商业银行特别是城市商业银行和农村商业银行跨省设立分支机构形成了事实上的管制并延续至今，从而对中小商业银行的发展产生了深刻影响。

毋庸置疑，改革开放后的金融发展对我国经济社会的发展至关重要。习近平总书记在2019年中共中央第十三次集体学习时高屋建瓴地剖析了“金融活，经济活；金融稳，经济稳。经济兴，金融兴；经济强，金融强。经济是肌体，金融是血脉，两者共生共荣”的辩证关系。当前，我国已建立起门类健全、大中小共存的多层次金融市场体系。英国《银行家》杂志发布的“2019年全球银行1000强”榜单显示，中资银行不仅继续包揽按一级资本排序的前4名，而且已有136家进入前1000强榜单，我国已是当之无愧的金融大国。同时我们也要清醒地认识到，我国以银行间接融资为主导的金融体系，依然存在难以满足实体经济高质量发展融资需求的突出矛盾，特别是为我国数量庞大、贡献巨大的中小企业提供最主要融资的中小商业银行的发展依然不尽如人意。

鉴于中小商业银行发展对我国国民经济高质量发展的重要性，本书在“次贷危机”后全球经济不确定性因素增强、我国宏观经济增长持续下滑和经济发展模式转型提质的背景下，审视我国中小商业银行跨区域发展的监管制度的变迁、评估中小商业银行跨区域发展的若干经济效应，希望为监管制度的优化做一些有益的基础性探索。

本书共分八章，其中陈雨花老师负责撰写第三章、第四章、第六章和第八章的部分内容。本书的主要内容如下。

第一，论述商业银行跨区域发展的理论基础。学术界对于金融在现代经济增长中的重要作用的研究，开始于对金融发展与经济增长关系、金融功能等的探索。本书首先沿着时间脉络回顾、归纳总结了有代表性的金融发展理论，包括金融发展观和金融结构论，金融抑制论和金融约束论、金融功能观和金融排斥论等。针对我国商业银行占主导地位的金融业体系结构性特征，从理论层面分析了商业银行的资本积累、资源配置和技术创新机制，分析了商业银行发展与经济增长的有机联系，并阐述了商业银行跨区域发展的-效率效应、风险管理效应及市场竞争效应，并提出本书的理论分析的框架。

第二，从规模划型标准及商业银行的性质出发，界定了本书中小商业银行这一研究对象的范畴，梳理了我国商业银行跨区域发展的监管制度及其变迁过程，分析中小商业银行跨区域发展的测度方法。本书在借鉴并对已有研究方法修正的基础上，主要采用跨区域经营宽度和深度指标，衡量中小商业银行跨区域发展的程度。

第三，分析了中小商业银行跨区域发展监管制度演变对我国银行业市场竞争的影响。从市场结构、价格竞争的非结构化测度方法，构建了全新的面板数据集，评估中小商业银行跨区域发展对市场竞争的影响，发现跨区域设立分支机构管制的放松，加剧了我国商业银行的竞争。

第四，在回顾中小商业银行跨区域发展的风险理论文献之后，对我国商业银行的风险进行了定量评估，并建立计量经济模型评估了跨区域发展对中小商业银行微观稳健性的影响。发现跨省经营的中小商业银行的风险比省内跨市经营的中小商业银行的风险更低，集中于地级市范围内的中小商业银行相对来说风险更高。这意味着跨区域经营宽度有助于银行分散风险，但跨区域经营深度对风险的影响刚好相反，这与理论预期和已有研究的结论是相吻合的。

第五，在前述研究基础之上，本书采用随机前沿分析方法（SFA）估计商业银行的规模、范围和X-效率，并辅以财务指标法定量评估跨区域发展对中小商业银行效率的影响。发现跨区域发展有助于提升中小商业银行的规模-效率，但对范围效率和X-效率的影响并不显著。

第六，本书还研究了中小商业银行跨区域的监管政策，主要分析了欧美国家银行经营地域范围管制制度演变的过程和规模，剖析了“次贷危机”后银行业监管的国际发展趋势，以期为我国相应监管制度的优化提供有益的经验借鉴。我国的金融业发展，不仅需要通过开放，引进外资金融机构，也需要推动我国金融机构的国际化。首要应放松市场准入管制制度，适时取消中小商业银行跨省设立分支机构的管制，为金融业的开放发展营造公平竞争的市场环境。

尽管我们努力研究并撰写本书，也得出了一些有益的结论，但仍不免存在缺陷或不足，这也是我们下一阶段需要继续深入研究的方向。我们力求严谨，在书稿撰写过程中引用了诸多已有研究成果，并在书后附了所引用的参考文献，在此对这些文献作者做出的理论和经验贡献致以谢意。在本书的研究和撰写过程中，一度忽视了与家人、同事和友人的联系及交流，对他们的理解和关心表示感谢。最后，本书能够如期付梓，中国经济出版社的彭欣老师做了大量耐心细致的工作，在此亦表示衷心感谢！

是为序。

2019 年于莲湖之畔

目　录

第一章　绪　论

第一节　研究背景和研究意义

一、研究背景

1. 全方位开放格局下的金融监管

金融业在现代经济社会发展中起着极其重要的作用。它不仅起着支付结算和便利交易的基础性作用，也对企业和项目的潜在价值及前景进行评估，并动员储蓄向能够提高社会生产力的创造性经济活动提供融资（King & Levine，1993a[1]，1993b[2]；Beck et al.，2000[3]），还为全社会提供风险分散和非金融企业公司治理的重要机制（白钦先和谭庆华，2006）[4]。随着经济金融化程度不断提升，从而引发众多专家、学者和政策制定者等对金融发展问题的关注。

20 世纪全球经济和金融的发展历程表明，金融全球化在本质上要求金融业开放发展，主动融入金融全球化的发展潮流，最大限度地利用金融全球化的机遇，并将金融风险控制到最小，这也是广大发展中国家实现经济社会快速发展目标的必然选择。尽管我国已经是全球第二大经济体和金融大国，但参与并推动金融全球化始终是中国金融业发展的重要引擎。因为在当前和将来一段时期内，我国既要面临“次贷危机”后全球经济发展不确定性和转型发展带来的经济增长放缓的压力，也要面临全球经济和金融“逆全球化”的挑战。所以，不仅为了维护全球经济金融开放发展的良好局面，也为了更大程度地激发国内金融机构服务实体经济和风险防控的能力，为未来经济发展提供新的内生动力，中国金融业发展迫切需要迈入全方位开放发展的新阶段。

不同于我国加入 WTO 时的金融开放承诺，我国新一轮金融业开放发展旨在通过进一步放宽外资在机构设立和产品业务范围的市场准入管制，逐步有序地推动国内金融市场国际化，提升中资金融机构的国际化业务创新和风险管控能力，提高中资金融机构的国际竞争力水平。显然，在金融全球化框架下，要实现金融大国向金融强国转变的战略目标，就不能局限于少数大型中资金融机构的国际化，而应着力提升金融体系和金融机构的整体竞争力。由于市场定位和经营管理能力等多方面存在差异，要使数量众多的中小商业银行都发展成为国际化机构并不现实，但全方位开放发展不仅要求中资金融机构加快体制机制改革力度和步伐，还需要金融监管部门在全球化视域下审视传统监管理念和监管政策措施，放宽中小金融机构经营地域范围管制，推动金融监管向遵循市场“公开、公平和公正”原则和法治、规则监管转变。为避免出现监管歧视，金融监管需要赋予外资和外资金融机构“国民待遇”，但更迫切需要深化监管体制改革，即改革以往金融机构按条块、股东性质、地域范围等多重标准分类监管的理念和监管措施，为金融机构特别是中小金融机构的国际竞争力提升营造更加公平和公正的市场竞争环境。

2. 我国银行业的市场化改革

自恢复商业银行业务以来，推动形成更有竞争性的金融市场一直是我国金融体制改革的重要目标。经过 40 多年渐进式金融市场化改革，我国已经建立了包括资本市场、货币市场、外汇市场、保险市场和衍生产品市场等门类齐全的现代金融体系，金融市场主体、金融工具和产品日益丰富（李杨，2008）[5]。在 1993 年党的十四届三中全会确立金融市场化改革方向后，尽管“亚洲金融危机”特别是“次贷危机”爆发后的国际宏观经济不确定性增加，对我国经济增长造成了巨大的压力，但并未能阻挡我国推动金融市场化改革和金融开放发展的坚定步伐，反而在进行金融机构改革和金融监管体制改革的同时，依然稳步推进了利率市场化和汇率市场化，也建立起了现代存款保险制度，从而为金融机构通过市场竞争的方式提高金融服务效率提供了可能。

（1）利率市场化改革。我国的利率市场化改革始于1983年国务院授权中国人民银行在基准贷款利率基础上20%的上下浮动改革①，在《关于金融体制改革的决定》中确立了“贷款利率管下限、存款利率管上限”的利率市场化改革思路之后，经过20余年的持续努力，我国已基本完成了利率市场化改革。一是基本实现了人民币存、贷款利率市场化。自1996年中国人民银行放开银行间同业拆借利率后，在2012年又先后两次调整了贷款利率浮动区间的下限，分别为基准利率的0.8倍和0.7倍。2013年7月，中国人民银行全面放开金融机构贷款利率管制后，商业银行可依据其成本及客户风险等自主议价决定贷款利率。2012年6月8日，在1999年试办商业银行对保险公司大额协议存款的基础上，中国人民银行又在下调金融机构人民币存贷款基准利率的同时，将金融机构存款利率浮动区间上限调整为基准利率的1.1倍，从而迈出了人民币存款利率市场化的关键一步。2015年10月23日，在连续上调存款利率浮动上限后，中国人民银行宣布不再对商业银行和农村合作金融机构等设置存款利率浮动上限。至此，我国存贷款利率市场化改革已基本完成。② 二是基准利率形成机制的市场化。中央银行（以下简称“央行”）基准利率是金融资产定价的重要基础，因此基准利率市场化是利率市场化的核心和重要前提。为培育和规范我国贷款基准利率市场化，上海银行间同业拆借利率（Shanghai Interbank Offered Rate，Shibor）于2007年1月4日正式运行。随着Shibor对债券产品定价指导性作用的持续增强、以Shibor为基准的金融产品创新和成交的日趋活跃、报价行内部资金转移定价与Shibor的结合，以及票据贴现、回购业务以Shibor为基准的定价机制形成，Shibor在我国货币市场乃至金融市场贷款基准利率的地位已基本形成。为进一步完善金融市场基准利率体系，中国人民银行还于2013年10月25日启动了贷款基础利率

---

① 国务院《批转中国人民银行关于国营企业流动资金改由人民银行统一管理的报告的通知》。

② 尽管已放开存款利率上限管制，但商业银行存款利率上限行业自律约定依然制约存款利率自由浮动。

（Loan Prime Rate，LPR）集中报价和发布机制，对其 9 家 LPR 报价行最优质客户报价进行加权平均计算后，得出贷款基础利率报价平均利率并对外发布，以供其他金融机构参考制定贷款基础利率。LPR 是 Shibor 的进一步拓展和扩充，对促使基准利率定价由央行确定向由市场化确定转变起到了重要作用。①

（2）汇率市场化改革。利率和汇率平价理论关系表明，人民币利率市场化要求人民币汇率市场化（曹远征，2018）[6]。在 1994 年汇率并轨后建立的单一、有管理的浮动汇率制基础上，我国于 2005 年又将单一钉住美元的浮动汇率制改革为参考“一揽子货币”的人民币汇率形成机制，将汇率浮动范围放宽到 2%；2017 年，央行又进一步在汇率中间价定价模型中引入“逆周期因子”（吴晓求，2018）[7]。此外，我国还积极利用央行间的货币互换协议、跨境贸易人民币结算试点等改革措施推动人民币汇率的市场化。

在利率和汇率市场化改革的同时，我国还稳步放松了国际资本管制，在 1996 年实现经常账户的人民币可自由兑换目标后，又相继做出了合格境外机构投资者（Qualified Foreign Institutional Investors，QFII）、人民币合格境内机构投资者（RMB Qualified Domestic Institutional Investor，RQDII）、沪（深）港通等制度安排，以推动资本项目的可自由兑换改革。在国际货币基金组织（IMF）的 40 个资本账户科目中，仅有跨境直接投资、中国居民对外负债和中国资本市场开放 3 个科目尚未完全放开（曹远征，2018）[6]。

（3）存款保险制度的建立。商业银行具有显著的规模经济特征，当限于财力未建立显性存款保险制度时或政府金融安全网仅为少数重要的金融机构提供隐性担保时，为降低挤兑风险，银行有强烈的动机进行规模扩张，即“太大以至于不能倒”。相比较来说，显性存款保险制度是一种能提供清偿机制，有助于保护小储户利益，增加银行体系的流动性，提升公众对银行体系

---

① 为了深化利率市场化改革，中国人民银行于 2019 年 8 月 20 日开始实行新的 LPR 形成机制，LPR 报价行覆盖城市商业银行、农村商业银行、外资银行和民营银行，并在原有 10 家全国性银行的基础上增至 18 家，贷款市场报价利率由原有 1 年期 1 个期限品种扩展至 1 年期和 5 年期以上 2 个期限品种。

的信心，防范并减少银行业系统性危机，确保金融体系和社会经济稳定的制度安排（谢平等，2001[8]；钱小安，2004[9]）。① 显性存款保险制度虽然也会因设计不合理加剧道德风险，进而加大银行倒闭的可能性，但能为中小商业银行提供更加公平的市场竞争环境。

我国早在1993年印发的《国务院关于金融体制改革的决定》中就提出要“建立存款保险制度，保障社会公众利益”，但长期以来却一直实行隐性存款保险制度。直到2015年3月31日，国务院发布了《存款保险条例》，并决定自2015年5月1日起实施显性存款保险制度后，才建立了覆盖境内设立的商业银行、农村合作银行、农村信用合作社等存款类金融机构的正式存款保险制度。基准费率与风险差别费率相结合的存款保险制度不仅可为99.63%的存款人（包括各类企业）提供全额保护②，也可提高储户对中小商业银行和民营银行的信用水平，为中小商业银行和民营银行创造更加公平的市场竞争环境。

3. 金融科技创新与银行业经营地域范围管制

在过去的20多年中，在产业投资基金和各种风险投资基金的支持下，以计算机技术为基础的互联网产业迅猛发展，并快速向传统领域和传统产业扩散，形成了以互联网技术为基础的新型商务模式。在金融领域，金融机构不断将计算机技术、互联网技术和信息技术应用到传统业务领域中。因此，在云计算、大数据和移动互联网等技术的推动下，金融和互联网技术的融合不断加速，并推动了金融业信息化和网络化等金融科技（Finance Technology, Fintec）的飞速发展。金融科技在带来新发展机遇的同时，也对传统金融业务产生了深刻影响。

一方面，金融科技为金融业提供了新的发展场景和发展模式。金融科技

---

① 自美国在大萧条后率先建立存款保险制度以来，全球已有110多个国家和地区建立了显性存款保险制度，且大部分是20世纪80年代之后才建立的。

② 50万元赔付限额可以为99.63%的存款人（包括各类企业）提供全额保护。资料来源：《人民银行解读〈存款保险条例〉》，http://www.gov.cn/xinwen/2015-04/03/content_2842731.htm。

的全新服务模式不仅将银行的可变人力成本转变成为机器设备等固定成本，其网络规模效应在降低银行平均成本的同时也可增加收入（刘澜飚等，2013）[10]。金融市场规模的扩大、市场流动性的提高、与客户间交流和协同的增强等提高了商业银行的规模经济（Economides，1993，2001）[11,12]。商业银行不仅将互联网和移动通信技术广泛应用于交易结算及客户信息的收集处理，还应用于贷款发放、贷后风险管理等业务中，从而不仅极大地延伸了传统商业银行物理网点的服务时间和服务空间，也打破了传统金融服务总行与分支机构间的地理距离和经营地域范围的限制。例如，深圳前海微众银行与浙江网商银行利用互联网技术、庞大的社交网络数据和互联网数据优势进行渠道、产品和模式等方面的创新，其客户的获取、风险控制和金融服务等核心业务环节都在线上完成，中小企业（个人）可能更容易获得贷款（刘澜飚等，2013）[10]。通过借助云计算、大数据、社交网络和搜索引擎（谢平和邹传伟，2012）[13]乃至人脸识别技术，传统金融中介信息处理能力的提升在一定程度上缓解了银行与贷款申请者之间的信息不对称问题，也为传统商业银行提供了新的风险管理模式。

另一方面，商业银行的传统业务正遭受非银行金融机构（Williams & Jacobsen，1995）[14]和金融科技公司的冲击。其中，非银行金融科技公司的蓬勃发展正在不断蚕食传统商业银行的业务领域、侵蚀商业银行传统的利润空间，给传统商业银行的发展带来了巨大挑战。金融支付系统的电子化和网络化降低了居民对活期储蓄的投资需求，从而加速了金融脱媒（Mishkin & Strahan，1999）[15]。在负债端，虽然传统商业银行也大力发展互联网支付，但以支付宝和财付通等为代表的大量第三方支付结算平台正在不断侵蚀商业银行传统支付结算平台的垄断地位①，银联的银行卡清算市场垄断地位正在被金融科技公司打破。随着移动支付技术的发展，商业银行支付清算职能逐渐向第三方支付平台转移，原来存放于商业银行的短期资金大量流向了第三方

① 从2011年中国人民银行发放第一批第三方支付牌照，截至2015年1月底，已有260家公司获得了第三方支付牌照。资料来源：http://paynews.net/forum.php? mod=viewthread&tid=29166。

支付结算平台，从而造成了商业银行的存款脱媒。① 在资产端，金融科技公司发起的互联网融资模式（谢平和邹传伟，2012）[13]正在不断侵蚀传统金融机构的资产，造成银行业的资产脱媒，如人人贷（peer to peer）、众筹（crowd funding）、阿里小贷等。

金融科技的快速发展为商业银行逾越经营地域范围和分支机构管制等制度性市场进入壁垒提供了可能，加之互联网技术无时空限制的独特优势，促使银行参与同业竞争时不再局限于分支机构物理网络的单一市场竞争渠道。互联网金融等金融科技的发展不仅造成金融脱媒（宋旺和钟正生，2010[16]；陈钢和郑良琳，2012[17]；宫晓林，2013[18]；梁彩红，2014[19]；王达，2014[20]），更重要的是金融科技创新的新技术、新理论和新模式可能颠覆传统商业银行的理论基础和金融监管环境。与 20 世纪的 ATM、电话银行和货币市场基金等技术及金融创新推动美国取消商业银行经营地域范围和分支机构市场准入管制一样（Kroszner & Strahan，1999[21]；Allen et al.，2002[22]；Berger & DeYoung，2006[23]），金融科技和金融创新的快速发展也正在侵蚀我国商业银行经营地域范围和分支机构市场准入管制的制度基础，导致经营地域范围和分支机构管制政策的效果显著下降。

二、研究意义

我国的金融体系是银行主导型的，即以银行间接融资方式配置金融资源为主。虽然资金和技术脱媒持续发展，但在当前和未来较长一段时期内，商业银行在全社会金融资源的配置中将依然发挥着极其重要的作用。特别是改革开放 40 多年以来，随着中小企业融资需求的快速上升，主要为中小企业配

① 以余额宝为例，截至 2015 年 3 月底，阿里于 2013 年 6 月推出的余额宝资金规模已经达到 7117 亿元，助力天弘基金成为国内最大的货币基金（胡又文，2015）。参见胡又文．金融新势力野蛮崛起：我国新兴互联网银行深度研究报告［R］．安信证券，2015。

置金融资源的中小商业银行在我国金融体系中的地位已非常重要。① 与大型商业银行相比，由于成立的时间较晚，后续发展过程中又面临更为严格的准入管制，中小商业银行的经营地域范围和分支机构网络普遍存在先天的数量竞争劣势和后天的制度性竞争劣势。因此，为改变中小商业银行这种不利的市场竞争条件，在经历一段时间严格的管制后，监管当局于 2006 年前后放松了对中小商业银行经营地域范围和分支机构市场准入的管制，但由于出现了一系列风险事件②，监管当局在 2011 年后又收紧了中小商业银行跨区域经营的监管政策。鉴于此，本书以中小商业银行为研究对象，评估跨区域经营监管政策变化对中小商业银行的影响，重点分析中小商业银行跨区域发展的市场竞争行为、风险和效率等经济效应，具有重要的理论意义和实践价值。

1. 理论意义

风险和效率问题是商业银行理论的重要内容。本书在已有研究的基础上，旨在构建一个中小商业银行跨区域发展微观经济效应评估的“制度—行为—绩效（风险）”理论分析框架，分析跨区域发展对中小商业银行市场竞争行为、风险和效率的影响，探索经营地域范围和风险分散、委托代理问题等对中小商业银行风险和效率的影响机制，探究经营地域范围与中小商业银行风险和效率等之间的定量关系，对进一步理解商业银行风险和效率的理论内涵及理论关系具有重要的理论价值。

为增强本国银行的国际竞争力，全球主要经济体纷纷取消了对商业银行经营地域范围和分支机构的市场准入管制。在过去几十年中，我国渐进地推进了利率市场化、汇率市场化等重要的金融自由化改革。而作为金融自由化理论的重要内容之一，商业银行经营地域自由化在我国依然是一个争议颇多

① 截至 2018 年底，我国有中小商业银行法人机构 4090 家，拥有各类分支机构 11.70 万个，占商业银行分支机构总数的 51.85%；中小商业银行总资产 111.61 万亿元，占商业银行总资产的 53.16%。6 家大型商业银行分支机构共有 10.87 万个，占商业银行分支机构总数的 48.15%；资产 98.35 万亿元，占商业银行总资产的 46.84%。

② 较早案例如齐鲁银行票据诈骗案、汉口银行假担保事件、温州银行骗贷案等，近期案例包括恒丰银行和包商银行被接管等。

的重要问题。因此，研究我国中小商业银行跨区域发展管制制度，探索中国情境下的商业银行经营地域自由化问题，可以进一步丰富商业银行经营地域自由化理论的内容。特别是在我国金融业全方位开放格局下，分析中小商业银行跨区域发展的市场竞争行为、风险和效率，对未来一段时期内我国商业银行整体国际竞争力的增强具有前瞻性的战略价值。

2. 实践价值

当前，我国正处于“次贷危机”后宏观经济由高速增长向高质量增长的转变过程中，并存在诸多影响社会经济及金融发展的不确定性因素。探索经济下行期跨区域发展与中小商业银行风险之间的定量关系，研究中小商业银行的风险分散机制，对当前和未来较长一段时期内提高中小商业银行的风险控制能力、防范和化解系统性金融风险具有重要的实践价值。

当前，我国已经拉开了金融机构国际化向金融市场国际化这一全方位开放战略转变的帷幕。探索跨区域发展与中小商业银行经营效率之间的定量关系，优化中小商业银行跨区域发展监管政策，对稳步提升我国中小商业银行的国际竞争力及应对国际金融机构大举进入的能力，推动我国金融市场国际化战略目标的实现具有重要的实践价值。同时，也有利于金融监管当局从宏观上更好地指导中小商业银行正确处理跨区域发展速度与风险管控能力、规模扩张与效率提升之间的矛盾关系。本书相关研究结论对众多的中小商业银行开展跨区域发展实践具有重要的参考价值。

第二节 研究思路和主要内容

一、研究思路

本书的基本研究思路：首先，系统地梳理商业银行跨区域发展的基础理论，回顾商业银行跨区域发展的理论和经验研究文献，归纳国内外学者的代表性研究成果和重要观点，总结对本书的研究可资借鉴的理论和方法，并探索可能突破的创新之处。其次，构建中小商业银行跨区域发展的理论分析框架，分析跨区域发展与商业银行市场竞争行为、风险承担和经营效率之间的理论关系；构建中小商业银行跨区域发展的评估方法，为后续经验研究提供理论支撑。再次，对中小商业银行经营地域范围和分支机构管制制度进行国际比较，归纳商业银行经营地域范围和分支机构市场准入监管的国际发展趋势，为后续对策分析提供经验借鉴。在此基础上，利用自行构建的中小商业银行跨区域发展数据库，评估中小商业银行跨区域发展与市场竞争行为、风险承担和经营绩效等之间的定量关系，以检验跨区域发展对中小商业银行风险控制和效率提升的现实价值。最后，从宏观监管制度改革、市场环境和微观内控制度建设等方面，提出中小商业银行跨区域发展的风险控制和效率提升的具体对策建议。

二、主要内容

自 20 世纪 90 年代金融业“去监管”之后，欧美主要发达经济体的金融监管已很少涉及本国商业银行经营地域范围和设立分支机构的管制。在过去的 40 多年中，我国商业银行特别是中小商业银行跨区域发展也经历了“自由发展—管制—放松—收紧管制”的螺旋式过程。本书在国际银行监管发生较大变化的形势下，对我国中小商业银行跨区域扩张的经济效应及监管政策进行研究，主要内容安排如下。

第二章是商业银行跨区域发展的理论基础和分析框架。首先，回顾了金融发展理论、金融抑制与金融深化、金融排斥与金融宽化等基础理论。其次，重点对商业银行跨区域发展的效率与风险管理、市场竞争等潜在效应，以及商业银行跨区域发展对非银行金融机构和宏观经济等影响的代表性理论和经验文献进行了归纳总结。主流观点认为跨区域扩张有利于中小商业银行挖掘规模经济，通过资产端和负债端的空间组合效应降低银行流动性风险和信贷风险，从而降低商业银行破产的概率。但也存在不同的观点，认为跨区域扩张因总分支机构间距离的扩大、竞争压力等可能侵蚀特许权价值，加剧委托代理问题等。最后，在现代产业组织理论经典研究范式的基础上，分析将现代产业组织理论经典范式应用于银行业研究可能存在的问题，并基于已有研究成果提出本书的分析框架，将公共政策、市场结构、行为及绩效统一内生于修正的分析框架中。

第三章首先结合规模划型标准和业务本质，确定我国中小商业银行这一研究对象的范畴。本书集中研究股份制商业银行、城市商业银行和农村商业银行等中小商业银行的跨区域发展问题。其次，回顾了我国商业银行经营地域范围和分支机构设立管制制度变迁，将商业银行跨区域发展过程划分为非量化分类监管、分类量化监管、统一量化放松管制和恢复数量管制四个发展阶段。最后，讨论了商业银行跨区域发展的测度方法，并根据研究需要构建了本书的中小商业银行跨区域发展测度指标体系，主要包括虚拟变量、跨区域发展宽度、深度等指标，并用这些指标测度了我国中小商业银行跨区域发展的程度。

第四章是对中小商业银行跨区域发展与银行业市场竞争的关系进行研究。首先基于结构化测度方法，对我国银行业的市场结构特征进行分析。其次基于新经验产业组织理论，采用 Lerner 指数法、PRH 统计量法和 Boone 指数法，再利用自主构建的一个在 2006—2017 年期间由 170 家银行组成的全新非平衡面板数据集，对我国商业银行的市场竞争程度进行评估。得出的结论是，中小商业银行跨区域发展加剧了我国银行业的价格（贷款价格）竞争。

第五章是对跨区域发展与中小商业银行风险、市场竞争与银行业稳定的关系进行评估。本书基于 Allen 和 Pantzalis（1996）“国际化宽度可提升银行价值、深度可阻碍银行价值”的假说，提出了“中小商业银行跨区域发展宽度有利于降低风险，深度不利于降低风险”的可检验假设。直观上，跨区域发展降低了中小商业银行的信贷资产集中度风险。同时还利用自主构建的在

1996—2017 年期间由 170 家商业银行组成的非平衡面板数据集建立计量模型，对中小商业银行风险与跨区域发展之间的风险分散效应进行评估。按跨省、省内跨市和集中于市内经营不同跨区域发展类型变量建立的回归模型显示，三类银行的不良贷款率和资产收益波动率依次升高，说明跨省经营中小商业银行风险低于省内跨市经营中小商业银行风险，省内跨市经营中小商业银行风险低于集中于市内经营中小商业银行风险，这就意味着原有跨区域发展监管政策的筛选机制是有效的。在控制中小商业银行层面的特征、中观产业和宏观层面等影响因素之后，银行不良贷款率、资产收益波动率与跨区域经营宽度负相关，但与跨区域发展深度正相关，对股份制商业银行、城市商业银行和农村商业银行进行的稳健性检验结论依然成立，在经验上支持可检验的假设。对衡量银行业整体稳定性 Z 评分指数与市场竞争（Lerner 指数）间的计量结果显示，跨区域竞争整体上有助于提升我国商业银行业的稳定性。尽管我国商业银行市场退出机制尚不健全，很少有银行通过破产方式退出市场，但中小商业银行可通过开设异地新分支机构分散系统性风险，关闭亏损或高风险分支机构，为防止破产提供有效的缓冲机制。

第六章是对跨区域发展与中小商业银行效率的关系进行评估。采用随机前沿分析法（SFA）评估我国中小商业银行的成本效率、利润效率、规模效率和 X-效率，并对中小商业银行效率指标与跨区域发展指标之间的关系进行评估。实证结果表明，跨区域发展宽度更有利于中小商业银行发掘规模经济和获取利润，跨区域发展深度则无助于银行改善成本效率。组织结构不经济、委托代理问题是造成 X-效率损失的可能原因。

第七章是对中小商业银行跨区域发展监管政策进行研究。首先分析了欧美特别是美国的商业银行经营地域范围和分支机构管制变迁过程。其次归纳总结了国际银行监管的发展趋势，发现欧美等主要发达经济体已很少涉及本国商业银行经营地域范围和设立分支机构的管制。“次贷危机”后，银行国际监管理念、监管架构、监管规则均发生了较大变化。从 2010 年的《巴塞尔协议Ⅲ》到其 2017 年的最终版，都集中体现了系统重要性风险防范，宏观审慎与微观审慎相结合的变化趋势，特别是最终版的简单性、可比性和风险敏感性的监管规则得到了广泛认同。另外，美国也通过“去监管”改革，拉开了放松管制的闸门。

第八章是对本书的主要结论进行归纳总结，从微观、中观和宏观监管层面提出了我国中小商业银行跨区域发展的监管政策建议。建议中小商业银行创新资本渠道，提高资本补充能力。我国现有法律法规并未禁止中小商业银行跨区域发展，因此在确保系统性风险可控的前提条件下，放松乃至取消中小商业银行跨区域发展有利于营造公平竞争的市场环境，有助于防范和化解银行业风险，有助于提高中小商业银行服务实体经济，特别是中小微企业发展的能力，从而增强我国中小商业银行的国际竞争力。

第三节　研究方法与主要特色

一、研究方法

1. 文献研究法

本书采用文献研究法，回顾和归纳总结中小商业银行跨区域发展的相关基础理论、代表性理论与经验文献，以期找到本书的研究切入点。

2. 比较分析法和归纳法

本书重点是对欧美等发达国家和地区商业银行跨区域发展监管制度的变迁，以及对我国中小商业银行不同的发展阶段进行比较分析，归纳得出了一些有益的结论。

3. 数理统计和计量经济模型分析法

本书采用定量分析方法，用以虚拟变量、跨区域发展宽度、跨区域发展深度指标为主的指标体系衡量我国中小商业银行跨区域发展情况；采用传统的结构主义方法和新经验产业组织理论的 Lerner 指数法、PRH 统计量法和 Boone 指数法测度我国商业银行的市场竞争行为和竞争程度，以传统财务指标法（如 NPL、资产收益波动率）及 Z 评分测度我国商业银行的风险及市场稳定性；采用随机前沿分析法（SFA）定量估计我国中小商业银行的规模效率、范围效率、X-效率及利润效率。通过建立计量经济模型，定量评估跨区域发展与我国中小商业银行风险、市场竞争与商业银行业的稳定性、跨区域发展与中小商业银行效率之间的关系。

二、主要特色

在国际银行监管变化新形势下，针对我国中小商业银行跨区域发展监管制度的变化，本书在我国中小商业银行跨区域发展的潜在经济效应研究和中小商业银行跨区域发展监管方面做了一些有益的探索，主要有以下几方面特色。

1. 构建了全新大型非平衡面板数据集

区别于以往以定性分析为主的做法，本书采用自主建立数据库的方式收集了大量的数据，构建了一个在 2006—2017 年期间由 170 多家中小商业银行，共计 1600 多个样本点组成的全新大型非平衡面板数据集。

2. 提出了一个修正的分析框架

在分析现代产业组织理论经典范式的基础上，分析了将传统研究范式应用于银行研究的不足之处，在借鉴已有研究成果的基础上，提出了一个修正的分析框架，公共政策（跨区域监管政策）、市场结构、行为和绩效均被统一内生于这个框架中，使其更加适合金融监管制度变化对银行市场结构、行为、绩效的影响，以及各变量间的动态关系，进一步拓展了金融产业组织理论的分析方法。

3. 构建了跨区域发展定量评估的指标体系

在借鉴已有研究成果的基础上，结合我国中小商业银行跨区域发展的阶段性特点，构建了由虚拟变量、跨区域发展宽度、跨区域发展深度、异地分支机构比率等多个维度组成的评估指标体系，对我国中小商业银行跨区域发展程度进行定量评估。本书用指标体系测量跨区域发展简单易行，可充分反映商业银行跨区域发展的动态过程，特别适用于对信息披露不充分的中小商业银行跨区域发展的研究。

4. 跨区域发展的效应评估

定量分析法既是本书最主要的研究方法，也是本书的特色之一。基于自主构建的全新大型非平衡面板数据集，通过评估我国中小商业银行跨区域发展的市场竞争效应、风险分散效应、市场稳定效应和效率效应，归纳总结得出一些有益的研究结论，从而丰富了金融发展理论、金融宽化理论和金融产业组织理论。

第二章　商业银行跨区域发展的理论基础

自 Smith（1776）[24]出版《国民财富的性质和原因的研究》以来，经济学家们投身于“经济增长”这一研究目标已有 200 余年。Smith（1776）早就指出劳动分工、资本积累和技术进步是经济增长的主要动力，但并非所有经济学家都能认识到金融体系对经济增长动力形成起到至关重要的作用。例如，萨伊、穆勒和卡塞尔等古典经济学家认为货币对实体经济没有实质性作用（货币面纱论）；在 Arrow（1964）[25]和 Debreu（1959）[26]的或有要求权分析框架中认为信息是对称的，没有交易成本，因此金融系统的存在是不必要的，金融发展不过是“企业发展引导金融机构追随”的结果（Robinson，1952）[27]。Lucas（1988）[28]认为，金融学家对金融体系在经济增长过程中的作用过于敏感，而发展经济学家则对金融体系的作用总是持怀疑态度（Stein，1988[29]；Chandavarkar，1992[30]）。在很多经济学家致力于“金融与经济发展的关系”这一金融经济学的核心命题研究并取得越来越多的成果之后（如 Schumpeter，1912[31]；Gurley & Shaw，1955[32]，1956[33]，1957[34]，1960[35]；Goldsmith，1969[36]；Shaw，1973[37]；McKinnon，1973[38]；King & Levine，1993a[1]，1993b[2]；Hellmann，1994，1997[39]；Levine，1997[40]；Beck et al.，2000[3]等），这种不利的局面才有所改变。但只要金融危机卷土重来，怀疑论观点就会甚嚣尘上（Zingales，2015[41]；Azariadis & Bucci，2019[42]）。鉴于此，本章首先回顾商业银行跨区域发展的基础理论（金融发展理论），在此基础上重点阐述商业银行发展理论，特别是商业银行跨区域发展促进经济增长的机制；其次在借鉴和修正现代银行产业组织研究范式的基础上，提出本书的分析框架。

第一节 金融发展理论

金融发展理论（Financial Development Theory，FDT）可追溯到 Gurley 和 Shaw（1955，1956，1957，1960）[32-35]的开创新研究成果，并在 Goldsmith（1969）[36]，Shaw（1973）[37]和 McKinnon（1973）[38]对高增长经济体与发展良好的金融市场之间的关系进行系统说明后正式形成。自金融发展理论产生以来，经济学家不仅需要回答金融体系形成和发展的原因（如 Diamond，1984[43]；Bencivenga & Smith，1991[44]；Boot & Thakor，1997[45]；Greenwood & Smith，1997[46]；Levine，1997[40]；Ergungor，2010[47]等），更迫切需要阐释金融发展与实体经济发展之间的因果关系，并开出金融如何促进经济增长的对症“药方”，由此逐渐形成了金融发展观（Gurley & Shaw）、金融结构论（Goldsmith）、金融抑制论（McKinnon）、金融约束论（Hellmann，Murdock & Stiglitz）、金融功能观（Merton；Bodie；Levine）与金融排斥论（Leyshon）等代表性理论。

一、金融发展观和金融结构论

1. 金融发展观

在第二次世界大战后，国别经济发展表现出较大的差异性，其中一个基本的事实是，人均收入水平越高的国家或地区其金融市场越活跃（Demirgüç - Kunt & Levine，2004）[48]。但在早期有关经济增长的研究文献中，无论是哈罗德-多马（Harrod，1939[49]；Domar，1946[50]）模型还是 Solow（1956）[51]模型都忽视了这一基本事实，即都未能体现货币或金融因素对经济增长的重要性。Gurley & Shaw（1955）[32]对传统研究文献只关注实体经济发展中的劳动力、产出和收入问题却忽视金融发展的局限性进行了批判。Gurley & Shaw

(1995)[32]在分析了储蓄和投资机构的可贷资金流分散化、金融债权多元化及其价格变化等渠道在收入、支出和储蓄、投资及财富积累中产生的作用后，提出了“金融发展观”，认为金融机构在储蓄—投资过程中起着极其重要的中介作用（Gurley & Shaw，1956)[33]，经济发展不仅包括实体经济（物品）发展，还应该包括金融服务的发展。

Gurley 和 Shaw（1960)[35]开创性地提出涵盖多种金融资产、多元化金融机构和金融政策在内的广义货币金融理论，他们认为“货币是金融资产之一，货币金融理论应该面对多元化的金融资产；虽然商业银行是创造活期存款的唯一机构，但其他金融机构也能创造某些独特的金融债权并进行信用创造，因而金融政策不能仅依靠控制货币的政策。影响金融和经济发展的政策应该包括货币政策、债务管理政策和财政政策等一系列金融制度和政策”（陈野华，2001)[52]。不成熟的金融制度是发展中国家经济发展的重要障碍，只有不断发展和丰富金融技术、金融市场、金融产品及金融机构的层次，才能引致储蓄并通过投资收益率的高低来有效配置资源。正是洞见到金融中介和金融体系具有通过金融服务促进经济增长的重要作用，Patrick（1966)[53]主张在金融服务需求产生之前就率先发展金融，即在经济发展早期的金融服务供给应领先于经济主体金融需求的“供给领先型”（Supply Leading）金融发展策略；在经济主体对金融服务的需求随经济增长而产生并促进金融体系发展后，Robinson（1952)[27]的“企业引导金融追随”或“需求追随型”（Demand Following）金融发展才逐渐居于主导地位（周俊，2009)[54]。

2. 金融结构论

区别于从整体上研究金融对经济增长促进作用的方法，Goldsmith（1969)[36]开创性地从金融结构的视角研究了金融在经济增长中的作用。他对35 个国家近 100 年的资料进行了研究和统计分析，不仅提出金融发展就是金融结构优化的理论观点，指出金融理论研究就是要找出决定一国金融结构、金融工具存量和金融交易流量的主要经济因素，还阐明这些因素是如何相互作用的。他对金融相关率（Financial Interrelations Ratio，FIR）、金融中介率、金融机构发行需求的收入弹性、变异系数等衡量金融结构和金融发展水平的指标进行研究后发现，大部分国家的经济发展与金融发展之间呈大致平行的关系。随着总量和人均实际收入及财富的增加，金融上层结构的规模和复杂程度也会增大，经济飞速增长的时期也是金融快速发展的时期，并据此得出了金融相关率与经济发展水平正相关的结论，肯定了金融发展对经济增长的积极影响，为金融发展理论奠定了重要基础。

二、金融抑制论与金融约束论

1. 金融抑制论

凯恩斯主义认为，“消费倾向、流动性偏好及资本边际效率”导致的“有效需求不足”是“大萧条”的根本原因，因此开出了“低利率、扩大政府开支的赤字财政以推动投资进而刺激经济增长”的经济抗衰退“药方”。与凯恩斯主义不同，McKinnon（1973）[38]和 Shaw（1973）[37]等将发展中国家的经济不发达归咎于金融抑制，并提出了著名的金融抑制（Financial Repression）论和金融深化（自由化）的政策主张。

McKinnon（1973）[38]认为，新古典学派货币理论中的诸多假设条件并不符合发展中国家的实际经济发展情况。例如，假设资本市场是完善的，但欠发达国家市场分割很严重，新古典学派货币理论中政府的实际货币余额与实物资本的替代关系也不适用于有分割特性的欠发达经济体。Shaw（1973）[37]则否定了新古典学派货币理论的“货币财富观”，认为实际货币不应该被视为社会财富，其增长也不应被视为社会收入，“货币是一种节省寻市议价过程中实物财富与人力消耗的支付工具”。他认为新古典学派货币理论只能在长期内适用于发达经济体，而发展中国家的经济发展具有“滞后”性，其市场机制是不健全的，即价格不能反映供求关系。资本市场和货币市场不发达且被严重分割，信息流通不顺畅，特别是发展中国家的正规金融机构专业化水平和金融制度保障水平均较低。因此，提升金融中介的服务质量对提高投资效率至关重要（Hellmann et al.，1997）[39]。

McKinnon（1973）[38]和 Shaw（1973）[37]认为，反映储蓄收益的实际利率才是实现较高投资水平和高投资效率的关键。对发展中国家来说，经济增长过程中潜在的投资机会很多，但普遍存在“利率管制、高储蓄率、信贷管制及对金融中介的各种歧视性负担”等金融抑制问题，导致经济发展所需的储蓄严重不足。McKinnon（1973）[38]和 Shaw（1973）[37]认为，强制金融机构较低的甚至是负实际利率的金融抑制会降低私人储蓄，限制资源对金融资本积累的有效性，而金融自由化可刺激发展中国家的国内储蓄，并降低对外资流入的过度依赖（Demirgüç - Kunt & Detragiache，1998）[55]。因此，他们主张发展中国家实施金融自由化改革，即政府应减少对金融市场的干预，提高利率并降低通货膨胀率，全面废止利率上限，从而使投资增加并提高投资效率。通过放松金融管制促进金融深化发展产生的收入效应、储蓄效应、投资效应和就业效应，进而促进经济发展（Shaw，1973）[37]。尽管金融深化或金融自由化的政策主张是基于对发展中国家金融发展与经济增长关系的研究，但他们认为也可用于指导发达国家的金融市场改革。

根据金融自由化理论逻辑得出的预期前景非常美好，很快成为指导发展中国家金融改革的理论圭臬，甚至受到在“经济大萧条”后严格管制金融业的发达经济体的追捧，在全球掀起了金融自由化和金融“去管制”浪潮。但在 20 世纪七八十年代，金融自由化理论遭受了工业化国家，特别是发展中国家出现的金融脆弱性和金融危机的挑战（Demirgüç - Kunt & Detragiache，1998）[55]。例如，智利、阿根廷等拉美国家在放松金融管制后，很快就暴露出其银行业的脆弱性问题，苏联和东欧国家出现的经济崩溃问题更一度使发展中国家对金融自由化改革前景陷入质疑和渺茫之中（Diaz - Alejandro，1985）[56]。在金融自由化改革出现一系列问题并招致批判后，McKinnon（1991）[57]对金融自由化理论存在的问题进行了反思，认识到控制通货膨胀和财政支出、保持货币政策与汇率政策协调一致等宏观经济政策对金融自由化改革的必要性和重要性。在总结欠发达国家激进的金融自由化改革经验教训的基础上，McKinnon（1993）[58]指出经济和金融自由化应该遵循“先财政、后货币，最后是外贸和汇率改革”的“先对内、后对外”的先后秩序原则。除了主张与金融深化同步推进财政制度改革和汇率自由化改革外，改良后的渐进式金融自由化理论的核心政策主张是：解除金融业管制，包括取消利率限制并实行利率自由化（或市场化）；削弱少数专业化金融机构在吸收存款和发放贷款时所处的垄断地位，变专业银行为全能银行，并成立新银行以鼓励金融业进行公平竞争；增加期限较长、利率较高和数量较大的贷款以推动技术进步；鼓励各类金融机构、企业和居民参与金融市场，将场外金融市场融合到有组织的正规金融市场中；减少人为分割，逐步扩大企业外部融资的比例，动员更多的闲置资金运用于生产性投资（向文华，2005）[59]。

2. 金融约束论

针对金融自由化过程中金融监管不力导致的市场失灵问题，Stiglitz（1993）[60]指出，标准的竞争市场效率理论以信息完全为前提条件，但信息不完全和市场不完全是金融市场普遍存在的现象，所以创新导致的金融复杂性及市场失灵（如市场崩溃和金融危机）决定了政府不能放任金融市场完全地自由竞争。政府对金融市场进行必要的干预，不仅有助于金融市场更好地运行，也有助于提高经济运行的效率。他们主张政府应确定监管范围和监管标准，并采取间接控制机制对金融市场进行监管。

尽管同 McKinnon（1973）[38]和 Shaw（1973）[37]分析的基本问题一样①，也赞同通过金融深化促进经济增长的理论观点，但 Hellmann，Murdock 和 Stiglitz 的金融约束论（Financial Restraint）在如何推动发展中国家的金融深化的相关理论上却与 McKinnon（1973）[38]和 Shaw（1973）[37]的金融自由化改革理论截然相反。Hellmann et al.（1996）[61]的模型中指出，当金融自由化允许竞争性市场进入时，银行新设的分支机构并不能达到最佳状态（次优均衡），

① 发展中国家金融体系的突出特征是低水平的正式金融中介（Formal Intermediation）和脆弱的制度结构。

而且竞争条件下收益的非垄断性，也使政府很难单纯通过以补贴弥补新设分支机构部分固定成本的做法来诱导银行有效进入新市场，从而难以推动金融深化发展。但如果政府为首先设立分支机构进入市场的银行提供类似专利保护的金融约束，即利用市场进入管制形成的排他性保障银行因利率管制形成的较高存贷款利差（创造租金），或者采用租金与补贴相结合的方式，那么金融约束政策创造的特许权价值（即租金作为银行扩张存款基础的激励）可以诱导银行进入新市场，从而扩展正式金融中介的范围。相应地，银行更有效地也有更大的动力监督其提供贷款的企业，并管理贷款资产组合的风险。此外，政府通过贷款利率控制向生产部门转移部分租金，而且较低的贷款利率可以减少贷款市场的代理问题，从而降低贷款违约风险。如果其他国家政府能和东亚国家一样，即通过金融约束辅以直接贷款政策推动企业之间的竞争，将可提供比竞争性市场更强的金融深化激励（Hellmann et al.，1997[39]，1998[62]）。

因此，金融约束论认为对存款利率（上限）进行控制并约束市场竞争，不仅可为金融市场创造特许权价值，减少金融中介的道德风险行为，而且控制贷款利率（下限）和竞争约束还可以降低贷款市场的道德风险，从而提高金融中介的效率。通过市场准入管制和存贷款利率上下限管制等措施可创造寻租机会，从而诱导金融机构开拓新市场（如银行设立新分支机构），对市场竞争加以管制，以影响实体经济和金融部门间的租金分配，从而调动国民经济各部门的生产、投资和储蓄的积极性，这样既可防止金融抑制的危害，又可降低金融体系风险。在金融抑制状态下进行金融自由化改革的政府并不能创造租金，但能很容易地利用高通货膨胀进行租金抽取，将财富从私人部门特别是金融部门转移至政府手中。如果实施金融约束政策，政府则可为私人部门创造寻租机会，从而诱导产出比金融抑制或自由放任的政策更能有效地推动金融深化，进而促进经济增长。

尽管在市场准入管制下的金融机构对存贷款利率管制形成的利差竞争，可以比放任自由金融市场体系更能高效地推进金融深化进而推动经济增长，但 Hellmann et al. (1997)[39]也承认最优金融约束的前提条件很难保证。这些条件包括稳定的宏观经济、低通货膨胀率和正的实际利率，以及政府对企业和金融机构的经营活动进行很少的干预甚至不干预等。特别需要注意的是，如果把握不好金融约束的度，则金融约束很容易转变为金融抑制。

三、金融功能观与金融排斥论

1. 金融功能观

金融功能（Financial Function）是指金融系统在经济体系和经济发展中的职能或作用。自金融发展理论产生以来，经济学家们在这一领域不断进行补充和完善，如在方法论上不仅借助规范的数理模型对金融发展理论进行严格论证，也通过现代计量经济等经验方法检验金融发展理论（如 Kapur，1976[63]；Galbis，1977[64]；Fry，1978[65]，1980[66]；Mathieson，1980[67]；King & Levine，1993a[1]，1993b[2]；Levine & Zervos，1998[68]；Beck & Levine，2004[69]；Rousseau & Wachtel，2011[70]等），这些研究文献大多采用将金融部门视为与实体经济部门不同的二分法来研究金融中介和实体经济增长的关系。Merton（1995）[71]却认为面对市场竞争，金融功能比金融机构更重要，因为金融机构类型和组织形式等会随时间推移和地域范围的变化而变化，而在这一方面金融功能要比金融机构稳定得多，所以与其为既有金融机构的生存和发展进行制度结构优化，不如推动制度结构变化促使金融体系向功能更高效的方向演进。因此，金融功能观为寻求让金融体系发挥最优功能的制度结构提供了一个分析框架。Levine（1997）[40]则认为，金融功能研究方法应突出强调金融部门的价值增加①，并将金融体系视为实体部门，从而将金融部门和实体部门纳入统一的分析框架下。

① 国家统计局《改革开放 40 年经济社会发展成就系列报告之十》数据显示，1979—2017 年，我国金融业增加值占 GDP 的比重由 1978 年的 2.1%提高到了 2017 年的 7.9%，年均实际增长率高达 12.2%。OECD 数据库中的数据显示，我国金融业增加值占 GDP 的比重由 2005 年的 3.99%上升至 2015 年的 8.39%，超过了美国和英国等发达国家的同期水平。

理论界关注经济发展中起重要作用的金融功能可回溯到关于货币职能的研究（如价值尺度、流通手段和交易媒介等）。Bagehot（1873）[72]很早就认识到金融体系在英国经济大发展过程中的决定性作用（可动员资本），Schumpeter（1912）[31]研究指出，银行的一项重要职能是识别可能成功实施创新产品和新生产过程的企业并为其融资，从而推动技术创新不断发展。诸如此类的金融功能观点散见于各种研究文献中，金融功能的系统研究要归功于Merton（1995）[71]，Merton & Bodie（1995）[73]和Levine（1997）[40]等人。Merton & Bodie（1995）[73]认为，金融体系具有六大核心功能：①为商品和服务交易提供支付结算功能。②为大型企业投资提供融资、汇聚资金的功能。③为跨期、跨区域和跨产业进行经济资源转移提供方法。④为管理不确定性和风险提供方法。⑤为分散决策的不同经济部门协调提供价格信息。⑥解决信息不对称和激励问题等。Levine（1997）[40]赞同Merton & Bodie（1995）[73]对“在金融体系降低不确定环境下，跨时间和跨空间配置资源的交易成本和信息成本”这一主要职能的论述，并将其分解为五种基本功能：①便利交易、套期保值（对冲）、分散和汇聚风险。②配置资源。③监督管理者和实施公司控制。④动员储蓄。⑤便利商品和服务交易。白钦先和谭庆华（2006）[4]则认为，在金融发展过程中，金融功能的变化是由基础功能向核心功能、扩展功能和衍生职能不断扩展和提升的演化过程。为社会经济活动提供交易、兑换、结算和保管的服务功能，以及进行简单资金融通的中介功能，这些都是金融体系的基础功能。金融体系的核心功能是通过动员储蓄和选择项目进行资源配置，其中动员储蓄可提高资金的利用率，而选择项目可提高资金的使用效率。金融体系的扩展功能包括经济调节和风险规避。另外，为了提高资金配置效率，金融体系还逐渐发展出风险交易、信息传递、公司治理、引导消费、区域协调和财富再分配等衍生职能。

尽管研究视角各异，并且对金融功能的理解和表述也各不相同，但已有研究文献大多围绕如何推动资本积累及如何推进技术创新这两个核心主题展开，以揭示金融功能影响经济增长的真相。在资本积累的经济增长模型（如

Romer，1986[74]；Lucas，1988[28]；Rebelo，1991[75]等）中，金融功能通过作用于资本形成率影响稳态增长，金融体系通过改变储蓄率或对不同资本生产技术进行储蓄再配置影响资本积累。在技术创新的增长模型（如 Romer，1990[76]；Grossman & Helpman，1991[77]；Aghion & Howitt，1992[78]）中，金融体系主要通过改变技术创新率影响稳态增长（Levine，1997）[40]。在降低流动性风险的基础上，银行可通过增加高收益、非流动性资产的投资加速增长（Bencivenga & Smith，1991）[44]。因此，金融体系既有助于风险分散，也能加速技术进步和经济增长（King & Levine，1993b）[2]。

2. 金融排斥论

在很长一段时期内，学术界主要从金融深化角度研究金融发展问题（如 Demirgüç-Kunt et al.，2008[79]；李猛，2008[80]；邵宜航等，2015[81]；Levine，1997[40]，2005[82]；Aghion & Bolton，1997[83]；Galor & Zeira，1993[84]；Galor & Moav，2004[85]；Beck et al.，2007[86]等)，并且很多研究都认为金融发展不仅可推动经济增长而且可降低收入不平等。但对于那些缺乏抵押品、担保和信贷记录的弱势群体而言，信息不对称和交易成本等金融市场不完全会给他们构成很高的进入壁垒（门槛效应），而放松信贷约束会让他们不同程度地受益。由于信贷约束阻碍资本流向那些有高预期投资回报项目但缺少资金的弱势群体，降低资本配置效率并加剧收入不平等，因此通过金融发展既可改善资本配置效率促进经济增长，也可缓和对弱势群体有普遍限制作用的融资约束，从而使弱势群体受益。

随着对金融发展问题研究的不断深入和扩展，在 Stiglitz 和 Weiss（1981）[87]关于因信息不对称、道德风险和逆向选择等金融市场不完全引起的信贷配给的研究基础上，越来越多的人开始关注金融发展过程中由融资渠道（access to finance）不畅引起的金融排斥（financial exclusion）现象。特别是因跨国银行拒绝向 20 世纪 80 年代早期爆发债务危机的欠发达国家提供贷款①，20 世纪 90 年代发达国家债务危机发生后金融机构将信贷资金从较贫困群体转向较富裕群体，以及欠发达经济体的金融资本出逃导致全球金融资源在地理上的分布更加不均衡，因此被迫取消发展项目后，导致欠发达经济体人均收入急剧下跌、儿童死亡率增高，社会经济发展一度陷入停滞状态。而在发达国家，低收入群体被广泛地排除在正规金融体系之外，他们既没有银行账户，也没有信贷历史记录，导致这一群体收支结算困难，难以获得银行的信贷支持。

这种特殊社会群体游离于正规金融体系之外的金融现象就是“金融排斥”（Leyshon & Thrift，1994[88]，1995[89]；Leyshon et al.，2008[90]），包括那些可以获得金融服务渠道却因没有需求或依赖非正规交易手段（如以货易货）的个人和企业等自愿被排斥者，以及那些因为市场不完全（如信息不对称、进入壁垒太高、成本过高等）或能力缺乏（如没有信用记录、收入太低、缺乏抵押与担保）而被金融体系排除在外的低收入人群等弱势群体，即非自愿被排斥者（Carbó et al.，2005[91]；Claessens，2006[92]）。Kempson 和 Whyley（1999）[93]将金融排斥归纳为金融服务渠道的排斥、条件限制形成的排斥、价格排斥、营销排斥和资源排斥五种形式。

作为金融企业避险策略理性反应的必然结果，金融排斥会将那些虽然有潜在发展机会却没有足够资金的人群排除在金融体系之外，并因阻碍企业家精神发挥，制约生产率提升，进而阻碍经济增长（Evans & Jovanovic，1989）[94]。低收入人群等弱势群体因很难获得正规金融服务渠道而丧失潜在发展机会，造成永久性收入差距，进而使贫富差距持续扩大（Galor & Zeira，1993[84]；Beck et al.，2009[95]）。一方面，如果金融发展对经济增长的促进作用不能让所有人雨露均沾，抑或是贫富人口不对称地从中获益，则金融发展的收入分配效应将大打折扣，甚至否定金融发展对贫困人口的收入分配效应。另一方面，如果金融发展不能解决贫困问题，则贫困人口因对“优胜劣汰”

① 排名全球前 100 的大银行在 1980—1985 年关闭了欠发达经济体 24%的服务机构。

市场机制的恐慌而产生抵触情绪，从而危及整个市场机制，不利于金融发展及经济增长，所以贫富差距的持续扩大在阻碍经济社会发展的同时，也可能导致严重的社会问题（江春和苏志伟，2013）[96]。当严重的收入及财富分配不均导致政局不稳时，对个人财富和投资者利益的保护将无从谈起，还将严重影响金融和经济的发展（Roe & Siegel，2011）[97]。

针对金融发展过程中金融服务渠道的排斥问题，Beck 等（2007，2008）[86,98]，Beck 和 Demirgüç-Kunt （2008）[99]，Demirgüç-Kunt 等（2008）[79]；Beck 等（2009）[95]等提出的金融宽化（financial breadth）理论进一步拓展了金融发展理论的内涵。与金融深化理论注重国民经济发展过程中金融资产绝对数量的增加和相对比例的上升不同，金融宽化理论更强调人们在经济活动中对便捷金融服务的可获得性。对于广大发展中国家来说，金融发展面临的困难不是因为金融深度不够，而是因为大部分人被排除在正规金融服务之外，所以提高金融宽度是金融发展的应有之义（王修华和邱兆祥，2011）[100]。

金融宽化理论的核心政策含义在于降低金融业准入门槛，建立包容性金融体系，以提升获得贷款、储蓄、支付结算、保险和其他风险管理等金融服务的公平机会和服务质量，并应该特别帮助更多有创新思想但缺乏资本的群体，使他们有机会获得融资，使中小企业能公平地获得信贷支持（Demirgüç-Kunt et al.，2008）[79]。但金融宽化并不意味着要强制金融机构对低偿债能力的人群提供贷款，以避免金融资源的错误配置和金融机构效率的降低，如美国在 2007—2008 年实施的抵押贷款政策已证明了过度信贷的危险性（Beck et al.，2009）[95]。实践证明，公平的机会能更好地鼓励人们进行创业（Demirgüç-Kunt & Levine，2008[101]；Claessens & Perotti，2007[102]），政府应通过改善市场运行质量促使市场运行效率得到提升，这样比直接提供贷款更能帮助贫困人群。因此，只有强化市场竞争、创造公平的市场竞争机会才是最有效的方式。

在缺乏包容的金融体系中，贫困人群和小企业不得不依赖个人财富或内部资源进行教育投资或成为企业家（Beck et al.，2009）[95]，导致金融市场不完全对融资服务和融资渠道的限制成为永久性不平等的重要原因。大部分发展经济学家将金融排斥产生的收入不平等视为给定的，并建议政府通过财政再分配降低收入不平等，进而推动经济增长。但这种做法缺乏储蓄和工作的激励机制（Aghion & Bolton，1997）[83]，而且缺少金融服务渠道支持的财政再分配政策不可能从根本上解决这一问题。而通过拓宽金融部门服务渠道的改革（金融宽化）减少金融排斥，既不会给储蓄激励机制造成不利影响，也不需要一而再、再而三地通过财政政策进行收入再分配（Beck et al.，2009）[95]。

尽管金融宽化理论也主张实行利率市场化改革，但其作用机制与金融深化理论并不相同。一方面，人为的低利率管制会导致为小企业提供融资的金融机构因风险过高、无法弥补成本而被迫退出市场。另一方面，当利率过低时，金融机构因无法依据价格信号进行市场竞争而被迫转向“关系”①，最需要贷款的弱势群体通常又缺乏这种“关系”，因此低利率往往对富裕的利益集团有利但不利于弱势群体（江春和苏志伟，2013）[96]。强大的金融监管往往会导致过高的市场进入壁垒，过高的管制成本又极易产生腐败，因此无助于消除或减少贫困（Cull et al.，2008）[103]。而放松金融管制会激励更多新企业创立，促进市场竞争，进而减缓贫困（Black & Strahan，2002）[104]，如美国放宽银行业分支机构管制对收入分配起到了显著的改善作用（Beck et al.，2010）[105]。

在应对金融排斥的政策实践方面，美国金融监管部门最早做出了尝试。鉴于信贷配给、种族歧视等导致的金融排斥严重阻碍了中低收入地区及人群的信贷需求，美国通过了一系列旨在帮助弱势群体获得金融服务的相关法案。例如，1974 年通过的《公平信贷机会法案》（Equal Credit Opportunity Act，ECOA）将放贷人基于种族、性别、年龄、国籍、婚姻状态或因为获得政府援

---

① 这里的“关系”是指银行与贷款申请人之间通过长期接触形成的“软信息”传递渠道。在缺乏财务报表、抵押品和信用评分等“硬信息”时，银行可依据贷款申请人的财务状况、信誉、品行等难以标准化和信息化的“软信息”做出信贷决策。

助等进行信贷歧视的行为视为违法；始创于 1977 年的《社区再投资法案》（Community Reinvestment Act，CRA）也试图解决针对中低收入社区、个人和企业的贷款歧视，旨在鼓励商业银行和储蓄贷款协会满足中低收入群体的信贷需求。为执行相关法案，联邦金融监管机构还对其特许的银行进行贷款、服务和投资等方面的检查，并将检查结果作为银行申请设立分支机构和并购的重要依据。虽然不能从根本上避免低收入社区因金融基础设施被取消而受到的影响，也因未明确具体评估标准而导致实际执行效果大打折扣，但 CRA 确实为中低收入社区通过金融系统获得贷款和服务的渠道提供了制度保障，因此在一定程度上促进了当地社区的经济发展（Leyshon & Thrift，1994[88]；Ardalan，2006[106]）。

四、经验证据与简要评价

自金融发展理论提出以来，学术界就对这一理论进行了大量的经验研究。代表性经验证据如 Goldsmith（1969）[36]在金融体系规模与金融服务数量和质量正相关的假设下，对在 1860—1963 年期间的 35 个国家的金融发展与经济增长数据进行研究后发现，经济发展和金融发展之间存在大致的平行关系。McKinnon（1973）[38]利用阿根廷、巴西、智利、德国、韩国、印度尼西亚 6 个国家和中国台湾地区大量的数据说明，良好运行的金融体系可支持经济更快地增长。Kapur（1976）[63]和 Mathieson（1980）[67]从发展中国家生产企业的资本需求出发，通过考察存款实际利率的提高是否有助于增加银行可贷资金数量，论证了金融发展对经济增长的重要性及金融自由化与经济增长之间的关系。Fry（1978）[65]通过对金融抑制论传导机制的分歧进行的计量检验发现，Shaw（1973）[37]的债务媒介机制成立，但 McKinnon（1973）[38]的互补性假说不成立。Fry（1980）[66]用存款实际利率相对市场均衡利率的偏离衡量金融抑制，对从 20 世纪 60 年代中期到 70 年代中期的 61 个发展中国家进行经验研究后发现，金融抑制加剧 1%会造成经济增长损失 0.5%。

King 和 Levine（1993a）[1]认为，金融体系具有对潜在的企业家进行筛选和估值、动员储蓄为最有潜力提升生产力的经济活动融资、分散与创新活动有关的风险、发现创新活动的预期利润的重要功能。因此，良好的金融体系可提高创新成功的可能性，从而推动经济增长，而且支持企业家的创新活动正是金融发展有效促进经济增长的突破口，这进一步印证了 Schumpeter（1912）[31]的观点。King 和 Levine（1993b）[2]对在 1960—1989 年期间的 80 个国家金融发展促进经济增长时资本积累和生产率的提升渠道进行了检验，他们不仅控制了影响经济长期增长的其他因素，也构建了其他测度指标①来分析金融发展能否预测长期经济增长、资本积累和生产率。他们发现，对金融发展的不同测度均与实际的人均 GDP 增长、实物资本的积累率等高度相关，且金融发展与未来的经济增长率、实物资本积累等指标间的关系很稳健，初始的金融发展对于随后 30 年的经济增长率、实物资本积累和经济效率的改善来说也是很好的预测指标，所以金融不只是跟随经济活动。Levine 和 Zervos（1998）[68]对在 1976—1993 年期间的 47 个国家进行经验研究后发现，尽管股票市场提供与银行不一样的金融服务，但股票市场流动性与银行发展不仅与同期经济增长、资本积累和生产率的提高显著正相关，而且是很好的预测指标。Beck 和 Levine（2004）[69]对在 1976—1998 年期间的 40 个国家进行经验研究后也发现，股票市场和银行对经济增长的影响为正相关。另外，Christopoulos 和 Tsionas（2004）[107]，Vlachos 和 Waldenström（2005）[108]，Ang 和 McKibbin（2007）[109]，Hassan 等(2011)[110]，Herwartz 和 Walle（2014）[111]等也得出金融发展可促进经济增长的结论，从而使金融发展促进经济增长的思想成为主流。

尽管已有很多经验证据证明金融发展可对经济增长起积极作用，但仍然出现了不同结论，例如，Boulila 和 Trabelsi（2004）[112]，Zang 和 Kim（2007）[113]，Chakraborty（2008）[114]得出了经济增长促进金融发展的结论；

---

① 包括：金融深度（financial depth）——金融体系流动性负债与 GDP 之比（LLY）；银行相对中央银行的重要性（BANK）——银行国内贷款/（银行国内贷款+央行国内负债）；私营企业贷款与国内贷款（剔除给银行的贷款）之比（PRIVATE）；私营企业贷款与 GDP 之比（PRIVY）。

Shan 等(2001)[115]，Calderón 和 Liu (2003)[116]认为，金融发展与经济增长互为因果关系；Berglof 和 Bolton (2004)[117]，Manning (2003)[118]认为，金融发展与经济增长的关系不确定。另外，还有一些经济学家认为金融发展与经济增长的关系超出了特定水平，对运行良好的经济来说会过犹不及。这些消极观点的出现可能因为：较少的稀缺资源（包括人力资本）被配置到实体经济活动中；较大的宏观经济波动；为很差绩效的项目融资（Berger et al., 2019)[119]。而金融危机的频繁爆发让人们对金融发展与经济增长关系的认识更是如此（例如，Kindleberger et al., 2005[120]；Berger et al., 1995[121]；Berger & Udell, 2004[122]；Rajan, 2006[123]；Sahay et al., 2015[124]；Arcand et al., 2015[125]；Berger & Bouwman, 2017[126] 等)。Rousseau & Wachtel (2011)[70]，Breitenlechner 等(2014)[127]认为，在没有危机的时候，金融发展确实对经济增长有促进作用，但一旦金融危机发生就会恶化经济产出。Beck 等(2014)[128]通过对在 1980—2005 年期间的 132 个国家进行研究后发现，信贷扩张在一定程度上对人均产出增长有正向的影响，但存在门槛效应，即二者之间是非线性关系。Manganelli 和 Popov (2013)[129]，Arcand 等(2015)[125]等人的研究也得出了类似结论。但需要谨慎对待金融危机时期或时点的特殊证据，一方面试图用这些证据从根本上推翻“金融—增长”的正向关系仍缺乏说服力；另一方面，诚如 Berger 等(2019)[119]所指出的，对金融发展与经济增长进行跨国研究可能存在诸多计量技术上的问题，而国别研究可以避免语言、文化、法律等差异带来的影响，比跨国研究得出的结论可能更有价值。

在对金融危机的反思中，越来越多的学者认识到前提条件对有效推动金融发展、促进经济增长关系的重要性（江春和苏志伟，2013)[96]。这些条件包括保护个人财产的产权制度、保证合约有效执行的法律制度、保障个人权利及经济自由的政治制度等良好制度（La Porta et al., 1998[130]，1997[131]；Beck et al., 2001[132]，2003[133]；Pagano & Volpin, 2001[134]；Johnson et al., 2002a[135]，2002b[136]）、保持宏观经济稳定（McKinnon, 1991)[57]、财富及收入分配是否合理（Perotti & von Thadden, 2006a, 2006b)[137,138]、解决既得利益集团及腐败问题（Tressel & Detragiache，2008[139]；Blackburn & Forgues-Puccio，2010[140]）、金融部门与实体经济部门的均衡发展（Graff & Karamann，2006[141]；Ramcharan，2010[142]）等。

第二节　商业银行发展理论

现有文献对金融体系结构是以市场主导还是以银行主导并无准确界定，通常将英美金融体系结构视为市场主导型，而银行主导型金融体系结构的代表性国家则是德国和日本。尽管从金融功能观来看，金融体系的整体功能比以市场主导或银行主导的金融体系结构更有利于促进经济发展，但有部分文献研究认为在控制了金融发展水平后，这两种类型的金融体系结构差异对经济增长的影响是不显著的（如 Levine ，2002[143]；Beck & Levine，2002[144]；Demirgüç-Kunt & Maksimovic，2002[145]）。这里不对两种类型的金融体系结构孰优孰劣进行讨论，但需要强调的是，无论是商业银行总资产占金融业总资产的比重，还是商业银行贷款占全社会融资额的比重等，都表明商业银行在过去、现在及将来较长一段时期内，都居于我国金融体系中最突出的地位。因为商业银行不仅是动员储蓄最主要的力量，也是家庭、中小企业、公司和政府的重要贷款来源，对实体经济发展具有重要作用。Berger 等(2019)[119]比较详尽地回顾了银行对实体经济发展的影响作用，为这一部分的研究提供了很多有洞见的参考。鉴于商业银行面临的监管制度约束对金融功能产生的深远影响，本节集中探讨跨区域对商业银行发展的影响，阐述商业银行跨区域发展与经济增长之间的联系。

一、商业银行发展与资本积累

从金融功能的视角来看，商业银行应该是所有金融机构中金融功能最全面的。商业银行在风险交易和套期保值、监督管理者和实施公司控制等方面，可能不如保险市场和资本市场的职能那么显著，但商业银行既是为商品和服务交易提供便利的主要渠道，也是动员储蓄的主力军，尤其在稀缺的金融资源配置上以及在金融体系发展促进经济增长的关系中发挥着极其重要的作用。归结起来，在国民经济发展中，商业银行对经济增长的推动作用，取决于其在经济增长模型中促进资本积累和推动技术创新的实际效果（Levine，1997）[40]。

在经济发展过程中需要巨额资金的支持，而且经济发展中的大型项目更是如此。商业银行利用存款工具的发行及账户管理提供交易结算的便利，同时也汇聚大量利用率不高的闲散资金。对于储蓄率不高的欧美发达国家来说，商业银行推动储蓄率的提高对其经济增长意义重大。而对于我国来说，尽管商业银行在提高储蓄率上的边际效应没有欧美国家显著，但在很大程度上其数量庞大的分支机构网络也确保了我国在过去一段时期内储蓄率一直维持在较高的水平。银行通过将相对非流动性资产转变为相对流动的负债为非银行企业及公众创造流动性，也通过发行贷款承诺之类的表外担保向客户提供资金来源（Berger & Bouwman，2009[146]，2017[126]）。商业银行不仅为分散的众多储户的投资决策提供了信息不对称和交易成本问题的解决方案，而且通过分散投资于表内和表外的贷款、外汇和其他衍生工具为储户提供了分散投资的机会，同时还通过甄别有价值的投资项目将稀缺的资金配置到潜在的高收益项目上，并在提供资金支持后对被投资企业和项目进行有效的监督，进而降低在信息不对称条件下储户投资决策中面临的高昂监督成本，极大地提高了资金的利用率。

二、商业银行发展与资源配置

银行贷款是企业规模扩张最重要的资金来源。在美国，由于设立分支机构和经营地域范围的管制制度限制了银行从更宽地理范围获得存款，难以满足工业企业规模扩张的贷款需求，因此让美国银行跨区域管制政策备受批评。Giedeman（2005）[147]对在1911—1922年期间的250家企业的面板数据进行研究后发现，在企业的投资和增长方面，大企业比小企业对外部融资约束更加敏感，缺乏分支银行网络阻碍了美国大工业企业的规模扩张进程。1980—1993年，也就是美国在放松银行业分支机构管制后，金融资源不断向更有效率的大银行集中，不仅使大银行的市场份额上升了，州和联邦层面的集中度也都上升了（Savage，1993）[148]。Ashcraft（2007）[149]和Demyanyk，Ostergaard和Sørensen（2006）[150]认为，单元制银行的信贷总量极易受到紧缩性货币政策影响而面临较强的现金流约束，跨州运营BHCs则受益于地域多元化和跨区域分支机构间形成的内部资金市场，受到的影响也更小。

Rice和Strahan（2010）[151]在对美国1987年、1993年、1998年和2003年的小企业融资调查（Survey of Small Business of Finances，SSBF）数据研究后发现，那些允许设立分支行的州与那些相对封闭的州相比，小企业贷款利率比基准利率要低80~100个基点，因此企业更倾向于通过银行进行贷款。这也强有力地说明，取消银行分支机构管制更有利于新企业的创立。Bertrand，Schoar和Thesmar（2007）[152]的研究进一步表明，金融机构竞争既可为企业投资提供更好的资源配置机会，也可促进企业和企业家的“熊彼特主义创造性破坏”的进程。由于对信息不透明的小企业贷款时，需要使用难以量化的软信息，因此传统的范式认为，社区银行（小银行、单一市场银行和本地银行）比大型银行（大银行、多市场银行和非本地银行）更容易与信息不透明的小企业建立牢固关系，但Berger，Goulding和Rice（2014）[153]对美国2003年的小企业融资调查（SSFB）的研究结果与传统范式并不一致，原因可能是：①信贷技术的变化特别是小企业贷款的信贷评分的引入。②银行管制的变化，如跨州银行和分支机构率法（Interstate Banking and Branching Efficicency Act，IBBEA）允许大银行、多市场银行和非当地银行跨州整合机构。

放松金融管制有助于培养更多企业家及提高生产效率（江春和滕芸，2010）[154]。Aghion，Fally和Scarpetta（2007）[155]的研究发现，金融体系越发达的国家其新企业产生率越高，因为通过放松金融管制可促进信贷市场竞争，有利于提高新企业特别是中小企业的产生率。① Blanchflower 和 Shadforth (2007)[156]认为，在20世纪80年代，英国企业家精神的变化（自我雇佣率的急剧上升）在很大程度上应归功于同时期的银行管制放松和金融自由化改革政策。Magri（2009）[157]认为，在20世纪90年代，意大利放松金融管制后，信贷市场竞争更加激烈，而实行金融创新（如引进小企业信贷评级）后，信贷约束显著降低了。

三、商业银行发展与创新

运营良好的银行通过识别那些可以成功实施创新产品和生产过程的企业，并为其融资从而推动技术创新（Schumpeter，1912）[31]。尽管技术创新需要的资金与现实之间依然存在较大的差距，但商业银行一直是科技创新最重要的融资渠道（如 Colombo & Grilli，2007[158]；Agarwal & Hauswald，2010[159]；Uchida et al.，2012[160]；Giannetti，2012[161]；Berger et al.，2014[153]等）。因此，政府采取刺激银行等金融机构为新技术企业提供外源融资的间接措施比为新技术企业直接提供资金支持更有效率（Colombo & Grilli，2007）[158]。不难想象，没有银行和其他金融服务的供应者，企业家除非生来富有或慢慢积累资本，才有可能开展驱动创新和经济增长的新业务（Zingales，2015[41]；Brown et al.，2019[162]）。

对于商业银行来说，软信息具有重要的空间维度，使银行业的地理分布、单一银行的空间结构对那些新创办的、小型的、创新型的、信息不透明的公司来说显得极为重要（Alessandrini et al.，2009[163]，2010[164]）。Benfratello 等(2008)[165]为意大利更高的银行分支机构密度促进了企业引入创新的概率提供了证据。尽管经验研究的结论具有混合性，但放松金融管制确实影响了企业创新(可用专利授权数和同一专利被引用数衡量)。放松跨州银行业管制不但提高了

① 国际上大多采用新组建企业的数量或小企业在市场中的相对份额衡量“企业家精神”。

企业（特别是更依赖于银行融资的企业）创新的数量，而且提高了其创新的质量。Chava，Oettl 和 Subramanian（2013）[166]研究发现，放松州内银行管制会导致在位银行（incumbent banks）市场势力的提高，降低了比较不成熟、较小型企业的创新活动，而放松跨州银行管制则降低了在位银行的市场势力并促进较年轻、较小型企业的创新活动。Cornaggia 等（2015）[167]确认了这些研究结果，他们指出放松跨州银行管制为较小型企业的创新融资提供了更多的信贷可得性。Hombert 和 Matray（2017）[168]研究发现，信贷市场的运行情况不仅影响创新活动水平，也影响创新人力资本在全国的分布，同时信贷供给的冲击导致发明家的再配置，即年轻、多产的发明家会因这种冲击离开小型企业和借代关系受损的地区。

第三节　商业银行跨区域发展的潜在效应

增设异地分支机构是商业银行在谋求跨区域发展的同时创设的新金融服务渠道，是金融宽化的重要内容之一。在注册地以外增设分支机构参与异地市场竞争，可在微观层面对商业银行运营效率、经营风险和市场价值产生深刻影响，而且商业银行的风险承担行为变化也会在中观产业层面影响商业银行业的稳定，波及其他非金融产业并最终作用于宏观经济发展。

一、跨区域发展的效率效应

提升商业银行的运营效率是改善资本配置、提高资金使用效率的重要方式。与规模经济和范围经济等带来的成本节约或经营效率的改善视为商业银行跨区域发展进行辩护的重要理由之一。理论上，处于规模报酬递增阶段的银行跨区域扩张能降低产品（服务）的成本，扁平的“U”型成本曲线意味着中小银行比大银行更容易挖掘规模经济。Hughes 等（1996）[169]对 1994 年的

443 家美国银行控股公司（BHCs）的样本进行研究后发现，增设分支机构能使非效率单元更接近效率前沿，无论是州内扩张还是跨州扩张都能提升规模经济效率。重要的是，放松经营地域限制可促进银行业竞争和并购，竞争的再配置效应可促使资产流向高效率银行，因此放松地域管制可改善银行的相对绩效。Aguirregabiria，Clark 和 Wang（2017）[170]研究发现，在放松经营地域管制后的 1998—2010 年期间，银行存贷款存在显著的范围经济。Rime 和 Stiroh（2003）[171]研究表明，中小银行存在多产品的范围经济，而大银行因管理层级增加导致代理成本上升反而表现出范围不经济。他们发现，美国银行业放松地域管制确实可降低银行的利息成本，小银行在放松地域管制后效率大幅提升，但大银行效率的提升则非常有限。Demsetz 和 Strahan（1997）[172]研究发现，尽管并购对银行成本效率没什么影响，但在不增加总风险的前提下，并购可导致银行资产规模和经营地域范围扩张，因此被兼并银行的贷款资产比率、杠杆率及风险分散可提高利润效率。另外，当被并购对象相对低效率时，并购还可以唤醒无效管理，从而使效率改善更加明显。

近期的经验研究在以下三个方面与理论预测并不协调。一是大银行比中小银行规模更经济的发现可能颠覆了人们的传统认识，如 Chen，Skully 和 Brown（2005）[173]，Allen 和 Liu（2007）[174]分别对中国和加拿大的商业银行进行研究后发现，大银行比小银行有更好的规模经济，原因可能是大银行有更高的管理技能及更容易采用先进的技术提高生产效率。二是并非所有银行都适合跨区域扩张。如 Berger 和 De Young（2001）[175]对美国在 1993—1998 年期间的 7000 多家银行跨区域扩张的跨国研究发现，成本效率、利润效率与地域范围呈或正或负的关系。这表明商业银行并不存在最优经营地域范围，有些银行适合在单一区域运营，有些银行则适合在全国运营甚至进行跨国扩张。三是跨区域扩张并不必然提升银行效率。如根据 Dick（2008）[176]的观察，尽管美国放开地域限制后，服务网络的扩大和服务质量的提高可使消费者和银行同时受益，银行的利润效率得到提高，但扩张后控制运营成本和服务费用的难题会导致银行成本效率恶化。Berger，Hasan 和 Zhou（2010）[177]对中国在

1996—2006 年期间 88 家银行的研究发现，存款、贷款、资产及地域四个层面的多元化既降低了利润也增加了成本，这可能是缺乏具备丰富经验和管理技能的高水平管理团队及最大化股东财富的有效激励方案造成的。

二、跨区域发展的风险管理效应

为商业银行跨区域发展进行辩护的另一个重要理由则是基于资产组合理论的风险分散效应。理论上，跨区域设立分支机构可以降低银行对区域经济的依赖性，存款基础的地域多元化可降低流动性风险，贷款数量增加和地域多元化水平的提高可降低贷款资产组合的信用风险（Hughes et al.，1996）[169]。促进地理风险分散也是美国解除银行分支网络扩张管制的重要动机（Aguirregabiria，Clark & Wang，2016）[178]。简言之，跨区域经营存在的“共同保险效应”可以降低银行因非系统性风险而导致破产的概率。Demsetz 和 Strahan（1997）[172]在控制了资产组合的组成和银行行为后发现，与规模有关的多元化经营可降低银行风险，跨区域规模扩张可降低银行控股公司（Bank Holding Companies，BHCs）的收入波动率。Deng 和 Elyasiani（2008）[179]对美国在 1994—2005 年期间的 505 家 BHCs 的运营经验进行研究后发现，地域多元化指数每增加 1 个标准差，就能降低银行 4.16%的总风险。Goetz，Laeven 和 Levine（2016）[180]研究发现，BHCs 在大都市统计区的地域扩张可极大地降低银行风险，主要原因是地域扩张可降低不同地区的异质性风险，但他们的另一个研究（Goetz，Laeven & Levine，2013）[191]认为跨区域扩张对贷款质量不会产生影响。

地域多元化虽然可以降低银行的非系统性风险，但不能降低系统性风险。Demsetz 和 Strahan（1997）[172]研究指出，尽管美国银行跨州地域多元化降低了系列活动的风险，但放松地域管制后的竞争压力迫使银行追逐高风险、高收益的信贷资产，因此银行可能承担更高的风险。Dick（2008）[176]认为一方面，放松地域管制带来流动性风险的降低可使银行提高信贷资产的比重，当银行在风险与收益之间进行权衡时，地域多元化既可能提高收益，也可能提高贷款的波动性，他发现银行的信贷资产组合风险在放松地域管制后确实上升了。另一方面，如果银行跨地域扩张缺乏管理技能和信息，组织结构和产品结构的复杂化都可能强化代理问题，进而降低收益率或增加风险（Baele, De Jonghe & Vander Vennet, 2007）[181]。De Nicoló（2000）[182]对美国、日本和几个欧洲国家银行的研究表明，银行的破产概率与规模呈显著的正相关关系。存款波动是银行风险的一个重要来源，虽然互联网发展很快，但通过分支机构获取存款依然是所有商业银行最重要的流动性来源之一，且通过银行分支机构获得流动性的成本比从同业拆借市场获得流动性的成本更低。Aguirregabiria, Clark&Wang（2016）[178]研究发现，虽然放松地域管制增加了银行在地理空间上分散存款风险的可能性，但事实上美国仅有一少部分银行（如总部设在较小州的银行）利用这一点。美国银行业风险之所以得到降低，大部分源于州内银行并购，仅有很少一部分是因为进行跨州扩张。

尽管交通运输、通信技术等的快速发展更加有助于商业银行通过异地设立分支机构进行跨区域扩张，但距离仍然是影响银行价值的重要因素。地域扩张或地理空间的多元化可有助于在以下几个方面提升商业银行价值：一是通过扩大存款基础获得稳定的存款来源，以便抓住更多新投资机会增加收入，而资产组合理论意味着跨区域扩张可以降低银行风险，利用更大的运营规模传播其管理经验和技能，在改善管理效率的同时提升商业银行的价值（Jensen & Ruback, 1983[183]; Deng, Elyasiani & Mao, 2007[184]; Deng & Elyasiani, 2008[179]; Yildirim & Efthyvoulou, 2018[185]）。二是商业银行也可以通过并购实现经营地域范围的扩张。当进行业内并购时，一方面中小商业银行会因并购实现规模的快速扩张，削减没必要设置的重叠部门和分支机构，业务部门间更强的协同效应（synergy）可以节约成本，并从中获得规模经济。另一方面，商业银行通过并购可提升市场势力，并因此获得更低成本的资金（Pilloff, 1996[186]; Houston, James & Ryngaert, 2001[187]; Penas & Unal, 2004[188]）和更高的投资收益，从而提升商业银行价值。三是因地域、文化和传统等的不同，商业银行做出信贷决策时依赖的“软信息”存在较大差异。相对总部的资深管理人员来说，分支机构的本地管理人员更熟悉所服务的社区，所以授权本地管理人员做信贷决策可以使银行更好地适应不同社区及社区“软信息”的变化，从而提升商业银行的价值。一方面，总行与分支机构距离的加大会弱化来自总行的干预（Brickley，Linck & Smith Jr，2003[189]）。另一方面，虽然分支机构管理人员的资历普遍尚浅，但有更大的动力完成任务（如寻求好的投资机会和提升效率的途径）以显示自己的工作能力和努力程度。当总部资深高管人员不必要的干预或错误的建议等成为弊大于利的问题根源时，距离可防止总部文化导致的繁文缛节等官僚主义作风传递给分支机构，进而降低代理成本和风险，提高银行价值（Berger & DeYoung，2006[23]；Deng & Elyas iani，2008[179]）。Deng 和 Elyasiani（2008）[179]对美国银行业研究发现，每提高 1 个标准差的地域多元化指数，商业银行的价值大约能提升 7.55%。

但跨区域发展也可能损害商业银行的价值。Berger 等(2005)[190]认为，在较窄地域市场运营的银行通常比地域上分散的银行在做决策时更有信息优势，前者更熟悉所服务的社区，在做决策时更依赖于“软信息”。信息的不透明导致与 BHCs 总部的沟通成本非常高并产生组织不经济。本地管理人员被授权做信贷决策可以避免官僚主义，有助于银行更快地适应社区变化，使其产品和服务更有弹性，并可增强社区定位，而较大型的银行和地域更多元化的银行通常很难进行复制。较小型银行管理者和地域集中的银行管理者通常被“锚定”且有完成任务的较强动力，而大银行的分支行管理者通常缺乏所有权，并且高级管理人员还施加不同的约束。所以，为更好的贷款决策生产高质量信息的激励弱化会损害银行效率、增加风险，进而降低银行价值（Brickley，Linck & Smith Jr，2003[189]；Berger at al.，2005[190]）。Goetz，Laeven 和 Levine（2012，2013）[191,192]研究发现，资产地域多元化可加大股东和债权人对银行高管的监督难度，内部人贷款增加可导致贷款质量的降低，因而外生的地域多元化可降低 BHCs 的估值。这与地域多元化会加剧代理问题的理论预测是一致的。

三、跨区域发展的市场竞争效应

跨区域发展是商业银行扩张市场范围及进行市场竞争的重要方式和内容。由于商业银行之间的业务关联性较强，所以异地市场竞争会在中观产业层面影响银行业整体的稳定性。学术界对商业银行跨区域市场竞争与银行业稳定关系的争论主要存在“竞争—脆弱”与“竞争—稳定”两种对立的观点。

在持传统的“竞争—脆弱”观的学者来看，市场竞争对银行谨慎行为的影响是负面的（Hellmann，Murdock & Stiglitz，2000）[193]，加剧竞争会侵蚀银行识别潜在高质量借款人的剩余（Chan，Greenbaum & Thakor，1986）[194]，降低高垄断产生的“关系型”贷款、“软信息”投资和“关系型”银行的信息租（Besanko & Thakor，1993[195]；Patti & Dell Ariccia，2004[196]；Fungáčová，Shamshur & Weill，2017）[197]，提高银行的信贷成本（Fungáčová，Shamshur & Weill，2017）[197]，强化银行从事更高风险业务的激励（Besanko & Thakor，1993[195]；Suárez，1994[198]；Repullo，2004[199]；Beck，Demirgüç - Kunt & Levine，2006[200]），最终导致银行信贷资产组合质量下降及违约概率上升（Chan，Greenbaum & Thakor，1986[194]；Keeley，1990[201]），并可威胁到银行业的稳定（Berger，Klapper & Turk - Ariss，2009[202]；Jiménez，Lopez & Saurina，2013[203]；Bushman，Hendricks & Williams，2016[204]）。Hellmann，Murdock 和 Stiglitz（2000）[193]认为，取消存款利率上限可侵蚀特许权价值，并可加剧银行的道德风险。Suárez（1994）[198]研究发现，银行从事高风险业务的激励随着市场势力的下降而显著上升。在一个不完全竞争的框架下，Matutes 和 Vives（2000）[205]研究发现，较强的市场势力可降低银行违约概率。Calomiris 和 Mason（2003）[206]研究发现，规模越大的银行其破产概率越低，如出现大萧条这种极端情形时，设有大量分支机构的银行因承担了较多风险而更容易破产。Beck，Demirgüç-Kunt 和 Levine（2006）[200]通过对在 1980—1997 年期间的 69 个国家的跨国研究发现，集中的银行体系更不容易出现系统性危机，即便在控制了商业银行管制政策、国家制度对竞争的影响、宏观经济条件等因素之后，这一结论仍然成立。Jiménez，Lopez 和 Saurina（2013）[203]的研究也为特许权价值假设提供了经验证据，在他们研究的样本中，市场势力较大的银行其不良贷款率也较低。

传统的“竞争—脆弱”观虽然似乎深得人心，特别是在获得了习惯于谨慎行事的监管部门认同之后，但依然存在异见。反传统的研究通常将市场竞争视为银行体系有效的先决条件，认为限制银行跨区域发展在减少市场竞争的同时也会阻碍市场进出机制作用的发挥。虽然跨区域管制政策可为小规模和低效率的银行提供保护，但银行业更容易受到经济下滑、银行运行和资产组合等因素带来的冲击。Jayaratne 和 Strahan（1996）[207]，Stiroh 和 Strahan（2003）[208]等研究发现，伴随跨州设立分支行禁令的解除，美国银行业市场的进出更频繁，规模较小或效率较低的银行很难幸免于被兼并或退出市场的命运，导致资源逐渐向高效率的银行集中，可增强整个银行业的稳定性。

Boyd 和 De Nicoló（2005）[209]等人进一步对传统的“竞争—脆弱”观提出了挑战。他们指出传统的“市场势力推进利润进而银行业稳定”的论断忽略了银行市场势力对厂商行为的潜在影响，因此提出了“风险转化效应”，认为具有较强市场势力的银行索要较高贷款利率会导致客户还款困难、强化借款人转向更高风险项目的道德风险激励，高贷款利率的定价方式导致逆向选择出现，从而形成高风险的借款人集合。因此，较强的贷款市场势力会导致银行业的风险也较高，如果公共部门相信“大而不倒”且银行或明或暗地得到政府金融安全网保护时，高集中度的银行市场风险可能更高。他们通过对在1993—2004 年期间的 134 个非工业化国家的研究发现，市场体系越集中的银行越容易接近无力偿付或破产。Boyd，De Nicoló 和 Jalal（2006）[210]，De Nicoló 和 Loukoianova（2007）[211]研究发现，银行风险的倒数随集中度上升而下降，这意味着高集中度的银行业破产风险更高。

持“竞争—稳定”观的研究文献近期不断增多。例如，Schaeck 和Čihák（2008）[212]通过对欧洲和美国银行业的研究发现，竞争是银行（利润）效率提升的格兰杰原因，正是因为竞争对银行效率改善可起到关键作用，所以市场竞争可稳健地提升银行业稳定性。Schaeck，Čihák 和 Wolfe（2009）[213]通过对在1980—2005年期间的45个国家的跨国研究发现，竞争激烈的银行体系更不容易出现系统性危机，且不出现危机的时间更长。因此，竞争的银行体系比垄断的银行体系更稳定。邹朋飞和欧阳青东（2011）[214]通过对在1999—2007年期间中、美、日、德等9个国家银行的研究发现，银行的不良贷款率随市场竞争程度的提高而降低，资本充足率水平随市场竞争程度的提高而不断提高，竞争可增强银行业的整体稳定性。Anginer，Demirgüç-Kunt和Zhu（2014）[215]研究发现，竞争可激励银行承担更多元化的风险，银行体系更能抵御冲击，有较弱监管、更高国有银行产权及有限制竞争公共政策的银行体系更加脆弱。Akins等（2016）[216]在对金融危机背景下竞争与银行业稳定关系的实证研究中发现，在州层面面临更少竞争的银行更可能从事高风险业务，从而也更可能破产，他们的研究支持竞争促进银行业稳定的理论观点。Goetz（2017）[217]研究发现，放松管制可降低美国城市银行市场的进入壁垒，增强市场竞争可显著增强银行业的稳定，更激烈的竞争可降低银行的破产概率和不良贷款率，从而增强银行的利润率和资产质量。

有意思的是，Berger，Klapper和Turk-Ariss（2009）[202]对在1999—2005年期间的23个发达国家的8235家银行的研究结论也与传统的“竞争—脆弱”假说一致，即较强的市场势力对应较低的总风险暴露。但也有部分证据支持“竞争—稳定”假说，即市场势力可提高贷款资产组合风险，提高股权资本比率可以降低部分风险。Martínez-Miera和Repullo（2010）[218]认为，“风险转化效应”在垄断市场中占优势，但在竞争市场则可能存在“边际效应”，即竞争在导致贷款利率下降的同时可降低优良贷款的收益率，而优良贷款对银行损失风险的缓冲作用也随之降低。因此，市场竞争与银行业稳定的关系并不像“竞争—脆弱”观或“竞争—稳定”观所预测得那样简单。他们折中了这两种效应，并得出竞争与银行业稳定之间是呈“U”型关系的结论。

第四节　本书的分析框架

结构（Structure）—行为（Conduct）—绩效（Performance）（SCP）是现

代产业组织理论中企业理论研究和经验研究的一个经典分析范式。本节先简要回顾现代产业组织理论的发展，在借鉴已有研究成果的基础上，再提出本书的分析框架。

一、现代产业组织理论的发展

现代产业组织理论发端于 Mason（1939）[219] 对美国制造业的结构分析。他研究了企业行为、经营绩效与市场结构之间的理论关系，认为“在给定产业的外部基本条件下，企业的经营绩效取决于其市场行为，而企业的市场行为则取决于其所在产业的市场结构”，创造性地提出现代产业组织理论（哈佛学派）的 SCP 经典分析范式，并在微观的企业研究和中观的产业研究之间架设起一道桥梁。Bain（1959）[220] 则引入回归分析，为 SCP 分析范式提供了实证检验的思路和方法，重点研究了企业经营绩效与市场结构之间的关系，得出“高集中度市场中的企业更少进行竞争且产出水平更低”的结论，并提出市场势力假说（Market Power Hypothsis，MPH），即在高度集中的市场中，企业更容易通过市场操纵行为（如合谋）以谋取垄断租。垄断或寡头垄断的市场结构外在地表现为市场份额的高度集中，其产出数量（质量）低于竞争市场的产出数量（质量）导致消费者和社会福利的损失。因此，市场势力假说主张对市场高度集中产业的垄断或寡头垄断企业实施反垄断措施的公共政策。

芝加哥学派在对 SCP 分析范式的单向因果关系进行批判的基础上，提出效率结构假说（Effiency Structure Hypothsis，ESP）（Demsetz，1973[221]；Peltzman，1977[222]），认为高效率企业比低效率企业产品（服务）的成本更低，而产品（服务）成本更低的高效率企业通过价格竞争可以吸引更多的购买者，其市场份额也会不断上升，从而使市场结构表现出高度集中的特征。因此，企业良好的经营绩效是高效率创造的效率租而不是市场势力产生的垄断租。芝加哥学派的公共政策主张是：如果企业成本优势的来源是规模效率，则实施反垄断政策可以提高消费者福利水平甚至全社会的福利水平；如果企业的成本优势来源于 X-效率，则实施反垄断措施不仅不利于改善消费者和全社会的福利，反而还会削弱企业追逐成本 X-效率的激励（欧阳青东，2008）[223]。

以米塞斯（Mises）、熊彼特（Schumpeter）和哈耶克（Hayek）为代表的产业组织理论新奥地利学派则将竞争视为市场优胜劣汰的重要机制，认为企业良好的经营绩效（高利润率）是对抗性市场竞争结果的综合反映，高利润率传递出有价值的市场机会信息可以引导具有创新精神的企业家进入市场，而不是市场势力的指示器。因此，只要政府不干预市场，垄断企业实际是经历了市场激烈竞争后生存下来最有效率的企业。新奥地利学派反对诸如分割企业、禁止兼并等反垄断措施和政府管制。

20 世纪 80 年代以来，在泰勒尔（Tirole）、夏皮罗（Shapiro）和施瓦茨（Schwartz）等人的努力下，产业组织理论引入博弈论和经济计量分析等工具和方法，研究重心由结构主义向行为主义转移并日臻完善，已成为现代经济学的重要理论之一。

二、银行产业组织研究

20 世纪 60 年代以来特别是 20 世纪 90 年代，已经有很多文献采用 SCP 分析范式研究银行产业组织问题（如 Berger & Hannan，1989[224]；Hannan & Berger，1991[225]；Hannan，1991a[226]；Neumark & Sharpe，1992[227]；Molyneux，1993[228]；Molyneux，Lloyd - Williams & Thornton，1994[229]；Berger，1995a[230]等）。赵紫剑（2004）[231]、黄志豪和于蓉（2005）[232]、史振乐（2014）[233]、谢钟芸（2017）[234]等对银行产业组织研究文献做了比较翔实的综述，这里不再赘述。

在严格管制分支机构设立的年代，美国的商业银行被限制在有限的区域市场内，其市场边界是清晰的，提供的产品（金融服务）也大致相同。因此，美国的商业银行业曾经被视为检验 SCP 分析范式的一个“便利实验室”（黄志豪和于蓉，2005）[232]，但很少有人反思基于寡头垄断产品市场理论的 SCP 分析范式能否无限制地应用于银行业研究（Neuberger，1998）[235]。部分学者已经认识到这一问题的重要性并付诸了行动，如 Fama（1985）[236]对银行业特殊性的研究，Hannan（1991b）[237]弥补了银行产业组织研究中的企业模型缺陷。Neuberger（1998）[235]指出，早期银行产业组织研究忽略了基于市场不完全（如信息不对称和委托代理问题）的微观金融理论和新制度经济学的新发展，他从供给和需求两个方面识别银行产业组织研究的基础条件①，并提出一个将银行业基础条件、公共政策都内生化处理的SCP修正分析框架。刘伟和黄桂田（2002）[238]在分析了传统SCP分析范式不适用于中国银行产业研究的原因后指出，中国银行业的突出问题是国有银行产权结构单一，而不是市场结构高度集中。因此，中国银行业改革的起点不是产业结构调整，而是要重点推进国有商业银行的产权改革。谭政勋（2008）[239]基于现代产权理论，提出银行产业组织研究的公司治理（Governance）—行为（Conduct）—绩效（Performance）分析框架（GCP）。欧阳青东（2008）[223]则考虑了新制度经济学和微观金融理论的发展，将交易成本制度纳入中国保险产业组织研究，并提出了一个制度结构（Institution structure）—行为（Conduct）—绩效（performance）分析框架（IS-C-P），这些研究对本书分析框架的建立具有重要参考价值。

三、本书的分析框架

本书认为，Neuberger（1998）[235]的SCP修正分析框架考虑了银行业特殊性，吸收了微观金融理论、新制度经济学和新产业组织理论研究的新成果，将从传统SCP分析范式的基础条件中分离出来的公共政策内生于分析框架中，把研究范围扩展到公共政策领域，并将不确定性、不对称信息和交易成本导致的市场不完全整合进银行产业，使组织研究的基础条件具有其合理性，在一定程度上推动了银行产业组织理论的发展。但他的修正分析框架在以下两个重要方面值得商榷：一方面，他认为市场基础条件对银行行为等的影响是反馈（feed - back）关系，而市场结构、行为和绩效之间是相互依赖（interdependency）关系，他为了将市场基础条件内生到分析框架中，却将反馈关系和相互依赖关系等同起来；另一方面，尽管他将公共政策也内生于分

① 供给方面的基础条件包括银行的服务、投入或技术、委托代理关系和产品的外部性。需求方面的基础条件包括价格弹性、转换成本、客户忠诚度、替代性、风险回避和网络的外部性。

析框架中，却认为公共政策与市场结构、行为和绩效之间的关系仅是反馈关系。本书认为，市场基础条件尽管对银行市场行为产生重要影响，甚至影响到绩效和市场结构，但将市场基础条件内生化处理过于宽泛，会将银行产业组织研究复杂化。而公共政策市场结构、行为和绩效之间应该是相互依赖关系。因此，本书在借鉴已有研究成果特别是在 Neuberger（1998）[235] 的基础上提出分析框架，如图 2-1 所示。

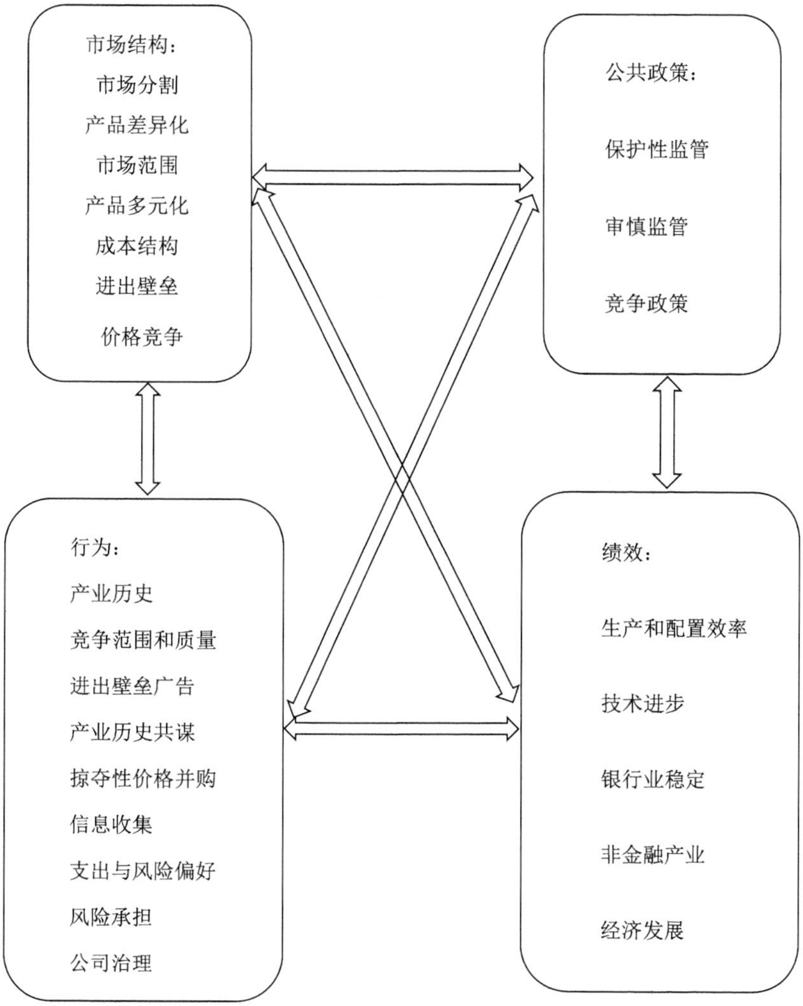

图 2-1　本书的分析框架示意图

不同于 Neuberger（1998）[235]的修正分析框架，本书的分析框架在以下几个方面做了改进。

第一，本书认为虽然诸如不确定性、信息不对称和交易成本等市场不完全对银行市场行为产生重要的影响，但是并未将市场基础条件视为内生的，这样做的潜在好处是相对简化银行产业组织研究，与经济学分析市场基础条件外生处理的做法一致，也契合传统 SCP 分析框架对市场基础条件的处理。

第二，本书在市场结构的内容中增加了产业发展历史。尽管市场结构是企业市场行为、经营绩效和公共政策长期关系的外在反应，但区别于欧美等发达经济体，大量中小商业银行的市场份额经过长期市场角逐后逐渐集中到少数大型银行。例如，1979—1994 年美国银行业的总资产持续增加，减少了超过 1/3 的银行业组织机构（Berger et al.，1995）[121]，在 1988—1997 年期间最大的 8 家银行占美国银行业总资产的市场份额却由 22.3%上升到了 35.5%（Berger，Demsetz & Strahan，1999）[240]。但我国商业银行业市场结构的历史起点是大型国有银行占据的绝大部分市场份额，由于存在很高的市场进入壁垒，其他中小商业银行最初仅占据非常低的市场份额，因此增加产业发展历史对理解中国银行业市场结构的变化是非常必要的。

第三，尽管同样将公共政策内生于分析框架中，但本书认为我国银行业的公共政策与市场结构、行为和绩效之间的关系是相互依赖的因果关系，而不仅仅是反馈关系。例如，尽管我国银行业法人机构数由 1988 年底的 6 万余家下降到了 2017 年底的 4486 家，但这主要是公共政策导致的结果，既包括由政府主导将同一城市的城市信用合作社合并重组改制为城市商业银行的政策，也包括将依然在推行的农村信用合作社改制为农村商业银行的政策，而银行竞争或市场化兼并起的作用非常有限。另外，我国银行业这些公共政策的出台又是基于早期银行业缺乏竞争，城市信用合作社和农村信用合作社普遍经营绩效较差、风险较高的反馈做出的制度安排。因此，将公共政策内生于分析框架中是合理的，也是必要的。

第四，本书的分析框架中，行为不仅包括价格和非价格竞争行为，也包括银行的风险承担行为和公司治理行为。绩效不仅要考虑银行微观层面的生产和配置效率，以及银行的技术进步因素，更重要的是需要把银行业的稳定、非金融产业的发展，以及整个社会的经济发展囊括进来。因为尽管银行微观层面的绩效很重要，但如果不考虑银行业的稳定而过度承担风险，最终受损的依然是银行业。在金融自由化浪潮的冲击下，严厉的监管政策被放松或取消后，商业银行的破产概率和系统性风险的概率都相对上升了，频繁出现的金融危机使习惯审慎的监管当局不得不在公共政策“篮子”中提高银行风险承担行为和行业稳定的权重，甚至可能超过绩效的权重。如果银行业有高绩效却不能推动非金融业发展甚至全社会的经济发展，那么银行业就没有充分发挥应有的金融功能，其在经济社会发展中的重要作用就会大打折扣。当前，我国银行业高利润与非金融实体企业绩效不断下降的矛盾非常突出。例如，近几年我国上市银行的净利润几乎占全部上市公司净利润的一半，2019 年我国入选《财富》世界 500 强的 129 家企业中，上榜银行的利润也几乎占中国上榜企业利润总额的一半，要从根本上解决这一矛盾，则要求在客观上将这些宏观绩效内容纳入银行产业组织理论的绩效分析中。

需要指出的是，尽管本书在借鉴已有研究成果的基础上提出这一分析框架，但后续部分并不准备对这一框架中的所有要素进行全面分析，而仅选择对商业银行跨区域监管公共政策、市场结构、银行市场竞争行为和风险承担行为、银行经营绩效及银行业稳定等方面进行研究。

第三章 研究对象、跨区域管制制度变迁和跨区域测度

经过40多年的发展，我国已经建立起比较完备的、以商业银行为主导的现代金融体系，形成了大、中、小微多层次商业银行共同发展的“金字塔型”基本格局，中小商业银行资产已接近商业银行总资产的半壁江山，并且法人机构数量众多，其市场地位也由国有商业银行的有益补充逐渐发展成商业银行体系，乃至金融体系中不可或缺的重要组成部分。国有大型商业银行在成立之初或经过一段时期的发展后，建立了覆盖广泛的分支机构网络，但中小商业银行跨区域发展仍受到诸多监管约束。因此，研究中小商业银行健康可持续的跨区域发展可以为整个银行业深化改革积累宝贵经验，有利于促进商业银行业竞争机制的形成及提高其竞争水平，可进一步优化金融体系结构、改善金融资源配置效率，从而提高商业银行服务实体经济业的整体水平。鉴于此，本章首先对商业银行的划型问题进行简单讨论，以对中小商业银行这一研究范畴进行必要的澄清；其次回顾我国中小商业银行跨区域发展的历程和监管制度的变迁，以确定本书的研究对象，并回答为什么要研究中小商业银行跨区域发展的问题；最后建立商业银行跨区域发展的测度指标体系，并对我国中小商业银行跨区域发展进行统计分析，以了解我国中小商业银行跨区域发展的历史和现状。

第一节　研究对象

中小商业银行（Small & Medium-sized Commercial Bank，SMCB）通常泛指大型商业银行之外资产规模相对更小的商业银行。现代经济和金融理论表明，不同规模商业银行在发展战略、竞争行为、市场绩效和风险承担等诸多方面存在较大差异。例如，普遍认为大型商业银行在甄别企业"硬信息"上更有优势，中小商业银行则擅长甄别企业"软信息"；大型商业银行更倾向于向借款人提供交易型贷款，而中小商业银行则更倾向于向借款人提供关系型贷款（Boot & Thakor，2000[241]）。因此，出于管理、统计或研究等方面的需要，政府部门和研究人员通常对金融机构进行分类，如金融稳定理事会（Financial Stability Board，FSB）根据业务规模、业务复杂程度及对全球金融体系产生冲击的影响程度等，将金融机构划分为系统重要性和非系统重要性两类，但并不存在商业银行分类的统一标准，学术界和监管部门对商业银行性质的理解也存在争议。鉴于此，有必要先澄清本书研究的中小商业银行范畴。

一、中小商业银行的规模划型

学术界和监管部门对商业银行的规模划型并无统一标准。例如，Jayaratne 和 Wolken（1999）[242]将资产规模超过 50 亿美元的归为大型商业银行，资产规模介于 1 亿~50 亿美元之间的归为中型商业银行，资产规模在 1 亿美元以下的归为小型商业银行。Westwood 和 Holland（2000）[243]将 3500 亿美元作为划分大型商业银行和中小商业银行资产规模的数量标准。① Meslier 等（2016）[244]则将总资产在10亿美元以下的商业银行归入小型商业银行，总资产在 10 亿~100 亿美元的银行归为大型商业银行，总资产超过 100 亿美元的银行归为“超大型商业银行”。随着经济金融化的不断发展，特别受并购浪潮的影响，全球商业银行业的并购案件不断刷新资产规模的历史记录。按照 Westwood 和 Holland（2000）[243]的划型标准，2008 年全球前 1000 家商业银行中仅有 54 家大型商业银行。但截至 2016 年，全球前 1000 家商业银行中，大型商业银行已超过 70 家。

在我国，由于在运营方式和监管制度等多个方面与非金融企业存在较大差异，国家统计局在《关于印发中小企业标准暂行规定的通知》（国经贸中小企〔2003〕143 号，此文件已废止）中并未确定金融业企业的划型标准。工信部在《关于印发中小企业划型标准规定的通知》（工信部联企业〔2011〕300 号）中也未对此进行明确。② 在完成国有银行的股份制改造后，中国人民银行改变了按所有制进行分类的统计口径，自 2011 年起，将 2008 年末本外币资产总额 20000 亿元以上的划为大型商业银行（包括工、农、中、建、交五大商业银行和中国邮政储蓄银行），总资产规模在 300 亿~20000 亿元的为中型商业银行（包括招商银行、浦东发展银行、中信银行、兴业银行、民生银行、光大银行、华夏银行、广发银行、平安银行等全国性股份制商业银行和北京银行、上海银行、江苏银行 3 家城市商业银行），总资产规模在 300 亿元以下的为小型商业银行。

《金融企业划型标准规定》（银发〔2015〕309 号）是我国政府部门首次对金融企业划型标准做出的规定。按照不同行业大类，以金融机构一个完整会计年度中四个季度末法人并表口径的资产总额平均值作为划型的规模标准

---

① Westwood & Holland 对“The Banker”1999 年全球前 1000 家银行资产规模的统计分析发现，少数银行巨头控制了大部分市场份额，且其收益率高于银行业的平均收益率，前 1000 家商业银行中大部分银行的总资产规模在 3500 亿美元以下。

② 在其他未列明行业中将从业人员数量作为划型标准，将从业人员超过 300 人的划分为大型企业，100~300 人之间的为中型企业，10~100 人的为小型企业，从业人员 10 人以下的为微型企业。

值，将资产总额在50亿元以下的银行业存款类金融机构归属为微型企业，50亿~5000亿元的为小型企业，5000亿~40000亿元的为中型企业，并每5年对划型标准值进行评估和调整。按照这一划型标准，2014年末和2015年末法人并表口径总资产规模超过40000亿元的大型商业银行有中国工商银行、中国农业银行、中国建设银行、中国银行、建设银行、邮政储蓄银行，以及招商银行、兴业银行、浦东发展银行、中信银行、民生银行5家全国性股份制商业银行，共计11家，其余的则属于中小微型商业银行范畴。

二、商业银行的性质

除商业银行规模划型的标准问题外，学术界和监管部门对城市（农村）信用合作社的机构性质的理解也存在争议。一种观点认为我国的信用合作社符合合作制原则。例如，龚方乐（2001）[245]认为，我国农村金融改革和发展的重点应该按照合作制原则改造现有的农村信用合作社；殷孟波和翁舟杰（2005）[246]认为，农村信用合作社是一种变异的合作制，建立在变异合作制基础上的不合理的治理结构则导致较高的交易费用，只有真正落实合作制才是农村信用合作社的改革方向；凌涛（2001）[247]认为，简单地肯定或否定合作制的改革思路都有失偏颇，合作制应该是农村金融的一种组织形式，应允许同时发展多种农村金融组织形式，并把规范化作为改革重点。另一种观点则相反，如高冬民（2004）[248]认为我国的城市信用合作社在设立之初就背离了合作制的原则；谢平（2001）[249]也认为我国正规的合作金融从来就没有真正存在过，农村金融改革和发展的重点应该是组建和发展股份制商业银行。

监管部门的规范性文件中也存在多重标准。例如，在《中国银行业监督管理委员会2017年报》的主要名词术语解释中，将商业银行的范围界定为大型商业银行、股份制商业银行、城市商业银行、民营银行、农村商业银行和外资商业银行，但同时又将农村商业银行、农村合作银行和农村信用合作社归入农村合作金融机构。尽管股份制改造后的城市商业银行获得了商业银行的地位，如将城市商业银行纳入《中资商业银行行政许可事项实施办法》范畴，但以农村信用合作社为基础进行股份制改造后的农村合作银行和农村商业银行，以及2006年后设立的1000余家村镇银行并未获得同等地位，而是与贷款公司和农村资金互助社等一起适用农村中小金融机构的行政许可管理。

显然，这种通过机构名称或主要经营地域范围确定商业银行范畴的做法值得商榷。从金融功能来看，商业银行性质的传统观点认为，部分准备金制下商业银行的核心功能是通过吸收存款和发放贷款活动进行货币创造。新银行学派（Neo-Banking School）则认为，商业银行的核心功能是在中央银行和借款人（投资者）之间进行流动性创造（Heise，1992[250]；Wray，1992[251]；Dymski，1992[252]；Block & Davidson，2010[253]）。因此，用货币创造和流动性创造这两个核心金融功能判断金融机构的商业银行性质更加合理。从业务实践来看，我国早期的合作金融机构具有商业银行的两个核心金融功能，而随着经营环境和服务对象的改变，这两个核心金融功能越来越突出。无论是尚未改制的农村信用合作社，还是改制后的农村合作银行，均需要向中央银行缴纳存款准备金①，具备现代商业银行的存款创造和流动性创造的核心金融功能，在实践中也发挥了存款创造和流动性创造的作用。因此，农村信用合作社、农村合作银行、农村商业银行和村镇银行都应该归入商业银行范畴。李广子（2014）[254]也将农村商业银行、农村合作银行和村镇银行视为通常意义上的中小银行，与本书对这三类存款性金融机构的商业银行性质的认识一致，但本书对商业银行范畴的界定明显要宽泛一些。

三、中小商业银行范畴

我国中小商业银行范畴的严格界定既要考虑《金融企业划型标准规定》

① 《中国人民银行 中国银行业监督管理委员会关于村镇银行、贷款公司、农村资金互助社、小额贷款公司有关政策的通知》（银发〔2008〕137号）要求村镇银行比照当地农村信用合作社的存款准备金率缴存准备金。

的规模标准，还要结合机构的商业银行性质。除 5 家可以归入大型商业银行的全国性股份制商业银行外，其余 7 家全国性股份制商业银行包括资产规模最小的渤海银行（2015 年全年总资产为 7642.35 亿元），均为中型商业银行。现有的 134 家城市商业银行中，规模最小的库尔勒银行 2015 年末资产为 86.41 亿元，规模最大的北京银行 2015 年末并表后总资产为 18449.09 亿元（是库尔勒银行资产规模的 213.52 倍），都可归入中小商业银行的范围。其中，北京银行、上海银行、江苏银行、南京银行、盛京银行、宁波银行、徽商银行、杭州银行、天津银行 9 家城市商业银行 2015 年末并表后的资产均超过了 5000 亿元，属于中型商业银行，其余 125 家城市商业银行则属于小型商业银行。

2017 年已完成改制的 1114 家农村商业银行中，重庆农商行、北京农商行、上海农商行、成都农商行和广州农商行 2015 年末并表后总资产均超过了 5000 亿元，但不到 10000 亿元，属于中型商业银行范畴。此外，有 600 余家农村商业银行 2017 年末总资产均介于 50 亿~5000 亿元之间，属于小型商业银行；约有 300 家资产规模低于 50 亿元的微型商业银行，40 家农村合作银行均属于小型商业银行。① 在外资商业银行中，资产规模最大的汇丰银行（中国）有限公司 2017 年末总资产为 4679.36 亿元，接近中型商业银行的资产规模下限，但外资商业银行大部分以小型商业银行为主，瑞士银行（中国）有限公司、韩国正信银行有限公司等少数几家外资银行 2017 年末的资产规模低于 50 亿元，属于微型商业银行范畴。1443 家村镇银行 2017 年底的资产规模均未达到 50 亿元的下限，属于微型商业银行范畴。在首批开展试点的 5 家民营商业银行中，规模最大的浙江网商银行 2017 年末的总资产已达到 781.70 亿元，规模最小的温州民商银行 2017 年末总资产仅为 54.83 亿元，也都属于小型商业银行范畴。

① 今日农商行团队对 1055 家农村商业银行 2016 年末的资产规模进行了排名。其中，年末资产低于 50 亿元的微型商业银行有 221 家，年末资产介于 50 亿~5000 亿元之间的有 829 家，但并不是基于并表后的总资产对农商行进行规模划型。

考虑到已有研究大多将工、农、中、建、交和邮储银行归入大型商业银行，把股份制商业银行都归入中小商业银行（如李杨，2008[5]；范香梅、邱兆祥和张晓云，2010[255]等），且通常将外资商业银行作为一个特殊群体排除在研究样本之外。出于可比性并兼顾数据的可得性和延续性，除特别注明以外，本书的中小商业银行仅包括全国性股份制商业银行、城市商业银行、农村商业银行和农村合作银行。

第二节　我国商业银行跨区域发展监管制度变迁

中国的中小商业银行可以追溯到20世纪50年代由中国人民银行农村网点改造成的农村信用合作社。自1978年全国五届人大一次会议决定中国人民银行总行从财政部独立划出后，中国农业银行、中国银行、中国建设银行和中国工商银行相继成立，而中国人民银行自1984年1月1日起专门行使中央银行职能，这标志着我国现代商业银行体系的基本架构初具雏形（李杨，2008）[5]。随着交通银行、招商银行等全国性股份制商业银行的设立，城市信用合作社的快速发展，以及后来城市信用合作社和农村信用合作社股份制商业银行的改造，我国形成了以国有大型商业银行为主的大、中、小微商业银行共生的格局。在商业银行体系的这一发展过程中，我国商业银行跨区域发展监管制度大致经历了以下几个阶段（见图3-1）。

一、非量化分类监管阶段（1994年前）

从改革开放到1994年前，由于整个金融业尚处于恢复发展时期，商业银行机构和金融产品不足、城乡二元金融体系造成的市场分割等金融抑制特征还非常显著，大统一的国有专业银行难以满足非国有经济快速发展的金融需求，国家对中小商业银行发展总体上持鼓励态度。自1986年国家开放商业银行市场准

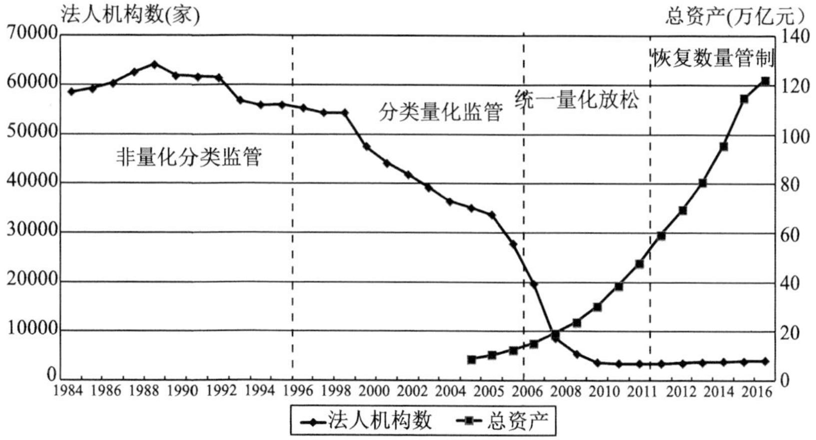

图 3-1　1984—2017 年我国中小商业银行法人机构、总资产及不同发展阶段

入以来，不仅陆续恢复或设立了一批股份制商业银行①，也鼓励城市信用合作社的发展。例如，中国工商银行各级行处从人、财、物等方面积极帮助、发展筹建城市信用合作社。在 1984 年 7 月全国仅有城市信用合作社 230 个，而截至 1986 年底，工商银行扶持的城市信用合作社就已达到 913 家，并分布在全国 31 个省（区、市）。

这一时期我国对商业银行跨区域发展主要采用分类监管方式。一是对新设立的全国性股份制商业银行（包括交通银行）设立分支机构和跨区域经营几乎没有限制。二是允许农村信用合作社设立分支机构（信用分社、储蓄所或其他服务网点）和代办机构（信用代办站）。② 三是考虑到大部分县城已设立了农村信用合作社，因此中国人民银行发布的《城市信用合作社管理暂行规定》（银发〔1986〕203 号）明确了县和县以下不得设立城市信用合作社，并对过去已在县城设立的城市信用合作社进行了整顿。《关于公布〈城市信用

① 包括交通银行（1986 年）、招商银行（1987 年）、中信实业银行（现已更名为“中信银行”，1987 年）、深圳发展银行（1987 年）、烟台住房储蓄银行（现已更名为“恒丰银行”，1987 年）、福建兴业银行（1988 年）、广东发展银行（现已更名为“广发银行”，1988 年）、光大银行（1992 年）、华夏银行（1992 年）、上海浦东发展银行（1992 年）和浙江商业银行（1993 年）11 家股份制银行。

② 中国人民银行发布的《农村信用合作社管理暂行规定》（银发〔1990〕251 号）和中国农业银行总行经中国人民银行批准颁布的《农村信用合作社管理暂行规定实施细则》（1991 年 7 月 29 日）。

合作社管理规定〉的通知》（银发〔1988〕249 号，目前已失效）再次明确在县和县以下不得设立城市信用合作社，虽然通知允许在有条件、经济发达的县设立少数机构进行试点，但也规定城市信用合作社不得设立分支机构。由于不能设立分支机构，这一时期的城市信用合作社根本谈不上跨区域发展，因此成为和美国 20 世纪 30~50 年代盛行的单元制银行类似的单一机构原子式商业银行机构。

从监管措施来看，这一时期主要采取非量化监管政策。如中国人民银行颁布的《关于金融机构设置或撤并管理的暂行规定》（银发〔1984〕196 号）明确了金融机构设置应符合的条件：①确属经济发展需要,并具有相当业务量。②符合金融部门专业分工要求。③符合经济核算原则，能够取得较好的经营效益。

总地来说，这一时期限制了城市信用合作社设置分支机构，但允许农村信用合作社设立分支机构，因此事实上不能跨区域经营的监管政策促使了我国中小商业银行法人机构数量得到快速增长。据统计，我国中小商业银行法人机构数由 1984 年的 58485 家增加到 1988 年的 64159 家，其中农村信用合作社法人机构由 58255 家增加到 60897 家，城市信用合作社由 230 家增加到 3421 家。虽然《城市信用合作社管理规定》（银发〔1988〕249 号，目前已失效）对设在县城的城市信用合作社进行了整顿，但到 1993 年底全国仍有 55831 家中小银行法人机构。由于市场进入门槛低（如设立城市信用合作社仅要求 10 万元的自有资金①），且禁止城市信用合作社设立分支机构，农村信用合作社也仅被允许在县以下农村按区域或乡镇设立分支机构②，而信用合作联社是由城市信用合作社或农村信用合作社出资设立的，所以信用合作社并非合作联社的分支机构。因此，信用合作社组织在这一时期均未进行跨区域经营。

由表 3-1 可以看出，国有独资银行在这一时期机构数量迅速增加，工商

① 《城市信用合作社管理暂行规定》（银发〔1986〕203 号）。

② 《农村信用合作社管理暂行规定》（银发〔1990〕251 号，目前已失效）。

银行、农业银行、建设银行和中国银行的分支机构基本已遍布全国。而在股份制商业银行中，除交通银行分支机构数量有较快增长外，其余股份制商业银行因设立时间较短，无论是分支机构数量还是经营地域范围都较小，因此在这一时期我国中小商业银行的跨区域发展尚处于起步阶段。

表 3-1 1985—1993 年主要商业银行分支机构数

单位：个

银行	1985	1986	1987	1988	1989	1990	1991	1992	1993
工商银行	21552	24038	26564	29998	31353	30798	30834	31495	34002
农业银行	32624	37879	44049	50777	53611	55410	55614	56417	58964
建设银行	—	2993	6176	13815	17352	31595	27586	28139	32456
中国银行	344	333	428	959	1300	4340	4764	6183	9886
交通银行	—	1	12	45	58	263	418	652	995
中信银行	—	—	1	4	5	10	11	17	25

数据来源：根据历年《中国金融年鉴》整理。

二、分类量化监管阶段的发展（1994—2005）

1994 年以后，我国的中小商业银行跨区域发展开始进入分类量化监管时期。在这一时期发生了很大的变化。

一是《金融机构管理规定》（银发〔1994〕198 号）和由全国人大常委会于 1995 年 9 月 10 日发布并实施的《中华人民共和国商业银行法》（以下简称《商业银行法》）为商业银行分支机构量化监管提供了统一的法律制度框架。相比前期的监管政策，如《金融机构管理规定》第三十三条规定，金融机构设立的分支机构“应具有规定数额的营运资金，其营运资金由总行（总公司）从资本金或公积金中拨付，累计拨付总额不得超过总行（总公司）资本金的百分之六十”。再如其附件《关于设置银行及其分支机构的暂行规定》中将银行设立分支机构的数量监管措施更加具体化，主要条件包括：①必须是已经设立1年以上，经营业绩良好且无违反金融监管法规行为的银行。②在拟设分支机构地区已经发生的贷款业务应不少于5000万元。③应由其总行拨给拟设置分行不少于1亿元的营运资金。④应由其总行拨给拟设置支行不少于5000万元的营运资金。⑤申请设立分支机构的银行其资产负债比例应达到中国人民银行规定的各项管理指标。《商业银行法》（1995年和2003年分别进行过修订）则将“商业银行拨付给境内分支机构营运资金额的总和不得超过总行资本金总额60%范围”的规定，以法律的形式正式固定下来。

二是在上述统一框架的基础上，监管部门制定了信用合作社进行股份制改造后的分支机构监管政策。《金融机构管理规定》中的监管规定不仅适用国有商业银行和全国性股份制商业银行，也适用于包括合作银行、城市信用合作社或农村信用合作社（联社）。1995年9月，《国务院关于组建城市合作银行的通知》正式下发，决定自1995年起在大中城市分批组建城市合作银行，并首先在京、津、沪等城市进行试点。组建城市合作银行的措施促使“城市信用合作社不得设置分支机构”的监管限制得以突破。但中国人民银行制定的《城市合作银行管理规定》（银发〔1997〕264号，目前已失效）正式明确了城市合作银行只能在符合条件的地级以上（含）城市设立，且一个城市只能设立一家城市合作银行；城市合作银行可根据业务发展需要，在所在地市区按《商业银行法》第十九至第二十三条规定的条件和程序设立分支机构。由于地级以上（含）城市既有地级市，也有省会城市、计划单列市和直辖市，因此由城市信用合作社进行股份制改造而来的城市合作银行虽然突破了“不得设立分支机构”的准入监管藩篱，但经营地域范围却有着与生俱来的不平等性。例如，地级市设立的城市合作银行仅能在一个市辖范围内设立分支机构，而直辖市组建的城市合作银行（如北京城市合作银行）实际上已经在直辖市范围内实现了跨区域经营。另外，2003年成立的中国银行业监督管理委员会在《关于印发〈农村商业银行管理暂行规定〉和〈农村合作银行管理暂行规定〉的通知》（银监发〔2003〕10号）中明确规定，农村商业银行和农村合作银行也可以根据业务发展需要，在辖区内设立支行、分理处、储蓄所等分支机构，但设立分支机构应当按照规定拨付与其经营规模相适应的营运资金，且拨付给各分支机构的营运资金的总和不得超过资本总额的 60%。

三是规范了股份制商业银行的分支机构准入政策。区别于非量化分类监管时期对股份制商业银行分支机构设置和跨区域发展的宽松措施，在《中国人民银行关于进一步规范股份制商业银行分支机构准入管理的通知》（银发〔2001〕173 号）① 中，监管部门更加注重股份制商业银行机构准入发展的合理性和管理的审慎性，这不仅有助于加强审核股份制商业银行机构准入的综合评估和持续监管②，还有助于提高股份制商业银行机构准入的市场环境要求，并能严格掌握机构准入条件，明确了股份制商业银行不得在县（含县级市）及县以下设立机构。股份制商业银行机构在某一城市初次设立机构只能设立分行③的准入条件主要有：①符合中国人民银行批复的机构发展规划。②总行各项重要监管指标符合有关监管要求，内部控制健全有效，连续 3 年无严重违规行为或重大案件发生，能够贯彻中国人民银行的监管意见。③具有拨付营运资金的能力。④拟设立机构的城市具有良好的经济发展前景和市场潜力，国内生产总值应达到 100 亿元且各项存款余额达到 300 亿元。④ 股份制商业银行升格分行除具备前述条件外，还应同时满足以下条件：①拟升格支行连续 2 年盈利且资产季度平均余额稳定在 20 亿元以上。②拟升格支行内部控制健全有效，连续 3 年无严重违规行为或重大案件发生。

四是统一了商业银行设立同城营业网点的监管标准。《商业银行设立同城营业网点管理办法》（中国人民银行令〔2002〕第 3 号）⑤ 对国有独资商业银行、股份制商业银行、城市商业银行、外国银行分行、外商独资银行及中外

① 该文件自 2011 年 1 月起不再适用。

② 综合评估重点对股份制商业银行机构内部控制的有效性、信息管理系统的健全性、公司治理的合理性和业务发展的稳健性进行综合评估，并测算股份制商业银行机构资本充足率水平，将评估和测算结果作为区别对待的市场准入政策依据。新设机构的经营管理、业务发展等跟踪评估结果则作为核准新机构发展规划和审批新机构的重要参考依据。出现重大案件、严重违规、重要监管指标恶化等情况的，中国人民银行应停止该银行的机构准入申请，并暂缓或停止审批已受理的机构准入申请。

③ 因收购或兼并中小金融机构而设立的机构除外。

④ 对于中西部地区的省会城市及经济辐射功能较强的重要城市，可适当放宽上述经济指标限制。

⑤ 该文件自 2011 年 1 月起不再适用。

合资银行设立同城营业网点设定了统一的准入标准。同城营业网点既包括商业银行在同一城市行政区划内设立的分行以下（不含）提供金融服务的经营性支行，也包括在营业场所以外设立的自动取款机（ATM）、自动存款机（CDM）等自助银行设施。因此，商业银行设立同城营业网点既需要满足定性要求①，也需要满足运营资金等定量监管要求的条件。②

1994—2005 年，我国中小商业银行法人机构数由 55983 家减少至 27896 家，主要原因是国家确立了改制成股份制商业（合作）银行改革方向的规范，大量城乡信用合作组织被改制成城市（农村）商业银行。以城市信用合作社为例，1995—1997 年国务院开始将地级市的 3000 余家城市信用合作社改造成股份制城市合作银行，并将 2000 余家县级城市信用合作社纳入农村合作金融体系，截至 1997 年底，全国 1638 家城市信用合作社被改造成 71 家股份制城市合作银行（高冬民，2004）[248]。1998 年 10 月，国务院办公厅转发《中国人民银行整顿城市信用合作社工作方案的通知》要求，按照 1997 年全国金融工作会议的部署，开始对城市信用合作社进行全面整顿。中国人民银行在《关于对城市信用合作社整顿工作进行全面检查及进一步推进整顿工作的通知》（银发〔2000〕330 号）中指出，将发展方向从合作制银行改为城市商业银行，并明确提出了“保留、改制为农村信用社、合并重组为股份制单一法人社、由商业银行按市场化原则收购改为分支机构（含组建行收回）、组建城市商业银行和撤并”等六类处置方式（高冬民，2004）[248]。截至 2005 年底，全国已组建成立 113 家城市商业银行和 58 家农村合作银行。

一方面，虽然中小商业银行法人机构数量锐减，但其在这一时期得到迅速发展。截至 2005 年底，中小商业银行总资产占商业银行业总资产的比重达

---

① 包括：①在当地设有分行（或视同分行管理的机构）以上的机构、正式营业 1 年以上且资产质量良好。②已设立的分支行具有较强风控能力，最近 1 年无重大违法、违规行为，以及因内部管理混乱导致的重大案件。③有合格的高级管理人员和从业人员，每个同城支行至少配备 2 名高级管理人员。④有合格的营业场所、安全防范措施和与业务有关的其他设施。⑤中国人民银行规定的其他条件。

② 包括：①设立同城支行的营运资金不低于人民币 1000 万元或等值的自由兑换货币。②由总行拨付的营运资金在总行资本金总额的 60%以内，由分行拨给同城支行的营运资金累计不得超过分行营运资金的 60%。

到 37.35%，已成为我国商业银行体系的重要组成部分，并且中小商业银行跨区域经营也取得了不俗的表现。首先是大部分全国性股份制商业银行实现了跨省级行政区划经营。尽管分支机构数量远少于国有商业银行，但除了恒丰银行、浙商银行和渤海银行尚未实现跨省经营外，其余股份制商业银行都已不同程度地实现了跨省经营，并且全国性分支网络已初具雏形。例如，交通银行截至 2005 年底，已经在全国 31 个省（市、区）设立了 2607 个分支机构，兴业银行也在全国 29 个省（市、区）设立了 328 个分支机构（见表 3-2）。

表 3-2　2001—2005 年主要股份制商业银行经营省数及分支机构数

单位：个

银行	交通银行	兴业银行	光大银行	招商银行	民生银行	浦发银行	中信银行	华夏银行	深圳发展银行	广发银行
2001	2557	201	—	308	106	240	340	158	170	560
2002	2675	232	—	332	146	284	372	188	198	567
2003	2145	256	371	372	185	304	379	219	221	526
2004	2592	292	377	409	216	327	390	243	234	487
2005	2607	328	383	456	240	349	416	266	238	500
经营省数	31	29	23	21	21	20	18	18	12	9

数据来源：根据《中国金融年鉴》及银行年报整理。

另一方面，城市合作金融机构经过股份制改造后实现了设立分支机构这一质的飞跃。1996 年，全国有 18 家城市合作银行开业，有 15 个城市进入了城市合作银行的筹建阶段，有 54 个城市进入组建阶段，只有 8 个城市未组建城市合作银行。截至 2005 年底，全国已组建了 113 家城市商业银行、12 家农村商业银行和 58 家农村合作银行。虽然股份制改造后的部分机构仍被冠以“合作”二字，但重组改造后的经营地域范围已经远远超出单一信用合作社时期的经营地域范围。如 1995 年底全国批准组建的 16 家城市合作银行中，北京城市合作银行在直辖市范围内经营，深圳城市合作银行则在计划单列市范围内经营。深圳城市合作银行将纳入该行体系的城市信用合作社改制为支行，截至 1995 年底共有 1 家总行营业部和 17 家支行，此外还新设了 3 家分理处。

三、统一量化放松管制阶段（2005—2011）

经过 10 余年的发展，我国建立了主要针对全国性股份制商业银行和城市商业银行等中小商业银行跨区域发展的分类量化监管政策体系。全国性股份制商业银行设立分支机构的监管远比早期严格，股份制改造后的城市商业银行虽然迈出了设立分支机构的步伐，并且部分城市商业银行还在省级行政区划内设立了分支机构，但依然需要面对跨区域特别是跨省经营的制度“天花板”，大部分城市商业银行仍局限在地级市范围内经营。

2004 年 9 月 7 日，原中国银行业监督管理委员会正式表态，“将逐步允许满足各项监管要求并达到《股份制商业银行风险评级体系（暂行）》规定的中等以上水平的城商行跨区域经营”①，金融监管部门开始释放放松中小商业银行跨区域经营管制政策的信号。继 2001 年中国人民银行德阳中心支行批准原德阳市商业银行收购广汉、什邡和中江等 5 家城市信用合作社后，2004 年 12 月，监管部门允许原哈尔滨市商业银行收购双鸭山城市信用合作社，并允许将其转变为省内异地分行；2005 年 12 月，又允许原合肥市等 6 家城市商业银行和六安市等 7 家城市信用合作社联合重组成徽商银行，首开非直辖市城市商业银行成功实现省内跨地市经营的先河。

2006 年 1 月 12 日，原中国银行业监督管理委员会在《中资商业银行行政许可事项实施办法》（中国银行业监督管理委员会令〔2006〕第 2 号）中，通过明确城市商业银行和城市信用合作社股份有限公司属于中资商业银行范畴的方式，统一规定了中资商业银行设立境内外分支机构（分行、分行级专营机构、支行、自助银行设施等）的基本条件，为城市商业银行等转制而来的中小商业银行跨省经营提供了制度依据。随后，原中国银行业监督管理委员又印发了《城市商业银行异地分支机构管理办法》（银监发〔2006〕12

① 转引自《中国货币市场》2004 年 10 月的《动向》。

号），按照“分类监管、整体推进、标本兼治、综合提高”的监管思路和扶优限劣的原则，审慎批准城市商业银行设立异地分支机构，允许满足基本条件、达到《股份制商业银行风险评级体系（暂行）》（银监发〔2004〕3号）规定的二级（含）以上且能拨付规定营运资金的城市商业银行跨省设立分支机构，并明确了城市商业银行设立省内和省外异地分支机构的基本条件。① 首家城市商业银行异地跨省分支机构——上海银行宁波分行的正式开业，标志着我国打破了城市商业银行“在符合条件的地级以上（含）城市设立”的经营地域管制。

2007年，原中国银行业监督管理委员会下发《关于允许股份制商业银行在县域设立分支机构有关事项的通知》（银监办发〔2007〕79号），不仅解除了股份制商业银行不得设立县域分支行的管制政策，也允许城市商业银行在所在地城市及已设立异地分行的城市设立县域分支机构。2009年，原中国银行业监督管理委员会在《关于中小商业银行分支机构市场准入政策的调整意见（试行）》（银监办发〔2009〕143号）中表明，尽管仍然需要对公司治理结构、风险管理和内部控制、管理信息系统、不良资产比率、损失准备充足水平（包括资产损失准备充足率和贷款损失充足率）、资本充足水平等重要指标，以及最近2年内未发生重大案件和重大违法违规行为、监管评级等进行重点审查，但进一步放松了中小商业银行分支机构的市场准入政策。主要表现在：一是取消了设立分支机构数量指标的控制。对已在省会（首府）城

① 省内设立异地支行的基本条件包括：①完善的公司治理架构和有效的决策、执行、监督、激励和约束机制。②内控制度良好、建立良好的关联交易和信息披露制度。③管理状况良好。④开业3年以上，资产总额不少于150亿元人民币。⑤注册资本不少于5亿元人民币且为实缴资本，资本充足率不低于8%，核心资本充足率不低于4%。⑥按五级贷款分类的不良贷款率连续2年不高于6%，且最近两年不良贷款余额和比例持续下降。⑦贷款损失准备覆盖率在监管比例之上，按照要求制定并落实提足贷款损失准备的规划及核销方案。⑧申请日前连续2年盈利，扣除贷款损失准备后资产利润率不低于0.35%，资本利润率不低于8%，人均资产不低于1000万元及银监会规定的其他条件。跨省设立异地分行时除满足前述条件外，尚需满足以下条件：①资产总额不少于500亿元人民币。②注册资本不少于10亿元人民币且为实缴资本。③按五级贷款分类的不良贷款连续3年不高于6%。④申请之日前连续3年盈利，扣除损失准备后资产利润率不低于0.45%，资本利润率不低于10%，人均资产不低于2000万元。

市设有分行的股份制商业银行，允许其在该城市所在省（自治区）内的其他城市再申请设立分行和支行、允许城市商业银行法人在所在省（自治区、直辖市）内设立分支机构，并且股份制商业银行和城市商业银行设立同城支行不再受数量指标限制。二是不再对股份制商业银行和城市商业银行设立分行和支行设定统一的营运资本要求，而是改由各银行根据业务发展和资本管理需要统筹调节、配置。三是股份制银行和城市商业银行跨省（自治区、直辖市）设立分行和支行，仍由中国银监会根据监管评级和优化布局等要求进行审批。鼓励股份制商业银行优先到西部、东北等金融机构较少、金融服务相对薄弱的地区设立分支机构；支持城市商业银行按照“先省内、后省外，先本经济区域、后跨经济区域，最后向全国辐射”的三步走原则建立分支机构网络，并对符合监管导向的相关申请予以优先支持。

在此期间，一方面城市信用合作社向城市商业银行的股份制改造已基本完成，农村信用合作社也仅剩下 2265 家法人机构尚未改制成股份制农村商业银行。随着信用合作社机构被大量改制成股份制城市商业银行和农村商业银行，中小商业银行法人机构数由 2006 年的 19645 家锐减到 2011 年的 3516 家。

另一方面，随着“阳光普照”跨区域监管政策的实施，中小商业银行纷纷加大跨区域经营。不仅全国性股份制商业银行进一步加快了跨区域经营的步伐，其他中小商业银行的跨区域扩张也非常显著。截至 2011 年底，全国 144 家城市商业银行中有 45 家实现了不同程度的跨省经营，有 58 家城市商业银行实现了省内跨地市设立分支机构，其中北京银行已经在全国 10 个省（自治区、直辖市）设立了 207 个分支机构，经营省数和分支机构数均超过了恒丰银行同期的跨区域经营程度。改制较早的农村商业银行，如杭州联合银行、上海农村商业银行、张家港农村商业银行、吴江农村商业银行及重庆农村商业银行等也不同程度地实现了跨省经营，北京农商银行、天津农商银行、武汉农村商业银行等 10 余家农村商业银行也实现了省级行政区划内的跨区域经营。

四、恢复数量管制阶段（2012—2016）

2011年全国“两会”期间，国务院有关领导指出我国小银行向大银行发展的势头不减，存在不平衡、不持久与不匹配的“三不”倾向，同质化问题比较突出，并对城商行跨区域扩张提出了批评。实际上，在中小商业银行快速跨区域扩张的同时也确实暴露出了一些问题。例如，齐鲁银行票据诈骗案、汉口银行假担保事件及温州银行骗贷案等均涉及中小商业银行，这些事件引起了监管部门和学术界的担忧（陈晞、叶宇，2011）[256]，导致监管当局重新考虑中小商业银行的市场定位问题，并逐渐收紧中小商业银行特别是城市商业银行跨区域发展的审批，基本暂停了城市商业银行跨省区设立异地分支机构的审批。

尽管在2013年博鳌亚洲论坛年会上，北京银行高管呼吁应当给银行业提供公平的发展环境，并应按照客户需求及发展规律定规则，而不是按照长官意识定规则，但响应者寥寥。① 此后，原中国银行业监督管理委员会下发的有关做好农村金融服务工作的多个文件及《关于做好2014年中小商业银行分支机构发展规划相关工作的通知》（银行二部〔2013〕152号）中表明，监管层在一定时期内暂时不会放松对中小商业银行跨省设立异地分支机构的审批，并在《关于中小商业银行分支机构市场准入政策的调整意见（试行）》通知中要求，将城市商业银行“先省内、后省外，先本经济区域、后跨经济区域，最后向全国辐射”的三步走跨区域发展原则转变为“向省内、西部、县域、社区等基层引导”，更加突出“定位社区、服务小微”的导向。《中国银监会中资商业银行行政许可事项实施办法》（中国银监会令〔2013〕第1号、中国银监会令〔2015〕第2号）以及2015年最新修订的《中华人民共和国商业银行法》中，也依然保留了对商业银行在境内设立分支机构的营运资金监管要求。

---

① 转引自2013年4月8日的《新浪财经》，http://finance.sina.com.cn/money/bank/bank_hydt/20130408/153015075684.shtml。

从政策实施的实际情况来看，全国性股份制商业银行受到跨区域监管政策恢复的影响有限，如渤海银行和恒丰银行的经营省域均由 2011 年的 11 个增加到 2016 年的 18 个，其他全国性股份制商业银行跨省区扩张更是突飞猛进，并在 20 多个省份建立了分支机构。但城市商业银行则大受影响，仅有北京银行在 2014 年获准在河北和新疆两个省区设立了省级分行，其他城市商业银行除了在已有范围内设立跨省和跨地市分支机构外，均未增加经营的省级行政区划数。2012—2016 年，我国中小商业银行总资产由 59. 14 万亿元增加到 114. 73 万亿元，中小商业银行总资产年均增速为 18. 02%，远低于统一量化放松管制阶段（2006—2011）25. 75%的总资产年均增速，恢复跨区域数量限制监管政策对中小商业银行的影响可见一斑。不仅如此，城市商业银行跨区域发展监管政策也殃及农村商业银行。也就是说，股份制改造后的城市商业银行和农村商业银行均成为跨省经营监管政策事实上的严格管制对象，其跨省经营审批基本上处于停滞状态。

第三节　中小商业银行跨区域发展的测度

研究中小商业银行跨区域发展问题时，首先要面对的是如何对跨区域进行界定，以及采用何种方法和指标进行定量测度的问题。本节先讨论商业银行跨区域发展的测度方法，再针对我国中小商业银行跨区域发展的特征构建适合衡量我国中小商业银行跨区域发展的指标体系，并建立数据集来测度跨区域经营的过程。

一、跨区域发展的测度方法

目前，现有经营地域研究的相关文献已发展形成测度商业银行的跨区域发展过程的多种方法，如赋值法、份额法、宽度和深度法及距离指数法等。

1. 赋值法

赋值法是指主要针对具有不同特征或属性的研究对象赋予不同变量值的一种简单定量测度方法，本质上属于虚拟变量法。这种测度方法简单易行，但出于计量技术上节约自由度的考虑，通常只进行比较粗糙的分类研究，不将研究对象进行过细分类。如 Demsetz 和 Strahan（1997）[172]，Dick（2006）[257]，Schmid 和 Walter（2012）[258]，Berger 等(2016)[259]等评估美国商业银行跨区域扩张的政策时，采用的就是这种测度方法，对监管制度允许或放松跨州设立分支机构的州赋值 1，否则赋值 0。Berger 等(2016)[259]在研究银行国际化时也采用了这种方法，即对海外资产为正的观测样本赋值 1，否则赋值 0。

赋值法也可以根据经营地域范围、业务或分支机构等对观测样本进行更加细致的分类和赋值。如 Rugman 和 Verbeke（2004）[260]依据北美自由贸易区（NAFTA）、欧盟（EU）和亚洲三个地理区域，将他们的研究样本划分为母国、两个地区、东道国及全球性四种企业类型。Aggarwal 等(2011)[261]，Yildirim 和 Efthyvoulou（2018）[185]也将企业分为区域性企业（R）、全国性企业（D）、跨区域性企业（T）和全球性企业（G）。不同的是，他们将那些在非洲、亚洲、欧洲、北美和中美洲、大洋洲、南美洲六个地理区域都开展业务的企业定义为全球性企业，并进行了进一步的细分。如区域性企业中又被分为少于全国 1/3 地理范围的 R1、介于全国 1/3～2/3 地理范围的 R2 和超过 2/3 但尚未在全国地理范围内开展业务的 R3，将跨区域企业进一步细分为在 2～5 个地理区域的 T2、T3、T4 和 T5 等类型。

2. 份额法

份额法也是研究文献中测度银行业国际化程度的常用方法（如 Cetorelli & Goldberg，2012[262]；Schmid & Walter，2012[258]；García－Herrero & Vázquez，2013[263]；Gulamhussen et al.，2014[264]；Berger et al.，2016[259]；Yildirim & Efthyvoulou，2018[185]等）。份额法通常采用海外分支机构（子公司）数占分

支机构（子公司）总数的比例，或海外分支机构（子公司）资产（存款、贷款或营业收入）占全部分支机构（子公司）总资产（存款、贷款或营业收入）的比例测度地域多元化或国际化程度，即

$$国际化程度 = fn_{it} / N_{it} \tag{3-1}$$

式中，fn_{it} 和 N_{it} 分别为银行 i 在 t 年海外分支机构（子公司）的数量和全部分支机构（子公司）的数量。Gulamhussen et al.（2014）[264]采用的是一个变形做法，即将 N_{it} 定义为样本中地域多元化程度最高银行的海外分支机构（子公司）数量。显然，这种方法比赋值法更能精确地测度研究样本的跨区域、国际化等特征，但相对来说工作量较大。

Hughes 等（1999）[265]，Deng，Elyasiani 和 Mao（2007）[184]，Cetorelli 和 Goldberg（2012）[262]，Berger 等（2016）[259]则将国际化定义为海外资产占总资产（Gross Total Assets，GTA）的比率，该比率为 0 时说明银行仅在国内运营，比率越高说明国际化程度越高。类似地，也可以用海外存款（贷款、营业收入）占总存款（总贷款、总营业收入）的比率测度银行的国际化程度。

国际化程度的集中度测度法是赫芬达尔指数的变形（H_{it}），通常被定义为：

$$国际化程度 = 1 - H_{it} = 1 - \sum_{j=1}^{J} (n_{ijt}/N_{it})^2 \tag{3-2}$$

式中，J 为银行 i 有分支机构（子公司）的国家数，n_{ijt} 为其 t 年在东道国 j 的分支机构（子公司）的数量，N_{it} 与式（3-1）中的含义相同。Gulamhussen 等（2014）[264]则基于分支机构的资产测度银行的国际化程度，他们用分支机构的资产替换了式（3-2）中的分支机构数。① 利用份额法和集中度法得到的跨区域程度值均介于［0，1］之间，指标值越大说明地域多元化程度越高，但后者因考虑了银行在每个东道国的机构数量而优于份额法。

---

① Liang 和 Rhoades（1988）则直接用式（3-2）中 H_{it} 的倒数衡量地域多元化，他们使用的另一个指标是每个市场的平均机构数。

3. 宽度和深度法

Allen 和 Pantzalis（1996）[266]认为，国内企业是国际化程度为零的一种极端情形，而另一种极端情况则是完全实现了全球化的企业（Global Firm），这类企业在每个可能的地理位置都开展业务。而跨国企业（Multinational Corporation，MNC）则处于这两个极端之间，MNC 需要选择最优的国际化水平来最大化企业价值。他们最先用宽度和深度两个指标衡量企业的国际化程度，将宽度定义为跨区域性扩张的范围，并用海外子公司国家数量的自然对数表示；深度则用来衡量跨国公司在每个地域单元中风险暴露或业务参与的程度，并用海外子公司数量前二位国家的海外子公司数之和除以跨国公司全部海外子公司数①表示。基于 Dunning 和 Rugman（1985）[267]"跨国企业比局限于一国地理范围内运营的企业有更高自由度"的认识，Allen 和 Pantzalis（1996）[266]提出了国际化宽度可提高母公司价值（绩效），而国际化深度则成为企业价值（绩效）提升障碍的假说。Lee 等（2010）[268]及 Liang，Ching 和 Chan（2013）[269]的研究均采用了这种方法。实际上，Aggarwal 等（2011）[261]，Yildirim 和 Efthyvoulou（2018）[266]提出的分类法也是以 Allen 和 Pantzalis（1996）[266]的国际化宽度和深度测度法为基础的。

4. 距离指数法

Deng 和 Elyasiani（2008）[179]基于 Hughes 等（1999）[265]，Deng，Elyasiani 和 Mao（2007）[184]的研究，提出了一种基于总部与分支机构间距离的地域多元化指数法。他们用邮编近似计算总部与分支机构间的物理距离（d_j），并用分支机构存款占比对物理距离进行加权，总部（headquarter）与分支机构（branch）间的加权距离定义为：

$$d_{h-b} = d_j \times \sum_{j=1}^{m} (D_j / \sum D_j) \tag{3-3}$$

式中，D_j 为分支机构 j 的存款。则地域多元化指数构建如下：

① 此外，他们还用每个跨国公司海外子公司数的对数衡量跨国公司的国际化程度。

$$GD = H_i \times (d_{h-b}/MD) \tag{3-4}$$

式中，H_i 为按式（3-2）计算的存款集中度，MD 为按式（3-3）计算的样本中所有银行加权距离的中位数。范香梅、邱兆祥和张晓云（2010，2011）[255,270]，刘惠好、杨扬和金蕾（2014）[271]，薛超（2014）[272]等也采用了类似方法衡量中小商业银行的地域多元化程度。

除此以外，还有学者采用其他指标衡量中小商业银行的规模扩张，如陈宇峰（2007）[273]，薛超（2014）[272]使用银行分支机构数量研究我国商业银行的规模扩张过程。① 他们认为，我国商业银行并不是依靠提高分支机构的单位产出实现规模扩张，而主要是通过设立分支机构扩张经营规模的。

二、跨区域发展的测度指标

通过比较可以发现，前述跨区域发展的测度方法各有优劣。赋值法的优点是在进行定量分析时，对不同类型的商业银行进行简单赋值并比较分析，从而进行分类统计。此方法虽然简单易行，但能反映的商业银行经营地域信息相对有限。相对来说，份额法、宽度和深度法特别是距离指数法可反映商业银行更多的跨区域发展信息，且变量具有较强的连续性，用来衡量商业银行跨区域发展更精确。但这些方法工作量大，对数据要求高，因此对存在信息披露不充分、缺乏标准化数据信息等突出问题的商业银行进行研究时并不一定适用。

虽然在年报和审计报告中披露地区分部的资产负债、存贷款及营业收支信息的商业银行越来越多，但目前我国大部分中小商业银行并不披露此方面的信息，导致获取这些信息并形成标准化数据的难度非常大。因此，本书既采用赋值法衡量中小商业银行跨区域经营情况，也采用份额法、宽度和深度法测度我国中小商业银行跨区域发展情况。

① 薛超（2014）的跨区域经营指标还包括总行与异地分行间的距离、用异地分行与总行网点数量及异地分行距离构建的 HHI 指数。

本书将中小商业银行经营地域细分为三种类型：①集中在注册地所在地级行政区划内运营的（地市经营）。②在注册地所在省级行政区划内跨地市设立分支机构的（省内跨地市经营）。③在注册地所在省级行政区划外设立分支机构的（跨省经营）。之所以这样分类，主要是考虑监管当局在2011年后，重点针对在注册地省级行政区划以外设立分支机构的跨区域扩张政策进行了调整，而对中小商业银行在省级行政区划内跨地（市）设立分支机构的审批要宽松很多。这样分类的一个好处是，可以比较地市经营、省内跨地市经营、跨省经营的中小商业银行的经营状况，确定跨区域监管政策变化可能产生的经济效应；另一个好处是，可以反映中小商业银行由地市经营转变为省内跨地市经营、跨省经营这一动态变化过程可能产生的影响。

本书主要采用宽度和深度法衡量我国中小商业银行的跨区域发展过程，但因收集的数据中有很多为零而无法取对数，所以需对宽度和深度法进行修正（不取对数），将中小商业银行跨区域发展宽度定义为经营省数和经营地市数。由于在过去一段时期内，我国放松了中小商业银行跨区域发展的监管政策，促使很多中小商业银行从集中在注册地所在地（市）的狭窄地域范围运营，逐渐实现了在注册地以外设立分支机构乃至跨省经营。因此，这个指标有一定的指数性质，比赋值法更能充分地反映中小商业银行跨区域发展的动态过程。本书将中小商业银行跨区域发展深度定义为银行注册地所在省（市）以外分支机构数前二位的两个省（市）的机构数之和。但这样定义的跨区域发展深度无法反映中小商业银行跨区域发展的异地分支机构的分布，因此用中小商业银行注册地以外省（市）均分支机构数反映中小商业银行跨区域发展的分布情况。

最后，参照Cetorelli和Goldberg（2012）[262]，Schmid和Walter（2012）[258]，García-Herrero和Vázquez（2013）[263]，Gulamhussen等（2014）[264]，Berger等（2016）[259]，Yildirim和Efthyvoulou（2018）[185]等的方法，用注册地所在省（市）以外分支机构占全部分支机构的比例衡量我国中小商业银行的跨区域发

展。本书建立的中小商业银行跨区域发展测度指标体系的定义如表 3-3 所示。

表 3-3　我国中小商业银行跨区域发展测度指标体系表

序号	指标名称及符号	定义	方法
1	跨区域经营类型 Type_G	地市经营 = 1，省内跨地市经营 = 2，跨省经营 = 3	赋值法
2	跨区域经营宽度 Breadth_p（省）、Breadth_c（市）	经营省数或经营市数，设立了分支机构的省或市取值 1	赋值法、宽度法
3	跨区域经营深度 Depth_p（省）、Depth_c（市） Depth_ap（省）、Depth_ac（市）	注册地以外机构数前二位的两个省（市）分支机构数之和 注册地以外省（市）均分支机构数	深度法
4	异地分支机构数占比 Ratio_p（省）、Ratio_c（市）	注册地所在省（市）以外分支机构数占全部分支机构数的比例（不含总行）	份额法

三、我国中小商业银行跨区域发展的测度

这里应用前面建立的跨区域发展测度指标体系对我国中小商业银行跨区域发展进行定量测度，并进一步对我国中小商业银行跨区域发展的基本情况进行定量描述。

1. 数据来源说明

数据披露不充分且质量不高，一直是制约我国中小商业银行研究的重要因素。有些学者不得不选择国外数据库，如 Bankscope 研究我国银行业（如薛超，2014[272]；位华和陈丽萍，2012[274]；曹廷求和张光利，2011[275]；张金清和吴有红，2010[276]；何蛟等，2010[277]；殷孟波和石琴，2009[278]；李伟和韩立岩，2008[279]；甘小丰，2007[280]等）。Bankscope 致力于为全球商业银行研究提供高质量的数据基础，是研究人员广泛使用且国际公认的专业数据库之一。本书在研究过程中也对该数据库进行了检索，发现该数据库提供了基于中国会计准则和国际通用会计准则两种准则标准的数据。数据源主要是国内

银行业披露的年报和审计报告等，但很多有价值的指标在该数据库中缺失的现象非常严重，特别是有关我国商业银行分支机构及中小商业银行的财务数据信息非常有限。因此，本书尝试通过自行检索、收集资料建立数据库，以增加有效样本数，希冀获得本书需要的分支机构和跨区域发展的关键统计指标。

本书主要通过中国人民银行、原中国银行业监督管理委员会的官方网站、中国货币网、中国债券信息网、各商业银行官方网站的投资者关系或信息披露栏目及《金融时报》等主流报刊媒体渠道收集中小商业银行基础资料，这些基础资料主要包括商业银行披露的年报和财务审计报告，以及商业银行的债券和股票发行募集书、评级报告等。

本书在数据整理过程中发现，仅基于上述基础资料亦很难对中小商业银行跨区域发展进行测度，这里既有部分商业银行不披露分支机构信息或披露不充分等原因（如将批准筹建分支机构与已批准开业的分支机构混淆起来），也存在分支机构信息披露缺乏统一标准的问题（如商业银行分支机构就包括总行营业部、专营机构、一级分行、一级分行营业部、一级分行直属支行、二级分行、二级分行营业部、支行、分理处、办事处、营业所和储蓄所等），即使有的商业银行的年报和审计报告披露了这些机构信息，但要将数量众多的分支机构都归入具体地域范围并形成数据序列，其工作量将非常庞大。因此，本书最后通过原中国银行业监督管理委员会官方网站提供的金融许可证信息网上查询系统获取相关银行的分支机构数据，并与前期收集的基础数据进行相互验证。这样做的原因是，金融许可证信息网上查询系统是由我国银行业监管部门建立的分支机构数据库，尽管存在部分机构信息重复及只披露近期两年机构退出数据等的缺陷①，但其分支机构信息相对全面且权威。

2. 中小商业银行跨区域发展的描述性统计

在过去 20 年中，我国商业银行法人机构数量已大幅减少，但截至 2017

① 可以通过比对银行失控证和持有证并按照发生时间的先后剔除重复机构信息。

年底的3178家商业银行中①，满足“中小商业银行范畴”中定义的中小商业银行却有千余家，因此处理这些银行分支机构数据的工作量非常大。考虑到很多中小商业银行财务数据披露不充分，而且2017年末总资产在200亿元以下的农村商业银行大部分为近几年设立，大多集中在注册地地市甚至在县级行政区划内运营的情况。此外，自原中国银行业监督管理委员会下发的《关于调整放宽农村地区银行业金融机构准入政策更好支持社会主义新农村建设的若干意见》（银监发〔2006〕90号），决定在内蒙古、吉林、湖北、四川、甘肃和青海6省（区）开展村镇银行、贷款公司和农村资金互助社等新型农村金融机构试点工作以来，截至2017年底我国已经有1564家村镇银行开业经营。由于村镇银行主要由农村商业银行和城市商业银行作为主发起人，如截至2014年底的1153家村镇银行中，农村商业银行为主发起人的有436家，城市商业银行为主发起人的有382家，分别占全国村镇银行法人机构数量的37.81%和33.131%②，很多农村商业银行和城市商业银行通过设立全资子公司或控股子公司（村镇银行）的方式实现了跨市甚至跨省经营。考虑到监管政策对设立村镇银行进行的跨区域发展尚持鼓励态度，但2011年以后监管政策对跨省区设立分支机构却相对更审慎并加以限制。因此，本书只集中分析通过设立分支机构进行跨区域发展，而不考虑通过设立村镇银行等子公司形式进行的跨区域发展情况。本书最后收集到12家股份制商业银行、132家城市商业银行和2016年总资产在200亿元以上的188家农村商业银行，共计332家银行的分支机构数据。③ 这332家中小商业银行2017年末跨区域经营测度结果的描述性统计如表3-4所示。

① 其中，国有商业银行5家，邮政储蓄银行1家，股份制商业银行12家，城市商业银行134家，农村商业银行1350家，农村合作银行30家，民营商业银行19家，村镇银行1564家，农村信用合作社25家，外资商业银行38家。

② 数据来源：《中国金融年鉴2015》。

③ 城市商业银行中不包括宁波东海银行和新疆银行。

表 3-4　我国中小商业银行跨区域发展测度结果的描述性统计表

样本类型	跨区域指标	最小值	最大值	均值	标准差	银行数
全样本	Breadth_ p	1	31	2. 238	4. 679	332
	Breadth_ c	1	203	10. 235	27. 122	
	Depth_ p	0	523	10. 922	48. 260	
	Depth_ c	0	723	16. 952	49. 971	
	Depth_ ap	2	888	86. 291	96. 801	
	Depth_ ac	1	336	44. 874	45. 963	
	Ratio_ p	0	100	5. 453	17. 177	
	Ratio_ c	0	100	20. 311	29. 805	
股份制商业银行	Breadth_ p	13	31	24. 75	6. 943	12
	Breadth_ c	61	203	135. 417	49. 966	
	Depth_ p	31	523	217. 167	137. 041	
	Depth_ c	22	242	102. 667	60. 637	
	Depth_ ap	12. 143	96. 839	47. 113	24. 550	
	Depth_ ac	2. 787	18. 084	8. 550	4. 149	
	Ratio_ p	55. 049	8. 550	79. 716	15. 573	
	Ratio_ c	75. 896	4. 149	94. 104	7. 248	
城市商业银行	Breadth_ p	1	12	1. 826	1. 594	132
	Breadth_ c	1	61	10. 424	10. 164	
	Depth_ p	0	108	7. 364	15. 274	
	Depth_ c	0	157	23. 235	27. 526	
	Depth_ ap	2	458	76. 857	61. 764	
	Depth_ ac	1	86	16. 786	12. 915	
	Ratio_ p	0	54. 237	5. 420	10. 533	
	Ratio_ c	0	100	37. 048	27. 372	
农村商业银行	Breadth_ p	1	4	1. 090	0. 410	188
	Breadth_ c	1	21	2. 112	3. 299	
	Depth_ p	0	9	0. 255	1. 210	
	Depth_ c	0	723	7. 069	55. 456	
	Depth_ ap	13	888	95. 416	116. 762	
	Depth_ ac	5. 476	336	66. 914	49. 917	
	Ratio_ p	0	100	0. 736	7. 346	
	Ratio_ c	0	98. 423	3. 850	14. 996	

截至 2017 年底，在 332 家中小商业银行样本中实现了跨省经营的有 68 家，其中股份制商业银行 12 家，城市商业银行 46 家，农村商业银行 10 家；

实现了注册地省内跨地市经营的中小商业银行共98家，其中城市商业银行68家，农村商业银行30家；集中在地级市范围内经营的中小商业银行共166家，其中城市商业银行18家，农村商业银行148家。根据表3-4所示数据，总体来看，股份制商业银行、城市商业银行和农村商业银行中，无论是跨区域发展宽度指标，还是深度指标都依次递减。

第四章　中小商业银行跨区域发展与市场竞争

在过去的40多年中，我国商业银行业在其改革过程中得到持续不断的发展，而改革的重要目标之一就是创造更具竞争性的金融环境（Tan，2014）[281]，并通过竞争改善商业银行的经营绩效。尽管当前互联网、移动通信等技术进步和金融创新给商业银行带来了新挑战，但分支机构依然既是商业银行发挥存款动员、贷款发放等重要金融职能及获取客户信息的重要渠道（Papi，Sarno & Zazzaro，2017）[282]，也是商业银行进行市场竞争的重要方式。

企业市场行为的显著特征是竞争，因此竞争也通常被视为提升市场效率的主要途径。由于业务的强关联性及风险承担的外部性，为避免过度承担风险，各国监管部门对商业银行市场竞争行为普遍持谨慎态度，且这种谨慎态度在“次贷危机”后更加显著。特别在2009年我国放松中小商业银行跨区域发展管制后，国内部分学者和监管政策制定者一直担忧放松管制后竞争加剧带来的不利影响。

本部分首先基于传统SCP范式的结构化方法，分析我国商业银行在2006—2017年期间市场竞争的动态变化。其次用Lerner指数、Panzar-Rossee H统计量和Boone指数等新经验产业组织理论的非结构化方法直接测度我国商业银行的价格竞争行为，分析不同阶段中小商业银行跨区域监管政策与我国商业银行业市场竞争之间的关系，并为后续研究奠定基础，也可为研究人员和政策制定者提供定量参考依据。

第一节 商业银行业市场竞争行为的结构化分析

市场竞争的结构化分析方法是 Mason（1939）[219]和 Bain（1956）[283]在研究美国制造业时提出的经典方法，认为市场结构（Structure）决定企业的行为（Conduct），并进而决定企业的经营绩效（Performance）。经验研究通常发现高度集中市场中市场势力较强的大企业会通过市场操纵（合谋）获得高垄断租，即市场势力假说（Market Power Hypothsis，MPH）。芝加哥学派提出的效率结构假说（Efficiency structure Hypothsis，ESP）范式（Demsetz，1973[221]；Peltzman，1977[222]）认为企业的良好绩效是高效率产生的效率租而非垄断租。高效率企业具有相对更低成本的产品（服务）可以吸引更多购买者，市场份额较大，其市场结构会表现出高度集中的特征。

市场竞争行为特别是价格竞争行为居于现代产业组织研究的核心，无论是 SCP 范式还是 ES 范式，都无法直接定量测度企业的价格竞争行为，但可以通过市场结构的变化间接地反映企业市场价格竞争行为，并且这种分析方法仅需要前几大企业的相关财务数据和整个行业的数据即可，非常适用于对中小商业银行信息披露不充分的银行业进行研究。在市场结构的测度上，市场势力假说和效率结构假说略有差异，市场势力假说主要采用绝对集中度指标反映市场结构，如前 n 家企业集中度比率（CRn）和赫希曼-赫芬达尔指数（Herfindahl-Hirschman Index，HHI）；而效率结构假说多用相对集中指标，如市场份额（Market Share，MS）反映产业结构。

一、不同类型商业银行市场份额与市场竞争

随着我国商业银行市场主体的变化，我国不同类型商业银行的市场份额发生了较大变化。如图 4-1 所示，2003—2017 年，我国商业银行总资产由

24.62 万亿元增加到了 214.93 万亿元。其中，5 家大型商业银行（工行、农行、中行、建行、交行）占商业银行总资产的比例由 65.19%下降到了 43.26%，股份制商业银行总资产的占比由 12.02%上升到了 20.96%，城市商业银行总资产的占比由 6.53%上升到了 14.78%，农村商业银行（含农村合作银行、农村信用合作社）总资产占比也由 10.92%上升到了 14.64%。在此期间，五大国有商业银行资产占比下降了 21.93 个百分点，股份制商业银行资产占比上升了 8.93 个百分点，城市商业银行资产占比上升了 8.25 个百分点，农村商业银行资产占比上升了 3.72 个百分点。仅从不同类型商业银行总资产的市场份额变化来看，放松经营地域管制不利于大型商业银行，而有利于中小商业银行资产规模的扩张，其中股份制商业银行是经营地域管制政策放松的最大受益主体，其次是城市商业银行，最后是农村商业银行。

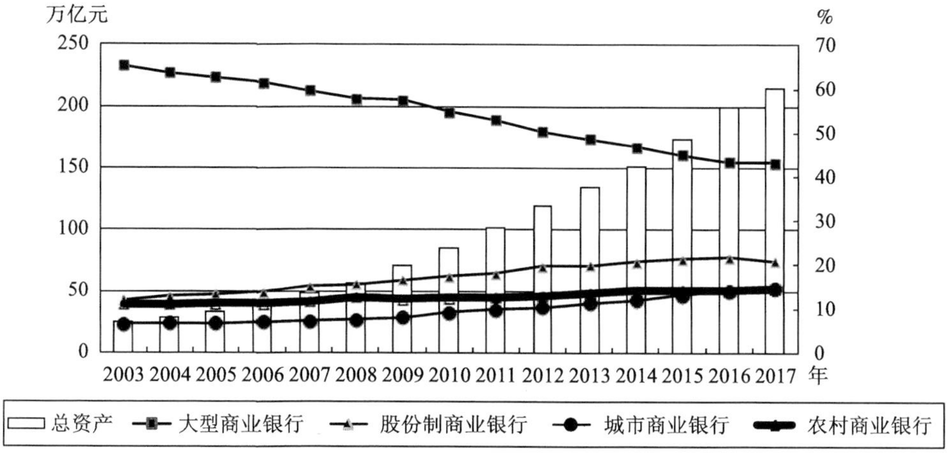

图 4-1　我国商业银行总资产及不同类型商业银行的资产占比（2003—2017）

注：根据《中国银行业监督管理委员会年报》和商业银行年报数据整理绘制。

从总资产的增速来看，2003—2006 年，大型商业银行、股份制商业银行、城市商业银行和农村商业银行总资产的年均增速分别为 14.71%、22.53%、19.95%和 18.01%；2007—2011 年的年均增速分别为 17.12%、26.08%、

30.24%和23.11%；2012—2017年的年均增速分别为9.10%、13.83%、20.77%和15.16%。这表明，在经营地域管制最宽松的2007—2011年，股份制商业银行、城市商业银行和农村商业银行等中小商业银行总资产都得到快速增长，在重新收紧经营地域管制后的2012—2017年，尽管仍超过大型商业银行总资产的增速，但中小商业银行总资产的增速都快速回落。由此可见，放松经营地域管制更有利于中小商业银行资产规模的扩张，最受益的是城市商业银行。①

二、商业银行业市场集中与市场竞争

现有研究通常依据集中度指标对市场结构进行分类。如Bain分别依据前四位和前八位企业的集中度（CR_4、CR_8）将市场结构划分为寡占与竞争两个大类，其中寡占型市场结构又可根据集中度差异依次细分为寡占Ⅰ型至寡占Ⅴ型5种类型（见表4-1）。我国商业银行2003—2017年总资产的市场集中度指标如图4-2所示。②

表4-1　集中度与市场结构类型

市场结构	CR_4（%）	CR_8（%）	市场结构	CR_4（%）	CR_8（%）
寡占Ⅰ型	$CR_4 \geq 75$	—	寡占Ⅳ型	$35 \leq CR_4 < 50$	$45 \leq CR_8 < 75$
寡占Ⅱ型	$65 \leq CR_4 < 75$	$CR_8 \geq 80$	寡占Ⅴ型	$30 \leq CR_4 < 35$	$40 \leq CR_8 < 45$
寡占Ⅲ型	$50 \leq CR_4 < 65$	$75 \leq CR_8 < 80$	竞争型	$CR_4 < 30$	$CR_8 < 40$

资料来源：1981年J.S.贝恩的《产业组织》。

① 本书计算了主要商业银行总负债的市场份额变化，与总资产的市场份额变化非常相似，不再赘述。

② 前八大商业银行并表的资产集中度略高，考虑到设立非商业银行子公司的影响，这里用母公司数据计算集中度。我国商业银行总负债、贷款、存款等与总资产的CR_4和CR_8变化趋势是一致的。

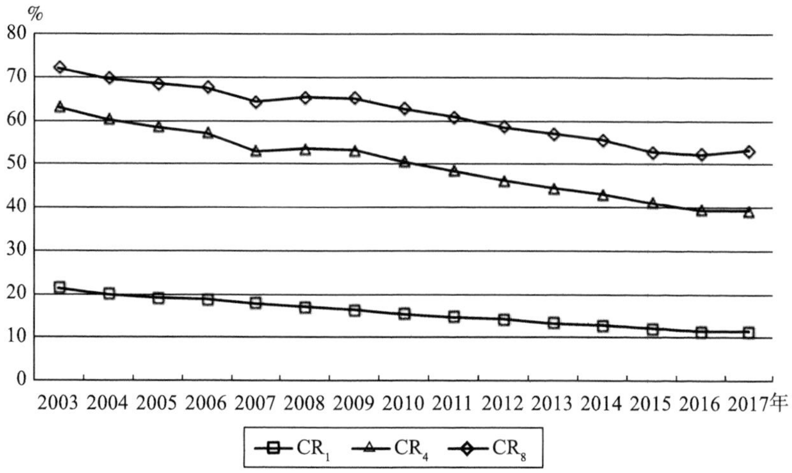

图 4-2　2003—2017 年我国商业银行总资产的市场集中度

注：根据《中国金融年鉴》和各商业银行年报数据整理绘制。

图 4-2 显示，虽然我国不同类型商业银行的总资产规模持续上升，但在 2003—2017 年期间，除 2008 年的 CR_4 和 CR_8 有所回升外，其他年份的 CR_4 和 CR_8 指标值的总体趋势均是逐渐下降的，规模最大的中国工商银行市场份额由 2003 年的 21.28%下降到了 2014 年的 12.13%。对照 Bain 的分类标准，2003 年我国前四大商业银行总资产的市场集中度为 $CR_4=63.10\%$，前八大商业银行总资产的市场集中度为 $CR_8=72.23\%$，市场结构处于寡占Ⅲ型和寡占Ⅳ型之间。我国商业银行业市场结构于 2011 年进入寡占Ⅳ型之后基本趋于稳定，但向寡占Ⅴ型市场结构演变的趋势非常明显。这表明，我国商业银行业市场竞争日趋激烈，而且依然存在一定的推进市场竞争改革空间。

图 4-2 还反映了我国商业银行业集中度不断下降的大趋势且有一些阶段性特征。在 2006 年开始放松中小商业银行跨区域发展监管政策后的一段时期内，我国商业银行业的集中度不降反升，一个原因是跨区域发展监管政策放松可能存在时滞，另一个原因是 2007 年后中央政府制定的“4 万亿”刺激计划主要依赖国有商业银行向国有企业放贷实施。因此，我国商业银行总资产的 CR_4 和 CR_8 因在 2008 年短期内上升而表现出市场竞争程度有所下降。有意

思的是，因为股份制商业银行的大举扩张，即使从 2011 年后开始重新收紧中小商业银行跨区域发展管制政策，特别是限制城市商业银行和农村商业银行跨新的省域设立分支机构后，虽然商业银行业总资产的 CR_8 在 2017 年有所上升，但依然难以挽回持续下降的趋势。因此，仅从资产集中度的发展趋势来看，即使通过管制措施限制城市商业银行和农村商业银行跨省扩张发展，依然难以扭转大型商业银行市场份额不断下降、市场竞争继续加剧的趋势。

第二节　商业银行价格竞争的非结构化测度

经典的 SCP 范式认为，市场结构可决定企业的市场行为（竞争或共谋），进而影响企业的经营绩效。但经济学理论认为，市场存在超额利润时会吸引潜在的竞争者进入市场（市场行为），从而改变市场结构。因此，SCP 范式因市场结构的潜在内生性招致批评（Claessens & Laeven，2004[284]；Claessens，2009[285]）。如 Demsetz（1969）[286]认为，收益率与市场集中度之间的正相关性源于差异化带来的效率改善，而非集中市场中市场势力的影响。换言之，效率结构假说（Efficient Structure Hypothesis，ESH）认为，银行的高利润是成本（或规模）效率带来的经济租，而不是市场势力带来的垄断租，市场集中度的提高是银行追逐效率的结果。特别是 Baumol，Panzar 和 Willig（1982）[287]提出的可竞争市场理论（Contestable Markets Theory）认为，市场可竞争与否的决定因素是潜在的进入威胁及实际的进入和退出程度，而非市场结构。也就是说，如果存在潜在的进入威胁，即使一家企业完全垄断了市场但市场也是可竞争的。

一方面，结构化分析方法对信息披露不充分的产业组织进行研究具有独特优势，但只能通过市场结构间接测度企业的市场价格行为，显然间接测度的可靠性取决于市场结构与市场价格竞争行为的关系是否稳固，导致因缺乏理论基础而受到批评。另一方面，诚如 Nathan 和 Neave（1989）[288]所指出的，集中度（如 CRn 和 HHI 指数）是加总指标，可用于衡量商业银行的规模，但企业通常只能在特定的市场上实施其市场势力，因此计算细分市场的集中度指标更有价值。由于细分市场的数据通常难以获得，如缺乏前文定义的全部商业银行总存款、总贷款的数据时就难以准确计算存款、贷款市场的集中度指数，因此采用结构化方法测度市场价格竞争行为时，如计算市场份额不仅需要获得单一商业银行的指标值（如资产、负债、存款、贷款等方面的数据），还需要获得全部商业银行相应指标值之和，否则计算出来的市场份额就会偏大，即使利用 HHI 评估竞争行为，也会存在同样的问题。由于大型商业银行普遍比中小型商业银行的信息披露得更充分，所以用 n 家较大商业银行的市场集中度 CRn 进行市场竞争行为评估时不会存在这一问题，但不足之处是不能反映数量众多的中小商业银行市场竞争状态信息。

现有研究已经意识到测算集中度（如 HHI 和 CRn）时将不同规模、不同类型银行的市场份额同等对待时存在的不足，因而提出考虑了不同规模、不同类型银行对市场条件产生不同影响的市场结构指数（Berger et al., 2004）[289]。新经验产业组织理论（Theory of New Empirical Insdustrial Organization）认为企业的市场竞争行为不仅依赖于市场结构，也取决于进入壁垒和行为管制对竞争后果的影响（如 Claessens & Laeven，2004[284]；Claessens，2009[285]），同时也指出了利用集中度、市场企业数量和市场份额等结构化指标测度企业市场竞争行为的不足之处（Fernandez-de-Guevara, Maudos & Perez，2005）[290]。鉴于结构化指标存在的这些问题，近期的研究多采用 Lerner 指数（Lerner，1934）[291]，Panzar 和 Rosse（1987）[292] H 统计量（PRH 统计量），Boone 指数（Boone et al. 2007[293]；Boone，2008）[294] 等非结构化方法直接测度企业的市场价格竞争行为，并被广泛应用于衡量商业银行的市场竞争程度（Marius Andrieş & Căpraru，2014）[295]。下面分别采用 Lerner 指数、PRH 统计量和 Boone 指数等新经验产业组织理论的方法直接测度我国商业银行业的市场价格竞争行为。

一、非结构化测度方法

1. Lerner 指数法

Lerner（1934）[291]基于产出价格和边际成本，将产业垄断势力指数即 Lerner 指数定义为企业 i 在时期 t 时产出价格（P_{it}）相对于边际成本（MC_{it}）的偏离程度，其计算公式表述为：

$$Lerner\ Index = \frac{P_{it} - MC_{it}}{P_{it}} \tag{4-1}$$

式中，P_{it} 为产出价格，MC_{it} 为产出的边际成本。由于 $P_{it} - MC_{it}$ 衡量的是超额利润，因此当不存在市场进入和退出壁垒时，也即超额利润 $P_{it} - MC_{it} > 0$，此时将吸引潜在的竞争者进入市场导致供给增加，而供给的增加又会导致超额利润下降。理想状态下 $P_{it} - MC_{it} = 0$，这种情形对应于完全竞争市场。当 Lerner 指数值不超过 1 时，其值越大表明价格越偏离产品边际成本，说明企业的市场势力越大；当 Lerner 指数值小于 0 时，实际产出价格低于产出的边际成本，说明企业处于亏损运营状态并被迫退出市场，导致市场供给下降，最终促使市场价格恢复到超额利润为 0 的长期均衡水平。

比较起来，与市场份额指标一样，Lerner 指数法也可以反映每个企业在市场竞争中的相对地位。更重要的是，Lerner 指数是基于市场均衡理论的比较静态分析，通过价格与边际成本直接测度企业的价格竞争行为，因而具有更强的理论基础，能更充分地反映出商业银行的多产品市场竞争行为的特性。另外，Lerner 指数也是基于定价能力对银行当前和未来盈利能力的代理变量，非常适合银行特许权价值的理论概念，而市场份额则仅是定价能力的代理变量，不能刻画银行因“大而不倒”获得的租金（Beck，De Jonghe & Schepens，2013）[296]，故被广泛应用于测度银行业的竞争（如 Anginer，Demirgüç-Kunt & Zhu，2014[215]；Beck，De Jonghe & Schepens，2013[296]；Liu & Wilson，2013[297]；Liu，Molyneux & Wilson，2013[298]；Liu，Molyneux & Nguyen，

2012[299]；Berger, Klapper & Turk - Ariss, 2009[202]；Maudos & Solís, 2009[300]；Carbó et al., 2009[301]；Fernandez de Guevara, Maudos & Pérez, 2005[290]；Claessens & Laeven, 2004[284]；郭晔和赵静，2017[302]；杨天宇和钟宇平，2013[303]；张宗益、吴恒宇和吴俊，2012[304]）。

虽然Lerner指数的经济学含义直观明了，却并无商业银行具体产品水平的现成财务数据来计算。按照中介法（Intermediation Approach，参见Berger & Humphrey，1997[305]对金融机构投入、产出的定义）①，商业银行主要的经营行为是将存款和其他付息负债等转化为贷款及其他可盈利资产的资产化动态过程。银行客户需要为获得的贷款和其他中介服务分别支付利息、佣金及手续费等，这些都是商业银行重要的收入，也可以视为商业银行在存款利息成本、中介服务成本基础上进行加成后的产品（服务）价格与产品数量的乘积。假定商业银行利用多种投入要素生产（提供）多种产品（服务），且其产品（服务）流与总资产成比例，则总资产就是衡量银行多种产品（服务）生产过程的一个综合产出量指标，而总资产收益率（Return on Assets，ROA）就是可用于衡量银行产出价格 P_{it} 的可供选择指标之一（Anginer, Demirgüç-Kunt & Zhu, 2014）[215]。

2. PRH统计量方法

假定产业在每个时期都处于长期均衡状态、企业绩效受其他市场参与者的影响，且需求的价格弹性大于1。基于企业水平的横截面数据，Panzar & Rosse（1987）[292]研究出一种利用比较静态简约形式的收入方程导出的垄断利润最大化行为检验产业（企业）竞争程度的一般化方法。如果有相同的成本结构，则企业或产业水平的边际利润可表示为：

① Berger和Humphrey（1997）总结了针对金融机构产出定义的生产法和中介法。生产法（Production Approach）将金融机构的生产过程视为向客户提供诸如贷款申请、信用报告、支票和其他支付工具等服务，因此最好用交易或簿记等数量和类型测度，但因为这类数据难以获得，所以常用存款账户数或贷款账户数代替。中介法则着重考虑金融机构在储户与投资者间的资金中介职能，常用存款金额、贷款金额和保险金额等数量指标做代理变量。

$$Profit_i' = R_i'(x_i, n, z_i) - C_i'(x_i, w_i, t_i) \tag{4-2}$$

式中，$Profit_i'$ 为企业 i 的边际利润，R_i' 为企业 i 的边际收入，C_i' 为企业 i 的边际成本，x_i 为企业 i 的成本，n 为企业数量，z_i 为影响企业 i 收入函数的外生变量的向量，w_i 为企业 i 的 m 种投入要素的价格向量，t_i 为影响企业 i 成本函数的外生变量的向量。

当市场处于长期均衡状态时，企业和产业水平都可实现利润最大化，即企业边际收入等于其边际成本时，可以计算得出均衡的产出和市场上均衡的企业数量，其计算公式为：

$$R_i^*(x_i^*, n_i^*, z) - C_i^*(x^*, w, t) = 0 \tag{4-3}$$

式中，上标" * "表示均衡值。企业 i 的均衡收入变化（ dR_i^* ）可以反映出投入要素价格的变化（ dw_{ki} ）。Panzar 和 Rosse（1987）[292]将简约形式收入函数中得出的价格弹性之和定义为 PRH 统计量，并简记为 H：

$$H = \sum_{k=1}^{m} \frac{\delta R_i^*}{\delta w_{ki}} \frac{w_{ki}}{R_i^*} \tag{4-4}$$

通过上式估计出来的 H 统计量的取值范围是 $(-\infty, 1]$ 。当 $H=1$ 时，市场是完全竞争型的；当 $0 \leqslant H < 1$ 时，市场是寡头竞争型的；当 $H<0$ 时，市场是垄断型的。

参照 Bikker 和 Haaf（2002）[306]，Marius Andries 和 Căpraru（2012，2014）[305,307]等人的方法，对于投入 n 种要素获取总收入 R_i 的厂商 i 所在的产业来说，可用简约形式收入函数模型估计 PRH 统计量，可表示为：

$$\ln TR_{it} = \alpha + \sum_{j=1}^{n} \beta_j \ln w_{j,it} + \sum_{k=1}^{l} \gamma_k \ln z_{k,it} + \varepsilon_{it} \tag{4-5}$$

式中，TR_{it} 为厂商 i 在第 t 年的总资产收益率（ROA）①，w_j 为第 j 种投入要素的价格，z_k 为影响收入的企业层面控制变量，ε 是随机误差项。利用式（4-5）计算投入要素价格的偏导数得到 PRH 统计量，可表示为：

① Anginer，Demirgüç-Kunt 和 Zhu（2014）用 PRH 统计量估计银行业的竞争程度时，用利息收入与总资产之比作为因变量进行回归。

$$H = \sum_{j=1}^{n} \beta_j \tag{4-6}$$

由于 PRH 统计量假设每个时期的市场都处于长期均衡状态，因此需要通过式（4-7）检验式（4-8），以验证 PRH 统计量是否符合市场均衡的假设，分别表示为：

$$\ln(1 + TR_{it}) = \alpha + \sum_{j=1}^{n} \delta_j \ln w_{j,\ it} + \sum_{k=1}^{l} \gamma_k \ln z_{k,\ it} + \varepsilon_{it} \tag{4-7}$$

$$E = \sum_{j=1}^{n} \delta_j = 0 \tag{4-8}$$

如果式（4-8）成立，则说明均衡利润率与投入要素价格无关，即市场在每个时期都处于长期均衡状态。式（4-7）中的因变量被设为 $1 + TR_{it}$，为了避免因 ROA<0 而不能取对数（如果不能取对数会造成样本选择偏差），取对数可以在提高拟合优度的同时降低可能的联立性误差。

周立、王涛和赵玮（2014）[308]，余东华和马路萌（2012）[309]，王聪和宋慧英（2012）[310]，殷孟波和石琴（2009）[278]，李伟和韩立岩（2008）[279]，赵子铱、彭琦和邹康（2005）[311]等人均利用 PRH 统计量测度我国银行业的市场竞争程度。

3. Boone 指数法

产业组织理论的效率结构假说认为，企业高利润率是成本（或规模）效率产生的效率租，而非市场势力带来的垄断租，市场集中度的提高是资源、市场份额由低效率企业向高效率企业转移的结果。因此，边际成本越低的企业其市场份额越大，竞争也越激烈，这种效果就越明显。Boone（2001）[312]，Boone，Griffith 和 Harrison（2005）[313]，Boone，van Ours 和 van der Wiel（2007）[294]，Boone（2008）[293]基于竞争与效率、边际成本和市场份额等变量的关系，提出了测度市场竞争程度的 Boone 指数法。

设厂商 i 的产量为 q_i，则其需求函数为：

$$p(q_i,\ q_j) = a - b \times q_i - d \times \sum_{j \neq i} q_j \tag{4-9}$$

式中，a、b、d 为常数，q_j 为市场中其他厂商的产量。厂商 i 的边际成本为 mc_i，且 $mc_i < a$，$0 < d \leqslant b$，则实现古诺-纳什均衡的一阶条件为：

$$a - 2b \times q_i - d \times \sum_{j \neq i} q_j - mc_i = 0 \tag{4-10}$$

厂商 i 所在的产业由 N 家厂商组成，则由类似于式（4-10）的 N 个一阶条件组成的联立方程组可解得：

$$q_i(c_i) = \frac{(2b/d - 1)a - (2b/d + N - 1)mc_i + \sum_j mc_j}{(2b + d(n - 1))(2b/d - 1)} \tag{4-11}$$

Boone，Griffith 和 Harrison（2005）[313]等人证明了产业进入壁垒越低、厂商间产品的可替代性越强，则进入成本就越低，边际成本越低的厂商其市场份额也越高。Van Leuvensteijn 等（2011）[314]指出，只有当利润超过进入成本时进入商业银行业才有利可图，因此式（4-10）实际上反映的是产出与边际成本间的关系，若将厂商 i 的利润函数表示为 $\pi_i = (p_i - mc_i)q_i$，则利润是边际成本的二次函数。如果定义商业银行 i 的市场份额为 $s_i = q_i / \sum q_i$，则由式（4-9）导出的市场份额模型可表示为①：

$$\ln(s_i) = \alpha + \beta \ln(mc_i) \tag{4-12}$$

商业银行的边际成本越低，其市场份额就越高，因此式（4-12）系数 β 的估计值就是衡量市场竞争程度的 Boone 指数。因为 β 的估计值为负值，所以 β 值越小表示市场竞争越激烈。相对于结构化测度方法（如 HHI 指数）和非结构化方法中的 Lerner 指数来说，Boone 指数有更强的理论基础，也适用于测度诸如因企业间采用限制性定价策略或掠夺性定价策略引起的市场竞争程度变化，也更能精确地反映出市场进入壁垒降低引起的竞争程度变化（邹朋飞和欧阳青东，2011）[214]。

Schaeck 和Čihák（2014）[315]提出了 Boone 指数的另一种估计方法。按照中介法，商业银行利用诸如劳动、实物资本、存款及其他借贷资金等投入要

---

① 自然对数形式可更好地处理异方差性。

素生产贷款和其他盈利资产等产出，因此 Boone 指数可以说明商业银行具备从贷款及其他盈利资产等经营活动中赚取利润的能力。成本增加会导致整个市场利润的下降，但在竞争激烈的市场中，无效率银行会遭受更严厉的惩罚，其利润下降更严重（Schaeck & Čihák，2014）[315]。因此，可以通过计量模型（4-13）估计 Boone 指数，其表示方法为：

$$\ln(\pi_i) = \alpha + \beta\ln(mc_i) + \varepsilon_i \tag{4-13}$$

式中，π_i 仍然可用总资产收益率（ROA）作代理变量。由于边际成本越低，厂商的利润率就越高，因此系数 β 的估计值同样测度了厂商 i 所在产业的市场竞争程度，即 Boone 指数。当估计值 $\beta < 0$ 时，β 值越小，市场竞争越激烈。因负数不能取对数，所以可对 Schaeck 和Čihák（2014）[315]的估计方法进行改进，用 $1 + ROA_i$ 作为利润率 π_i 的代理变量估计 Boone 指数并表示为：

$$\ln(1 + ROA_i) = \alpha + \beta\ln(mc_i) + \varepsilon_i \tag{4-14}$$

比较起来，Schaeck 和Čihák（2014）[315]的估计方法可能将利润率为负的样本排除在外，而 Van Leuvensteijn 等（2011）[314]采用市场份额做因变量，不会出现因为变量不能取对数而排除样本的问题。另外，和 PRH 统计量一样，Boone 指数也只能得到每个观测时点的加总的竞争程度指标，但无法获得每个时点每家银行竞争程度的更多信息。因此，加总的指标均只能对计算结果进行简单的趋势判断，而 Lerner 指数不仅可以得到每个时点每家银行的市场竞争信息，也可以得到每个时点的加总的竞争程度。在进行市场竞争的微观计量分析时，Lerner 指数反而比 PRH 统计量和 Boone 指数更加有用。

二、边际成本估计

1. 超越对数成本函数的技术性说明

利用 Lerner 指数和 Boone 指数评估市场价格竞争行为时存在的同一个问题是：没有现成的商业银行的边际成本数据可以利用。Fernandez de Guevara，Maudos 和 Pérez（2005）[290]，Carbó 等（2009）[301]，Beck，De Jonghe 和

Schepens（2013）[296]，Tan（2014）[281]等人在计算 Lerner 指数时采用的是总营业收入与总资产之比来近似产品价格 P_{it}，Boone 等（2007）[293]，Boone（2008）[294]等人则采用的是平均可变成本（Average Variable Costs）与收入之比来近似边际成本。这里借鉴 Anginer，Demirgüç-Kunt 和 Zhu（2014）[215]，Fernandez de Guevara 和 Maudos（2007）[316]，杨天宇和钟宇平（2013）[303]，张宗益、吴恒宇和吴俊（2012）[304]，邹朋飞和欧阳青东（2011）[214]等人的方法，先利用商业银行财务数据估计一个超越对数形式的成本函数，再依据估计的超越对数成本函数计算商业银行的边际成本，从而估计 Lerner 指数。

考虑一个以 k 种投入要素生产 j 种产品的商业银行生产过程，其超越对数成本函数可表示为：

$$\ln c_{it} = \alpha + \sum_{j=1}^{j} \beta_j \ln y_j + \sum_{k=1}^{k} \delta_k \ln w_k + 0.5 \sum_{j=1}^{j} \sum_{l=1}^{j} \varphi_{jl} \ln y_j y_l + 0.5 \sum_{k=1}^{k} \sum_{s=1}^{k} \varphi_{ks} \ln w_k w_s + \sum_{j=1}^{j} \sum_{k=1}^{k} \gamma_{jk} \ln y_j \ln w_k + z_{it} + u_{it} + \varepsilon_{it} \tag{4-15}$$

式中，c_{it} 为商业银行 i 在时期 j 时的总成本，w_k 为第 k 种投入要素的价格，y_j 为第 j 种产品的产出数量，z_{it} 为可反映银行特征的微观层面控制变量，u_{it} 为无效率项，ε_{it} 为随机误差项。

由于商业银行存在透明度不高、信息披露不充分等问题，因此为了尽可能地避免因某些财务指标披露不充分而造成观测样本的大量损失，这里估计一个两种投入、两种产出的超越对数成本函数，即式（4-15）中 $k=2$ 和 $j=2$ 时的情形，并施加如下对称性和价格齐次性约束条件：

$$\varphi_{ks} = \varphi_{sk}、\varphi_{jl} = \varphi_{lj}、\sum_{k=1}^{2} \delta_k = 1、\sum_{s=1}^{2} \varphi_{ks} = 0、\sum_{j=1}^{2} \gamma_{jk} = 0 \tag{4-16}$$

用价格 w_2 正规化总成本 c_{it}，且将其他投入价格都除以 w_2，可得到以下函数：

$$\ln(c/w_2) = \alpha + \beta_1 \ln y_1 + \beta_2 \ln y_2 + \delta_1 \ln(w_1/w_2) + 0.5(\varphi_{11} \ln y_1^2 + 2 \times \varphi_{12} \ln y_1 y_2 + \varphi_{22} \ln y_2^2) + 0.5\varphi \ln(w_1/w_2) + \gamma_{11} \ln y_1 \ln(w_1/w_2) + \gamma_{21} \ln y_2 \ln(w_1/w_2) + z_{it} + u_{it} + \varepsilon_{it} \tag{4-17}$$

估计出成本函数后，边际成本可按照下式计算：

$$MC_{it} = \frac{\partial \ c_{it}}{\partial \ w_1} = \frac{\partial \ \ln c}{\partial \ \ln w_1} \times \frac{c}{w_1} \tag{4-18}$$

2. 利率市场化与贷款价格竞争行为

在市场竞争行为中，非价格竞争行为的形式有很多，如广告、银行服务质量、信息收集、并购和产品创新等，但只有价格竞争行为才是市场竞争行为的核心。商业银行的存款和贷款等主要金融服务的价格竞争不仅能影响储户、借款人的决策行为，还能影响商业银行自身的成本收益结构、经营绩效和风险，即可在产业层面引起市场结构的变化。事实上，无论是保护性监管政策还是审慎性监管政策，其传导机制都主要通过市场价格竞争机制进行。缘于价格在金融资源配置、金融市场良性运行和货币政策传导中的重要性，金融深化理论主张通过利率市场化等措施提升商业银行的存款动员职能，推动投资并促进经济增长，并且金融宽化理论也特别强调通过价格竞争促使贷款价格下降，从而发挥风险转换效应在银行风险控制、银行业市场稳定中所起到的重要作用。

人民币利率市场化是我国金融市场体制改革最核心的内容之一。利率市场化为商业银行参与市场竞争提供价格竞争的空间和可能性，也是我国商业银行市场价格竞争机制发挥作用的前提和基础条件。我国的利率市场化改革可以追溯到 1983 年，在当时由国务院授权中国人民银行在基准贷款利率的基础上可上下浮动 20%。① 1993 年，党的十四届三中全会提出了利率市场化改革的基本构想，在 1999 年 6 月中国人民银行放开了商业银行间同业拆借利率上限之后，按照“先贷款后存款、先大额后小额、先外币再本币”及“贷款利率管下限、存款利率管上限”的指导思路，全面稳步推动了利率市场化改革。在 1999 年试办商业银行对保险公司大额、长期协议存款的基础上，中国人民银行决定于 2012 年 6 月 8 日在下调金融机构人民币存贷款基准利率的同时，将金融机构存款利率浮动区间的上限调整为基准利率的 1.1 倍，从而迈

① 《国务院批转中国人民银行关于国营企业流动资金改由人民银行统一管理的报告的通知》。

出了人民币存款利率市场化最关键的一步。2014 年 11 月 22 日，中国人民银行决定人民币存款利率浮动区间的上限进一步扩大到基准利率的 1.2 倍，而且自 2015 年 3 月 1 日起，人民币存款利率浮动区间的上限扩大到了基准利率的 1.3 倍。2015 年 5 月 11 日，央行在再度降息的基础上将存款利率上浮上限扩大到 1.5 倍，并最终于 2015 年 10 月 24 日放开了贷款利率的下限和存款利率的上限。在中国人民银行推动商业银行存贷款基准利率体系市场化改革的同时，还进一步完善了利率体系（易纲，2009）[317]，并于 2007 年 1 月建立了以上海银行间同业拆借利率（Shanghai Interbank Offered Rate，Shibor）为代表的货币市场基准利率体系。目前，尽管 Shibor 市场基准利率体系建立的时间不长，但货币市场交易量已经远远超过了银行存款交易量，基本上确立了上海银行间同业拆借利率（Shibor）在货币市场乃至金融市场的基准性地位。

商业银行的市场价格竞争行为主要体现在存款和贷款两个方面。我国在 2004 年就放开了贷款利率浮动上限和存款利率下限，但存款利率的市场化直到 2012 年才取得突破，而在 2015 年 10 月取消存款利率浮动上限的“强制性约束”后，由于《中国银行业存款业务自律公约》这一规范性文件并未废止，存款利率市场化依然存在“自律性约束”的“天花板”。因此，我国商业银行业已经形成贷款价格竞争机制，比存款市场价格竞争更充分，贷款竞争机制更健全，商业银行市场价格竞争依然以贷款价格竞争为主。因为我国贷款和存款利率市场化存在上述差异，所以本书用贷款价格竞争反映商业银行的市场竞争行为更加合适。①

3. 变量定义与数据处理

鉴于我国商业银行存款、贷款市场价格竞争市场化程度存在的差异，这里的超越对数成本函数模型［见式（4-17）］是商业银行以存款和非利息营运活动（张宗益、吴恒宇和吴俊，2012）[304]为投入要素，产出为贷款、其他盈利资产的生产过程，并将商业银行的总成本 c 定义为利息支出、手续费及佣

① 郭晔和赵静（2017）比较深入地研究了我国商业银行的存款竞争行为。

金支出和营业支出三项之和。将产出 y_1 定义为总贷款，将产出 y_2（其他盈利资产）定义为存放同业款项、拆出资金、交易性金融资产、衍生性金融资产、买入贩售证券、可供出售金融资产、持有至到期投资、应收账款投资与长期股权投资之和。投入要素存款的价格（记为 w_1）用利息支出与总存款之比作为代理变量，非利息运营活动的价格（记为 w_2）用手续费及佣金支出、营业支出两项之和与总资产的比率作为代理变量。

商业银行的成本差异取决于多重因素。一方面在银行层面，不良贷款核销会增加成本。另一方面，分支既机构既是商业银行获得资金的主要渠道，也是银行成本差异的重要结构性因素。因此在本研究中，银行特征控制变量选取不良贷款率（npl）和存款占负债的比率（rdl）。

本书估计超越对数成本函数及后续研究均采用自行构建的数据库，数据来源同前。本书构建的是一个包括国有大型商业银行、股份制商业银行、城市商业银行和农村商业银行在内的财务数据集。一方面，财务会计准则变化及企业执行会计政策核算过程中因重大会计估计、判断等会导致数据调整，因此本书在输入财务数据时严格遵照“后一年度披露数据优先于前一年度披露数据，财务审计报告数据优先于年报数据”的原则进行，并根据财务报表间的关系，事先设定检验条件以确保数据录入的质量。另一方面，由于我国从2007年开始采用新《金融企业财务规则》，但部分中小商业银行并未及时按照新准则编制财务报表。为增加有效样本量，本书按照新财务会计准则进行了相应的数据转化，但并未改变资产、负债与所有者权益总量间的平衡关系，也未改变诸如吸收存款、发放贷款等关键财务指标值。① 鉴于部分在港交所上市的中小商业银行采用国际会计准则进行信息披露时，与按照中国企业会计准则披漏的信

① 相对旧会计准则来说，新会计准则在金融工具分类及计量基础、金融资产减值准备的确认方法等多个方面发生了根本性的变化，也将衍生工具的核算纳入表内。因此，要从根本上完全按照新会计准则调整商业银行财务报表数据几乎是不可能的。但对本书来说，虽然会计准则变化在对其他盈利资产等的核算方面存在差异，但对总资产、总负债、所有者权益和存款、贷款等主要科目的数据并没有影响。在形式上，旧会计准则按照流动资产（负债）、长期资产（负债）和其他资产（负债）分类进行更细的核算，损益表科目也一样，这为按新会计准则进行调整提供了可能。

息存在较大差异，如会计科目、资产负债表披露的内容等，为避免因会计准则差异产生的影响，本书数据集统一以中国企业会计准则核算的财务数据为准。

设立分支机构和子公司是商业银行进行规模扩张和地域多元化发展的主要策略。截至 2017 年底，我国有 100 余家商业银行通过设立村镇银行等新型农村金融机构或其他银行业金融机构实现了财务并表，部分商业银行甚至获得了金融业务全牌照。由于母公司与子公司间存在关联交易，所以纳入控股子公司的合并财务报表与母公司财务报表存在较大差异：一是合并财务报表集中反映了子公司通过关联交易、交叉销售等对母公司产生的影响；二是从权责关系来看，商业银行分支机构不具有独立法人资格，按照授权经营的原则，商业银行母公司需要对其设立的分支机构承担全部商事责任，但对子公司仅以出资额为限承担有限责任。因此，从财务核算的角度来看，通过设立异地分支机构进行跨区域市场竞争时，可能产生的经济后果反映在商业银行母公司财务报表中，而合并财务报表则反映的是通过设立分支机构和子公司两种方式进行市场竞争的综合经济后果。鉴于财务报表存在的这些差异，以及中小商业银行设立分支机构和子公司进行跨区域竞争监管政策不同的情况，本书对财务报表合并的商业银行财务数据以母公司财务数据为准，舍弃了仅披露合并财务报表的商业银行观测样本。①

由于我国商业银行业的跨区域监管政策于 2006 年才真正放开，即允许中小商业银行跨省区设立分支机构，在 2009 年进一步放宽，而在 2011 年却进一步收紧了跨省区设立分支机构，监管政策不断变化。因此，本书的观测期确定为 2006—2017 年，共 12 年。样本银行的起始观测年份均为设立或并购重组后运营 1 个完整会计年度，且截至 2017 年底前至少已连续经营 5 年以上，这样做的主要目的是消除银行业合并重组的影响，但对进行更名的银行样本，如将“××城

① 有个别银行如合肥科技农村商业银行将发行的保本型理财产品纳入核算后的财务报表称为“合并财务报表”，但并不包括控股子公司，大部分商业银行的财务报表都包括理财产品。因此，这类银行使用合并后的财务数据更合适。

市（农村）合作银行”更名为“××商业银行”仍视为连续经营。

本书最后得到一个由5家大型商业银行、12家全国性股份制商业银行、114家城市商业银行①和39家农村商业银行共170家银行1638个观测点组成的非平衡面板数据集（非平衡面板数据集 A，记为 $panel\_A$）。170家样本银行分布在除西藏自治区以外的30个省市区，样本银行2017年末贷款总额（母公司口径）占商业银行业贷款总额的86.05%。相对来说，本书构建的这个全新数据集对研究中小商业银行跨区域发展具有很强的代表性。式（4-17）中各变量的定义及根据数据集 $panel\_A$ 得到的变量描述性统计量如表4-2所示。

表4-2　式（4-17）中超越对数成本函数中的变量定义及描述性统计量表（$panel\_A$）

变量名称	定义	最小值	最大值	均值	标准差
$\ln c$	总成本	17.973	27.212	21.982	1.670
$\ln y_1$	贷款和垫款	20.234	30.230	24.516	1.657
$\ln y_2$	其他盈利资产	20.854	30.036	24.630	1.736
$\ln w_1$	存款价格	-1.291	2.732	0.964	0.440
$\ln w_2$	非利息活动营运支出	-0.909	1.611	0.457	0.316
npl	不良贷款率	0.000	23.570	1.572	1.365
rdl	存款负债比率	40.653	99.554	79.141	12.526

本书利用Stata软件估计超越对数成本函数，式（4-17）中各变量的回归系数估计结果如表4-3所示。估计结果显示，超越对数成本函数的各回归系数都在变量1%水平下显著。对数似然值为31137.59，Wald统计量值高达1930000，Prob>Chi2的概率值为0.000，这说明估计的超越对数成本函数模型在整体上也是显著的。

① 城市商业银行不包括本溪银行、德州银行、鄂尔多斯银行、济宁银行、锦州银行、库尔勒银行、辽阳银行、江西银行、盘锦银行、厦门国际银行、铁岭银行、新疆汇和银行、邢台银行、中原银行、海南银行、西藏银行、哈密市商业银行、新疆银行和宁波东海银行。

表 4-3 式（4-17）中超越对数成本函数中主要变量回归系数的估计结果

因变量 ln（c/w_2） *panel_ A*					
自变量	系数	Z 值	自变量	系数	Z 值
ln（y_1）	0.588***	13.54	$\ln y_2 \times \ln(w_1/w_2)$	-0.046***	-8.13
ln（y_2）	0.457***	9.57	*rdl*	0.007***	55.46
ln（w_1/w_2）	0.551***	16.08	常数项	-4.544***	-20.66
ln（y_1）^{2}	0.261***	32.07	银行数	170 家	
ln（y_2）^{2}	0.267***	32.57	观测数	1638	
$\ln y_1 \times \ln y_2$	-0.265***	-33.04	对数似然值	31137.59	
ln（w_1/w_2）^{2}	0.165***	29.03	Wald Chi2（10）	1930000	
$\ln y_1 \times \ln(w_1/w_2)$	0.043***	7.77	Prob>Chi2	0.000	

注：*** 表示在变量 1%水平显著；** 表示在变量 5%水平显著。

三、贷款价格竞争程度的估计结果

在估计出超越对数成本函数［见式（4-17）］之后，再按照式（4-1）计算 Lerner 指数，不同于 Anginer，Demirgüç-Kunt 和 Zhu（2014）[318]用利息收入与总资产之比作因变量的做法，这里将式（4-1）中的产出（贷款价格值）定义为利息收入与发放贷款之比。Lerner 指数估计结果的描述性统计量如表 4-4 所示。计算的 Lerner 指数的值均小于 1，符合 Lerner 指数的定义。

表 4-4 Lerner 指数估计的描述性统计量表

变量	观测数	最小值	最大值	均值	标准差
Lerner 指数值	1638	0.271	0.988	0.613	0.107

参照 van Leuvensteijn 等（2011）[314]，邹朋飞和欧阳青东（2011）[214]的方法，用式（4-12）估计 Boone 指数。为了克服模型中解释变量可能存在的内生性问题，这里用边际成本的一阶滞后值作为工具变量进行广义矩估计（Generalized Method of Moments，GMM）。由于面板数据估计的 Boone 指数只能得到一个估计值，因此本书采用年度虚拟变量法估计每年的 Boone 指数值，以分析样本期的市场竞争动态变化趋势。

估计 PRH 统计量时，投入要素价格与超越对数成本函数［见式（4-17）］相同，控制变量选择存贷比（用 *rld* 表示）和杠杆率（用 *lev* 表示）。检验市场是否处于长期均衡状态的条件如式（4-7）和式（4-8）所示，这里也采用年度虚拟变量法估计每年的 PRH 统计量值。为了便于进行比较，本研究将在 2006—2017 年期间商业银行市场竞争的结构化测度结果和非结构化测度结果绘制在图 4-3 中。

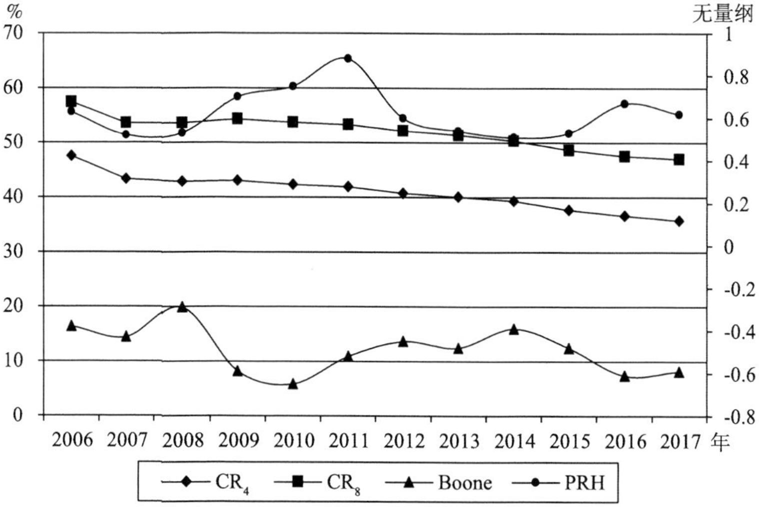

图 4-3　2006—2017 年商业银行业市场竞争的 CR_4、CR_8、Boone 指数与 PRH 统计量

Boone 指数的估计值为负数，取值越小表示市场竞争越激烈，PRH 统计量的估计结果为不超过 1 的值，取值越大表示市场竞争越激烈。图 4-3 表明，CR_4和 CR_8在 2007 年下降明显，但 2008 年有所回升，随后呈缓慢下降态势。2007 年的 Boone 指数比 2006 年有所下降，但 2008 年又出现回升，2009 年又有较显著的下降，而 2011 年又开始回升，到 2014 年后开始下降。PRH 统计量在 2007—2011 年期间呈上升趋势，但此后开始下降，2016 年又开始回升。有几个关键的节点值得注意，我国从 2006 年开始放松中小商业银行跨区域经营，但这一政策利好随后受到了 2007—2008 年次贷危机的影响，2008 年 Boone 指数上升可能与危机背景下商业银行更倾向于守成而不是采取过激的市场竞争行为有关，但 PRH 统计量在 2008 年有小幅上升，这可能是政策的时滞造成的，因为商业银行特别是股份制银行在 2006 年政策前已经开始设立了一批跨地域分支机构。我国在 2009 年又进一步放松了中小商业银行跨区域经营管制政策，而到 2011 年又开始收紧跨区域经营政策。2010 年的 Boone 指数和 PRH 统计量均反映了市场竞争加剧，但 2012 年后的 Boone 和 PRH 统计量均一致地反映了市场竞争程度又有所下降。

第三节　跨区域发展与市场竞争的关系

一、模型设定

本节尝试评估跨区域扩张对商业银行业市场竞争的影响。具体来说，这里尝试建立如下简单的计量模型：

$$Lerner = f(Breadth\_p,\ Depth\_p,\ Ratio\_p,\ Z) + \varepsilon \qquad (4-19)$$

计量模型（4-19）中，因变量是第四章第二节估计出来的 Lerner 指数。自变量中，除了反映中小商业银行跨省经营宽度、跨省经营深度指标和外省分支机构比例外，也包括控制变量 Z，主要包括商业银行的市场份额、商业银行的资产规模。

二、数据来源及处理

这里的数据来源同第四章第二节，采用相同的数据处理方式，但去掉了国有大型商业银行的观测样本，得到 165 家中小商业银行的 1578 个观测样本，样本的分布特征如表 4-5 所示。

表 4-5 中小商业银行样本时间分布表

频数	百分比	累积频率	分布模式
62	37.58	37.58	111111111111
19	11.52	49.09	××××11111111
19	11.52	60.61	×××111111111
15	9.09	69.70	××1111111111
14	8.48	78.18	×××××××11111
13	7.88	86.06	××××××111111
13	7.88	93.94	×11111111111
10	6.06	100.00	×××××1111111
合计：165	100.00		

注：×表示数据缺失，1 表示有数据。

三、跨区域发展的描述性统计

在这个中小商业银行数据集中，有全国性股份商业银行 12 家、城市商业银行 114 家和农村商业银行 39 家，样本银行 2016 年末总资产 80.37 万亿元，占中小商业银行总资产的份额为 72.18%，具有较强的代表性。在 2006 年的 62 家样本银行中，有 42 家集中在注册地所在的地级（市）行政区划内运营，仅有 9 家实现了在注册地所在的省级行政区划内跨地级（市）行政区划内运营，有 11 家至少在 2 个（含）以上的省级行政区划内运营。在截至 2017 年的 165 家样本银行中，有 21 家仍集中在 1 个地级（市）行政区划内内运营，在注册地所在省级行政区划内跨地级（市）运营的银行有 82 家，有 62 家至少在 2 个（含）以上的省级行政区划内运营。因此，本书中采用的数据能比较充分地反应中小商业银行跨区域发展的动态过程。样本银行的跨区域发展描述性统计变量如表 4-6 所示。

表 4-6 中小商业银行跨区域发展描述性统计量表

变量名称	最小值	最大值	均值	标准差
Breadth_ p 跨省发展宽度	1.000	31.000	3.227	5.927
Ratio_ p 省外分支机构占比	0.000	94.888	8.723	21.427

续表

变量名称		最小值	最大值	均值	标准差
Depth_ p	跨省发展深度	0.000	523.000	13.835	46.254
观测期：2006—2017 年	观测银行数：165 家	总样本数：1578			

四、模型估计与结果分析

本书采用非平衡面板数据建模，先对数据进行面板协整检验。从表 4-7 所示协整检验结果可知，ADF 统计量的统计量值（t 统计量对应的概率）均为$P=0.000$，这表明应该拒绝“不存在协整关系的”原假设（H0），即面板数据变量之间存在协整关系，因此可以建立计量模型。

表 4-7　面板数据的协整检验结果表

模型	假设检验	统计量名称	统计量值（P 值）
4-3-1	H0：不存在协整关系（$\rho=1$）	ADF	7.235（0.000）

分别估计混合回归模型、变截距模型和变参数模型得到各自的回归残差平方和 RRS_1、RRS_2 和 RRS_3，可用统计量 $F_1=[(RRS_2-RRS_3)/((N-1)k)]/[RRS_3/(NT-N(k+1))]$ 和 $F_2=[(RRS_1-RRS_3)/(N-1)(k+1)]/[RRS_3/(NT-N(k+1))]$ 与其临界值比较以确定模型形式（高铁梅，2009[319]；欧阳青东和陈雨花，2013）[320]。其中，N、T 和 K 分别是样本个数、样本期数和解释变量个数。在 1%的显著水平下，F_2计算值（7.03）大于 F_2的临界值（5.53），F_1的计算值（0.000）小于 F_1的临界值（5.63），这说明建立混合回归模型是合适的。模型系数的估计结果如表 4-8 所示。

表 4-8　混合回归模型系数的估计结果

变量	回归系数	t 统计量	P 值
C	5.28	3.85	0.000
ln（*Breadth_ p*）	0.115	2.70	0.000

续表

变量	回归系数	*t* 统计量	*P* 值
ln（*Depth_ p*）	0.086	2.30	0.041
ln（*ratio_ p*）	0.216	2.57	0.000
ln（*ms*）	1.087	4.21	0.000
ln（*size*）	1.087	6.76	0.000
R^2 = 0.47　Adjusted R^2 = 0.62　*F*-统计量 = 211.95（*P* = 0.000）			

由表 4-8 的回归结果显示，模型在整体上是显著的，且各变量的回归系数在经济上和统计上是显著的。中小商业银行跨区域发展无论是跨省经营宽度还是跨省经营深度都提升了银行业的市场竞争程度，但宽度的影响更大，其问题可能在于中小商业银行跨省区设立的大部分是分行，特别是农商行在省内设立了较多功能非常单一、规模较小的分理处和金融服务点。*Ratio_ p* 的回归系数表明，跨省区设立分支机构加剧了市场竞争，这与当前跨省区设立分支机构多是规模相对较大的中小商业银行的事实相吻合，因为这些商业银行无论是全国性股份制商业银行还是城市商业银行，其设立时间都相对较长，对跨区域发展的政策较敏感，且具备较强的市场竞争能力。

第五章　中小商业银行跨区域发展的风险及银行业稳定

跨区域设立分支机构既是商业银行参与市场竞争的重要方式，也是金融宽化理论的重要内容。理论上，跨区域发展可以在更宽的地域范围内实现异质性风险分散，商业银行有强烈动机进行跨区域扩张，但学术界针对我国商业银行跨区域发展风险进行研究后得出的结论并不一致。如范香梅、邱兆祥和张晓云（2010；2011）[255,270]等人研究发现，地域多元化有利于大银行提高收益并降低风险，但并不利于中小商业银行提高收益和降低风险。王擎、吴玮和黄娟（2012）[321]等人研究发现，相对于仅在本区域内经营的城市商业银行，跨区域经营的城市商业银行能有效地分散投资风险，降低区域经济波动的风险，并且信贷增速会随着跨区域经营程度的提高而提高，因此信贷风险水平得到显著降低。杨肃昌（2012）[322]则认为跨区域发展对银行风险管理的影响是一把“双刃剑”。

在2006年国家允许城市商业银行跨省设立分支机构后，原中国银行业监督管理委员会于2009年取消了中小商业银行设立分支机构必须拨付营运资金的资本性约束，以及新设立分支机构的数量指标控制等监管措施，但出于对银行风险控制能力与快速跨区域发展不匹配的顾虑，在2011年底又收紧了中小商业银行（特别是城市商业银行和农村商业银行）跨省区发展的审批政策。那么，跨区域发展是降低还是提高了中小商业银行的风险呢？跨区域发展对于整个银行业的稳定性影响究竟怎样？显然，定量评估跨区域发展对中小商业银行风险的影响是银行监管部门进行公共政策调整的重要参考依据。鉴于跨区域发展与银行风险关系对监管决策的重要性和学术界认识的不一致性，本章首先回顾跨区域发展与商业银行风险关系的理论和经验研究文献；其次建立计量模型，并利用我国银行业2006—2017年的微观数据检验跨区域发展对中小商业银行风险的影响，以评估跨区域发展对我国商业银行业整体稳定性的影响。

第一节 跨区域发展与中小商业银行风险的文献回顾

跨区域发展的支持者主要基于资产组合理论，认为中小商业银行跨区域发展有利于在更宽地域空间范围分散信贷资产风险，降低因地域限制存款波动的流动性风险（存款波动），从而降低对区域经济的依赖程度。

一、跨区域发展与信贷资产风险分散

Markowitz（1952，1959）[323,324]研究证明了构建证券投资组合的分散化投资策略可以降低非系统性风险的合理性，奠定了现代资产组合理论（Modern Portfolio Theory，MPT）的基础，也为商业银行通过跨区域发展进行风险分散的策略提供了理论依据——跨区域发展可以降低信贷资产组合的非系统性风险。风险在空间上的不相关性要求银行在多个行政区划、多个国家乃至全球范围内广设分支机构，以在地理空间范围上分散风险。推动银行在更大地理空间范围内分散风险，是美国于1994年颁布的允许银行业跨州和分支机构效率法案（Riegale-Neal Interstate Banking and Branching Efficiency Act，IBBEA）解除银行分支机构扩张管制的重要动机（Aguirregabiria，Clark & Wang，2016）[178]。

资产组合理论意味着地域多元化可以降低银行贷款资产组合的异质性风险。跨区域发展能通过“共同保险”效应（Lewellen，1971[325]；Boot & Schmeits，2000[326]）降低银行信贷资产组合的收入波动（Hughes et al.，

1996)[169]。Liang 和 Rhoades (1988)[327]对在 1976—1985 年期间美国的银行样本进行研究后发现，州内地域多元化可降低银行风险。Demsetz 和 Strahan (1997)[172]在控制了资产组合的组成和银行行为后发现，跨地域规模扩张可降低银行控股公司的收入波动风险。Hughes 等 (1999)[265]，Akhigbe 和 Whyte (2003)[328]的经验研究也支持跨区域发展可降低银行收入波动风险的观点。Deng 和 Elyasiani (2008)[179]对在 1994—2005 年期间的 505 家控股银行公司的经验研究发现，地域多元化指数每增加 1 个标准差，便能降低银行 4. 16%的总风险。Fang 和 van Lelyveld (2014)[329]对在 1992—2009 年期间的 49 家全球最大商业银行集团地域多元化和信贷风险关系进行研究后发现，地域多元化降低信贷风险在很微小到 8%的范围，平均可降低 1. 1%的信贷风险。Goetz，Laeven 和 Levine (2016)[180]研究发现，在美国的大都市统计区域 (Metropolitan Statistical Areas，MSAs)，BHCs 的地域扩张主要通过降低异质的地方性风险暴露降低风险，因此他们的结论与“地域扩张可以降低银行非系统性风险”的论点是一致的。

信贷市场的贷款申请人可能来自不同行业，其投资的项目也千差万别，而银行通常既很难观测到贷款申请人的特征或投资项目的质量及投资行为，也很难控制借款人的道德风险行为。信息不对称和市场不完全的存在降低了信贷资源的配置效率，而进行信贷配给 (Credit Rationing)、签订诱导借款人做出银行—客户激励相容的借贷合同 (Stiglitz & Weiss，1981)[87]、发放“关系型贷款”等行为则是信息不对称条件下商业银行理性选择的结果。尽管成本可能很高，但出于对潜在客户进行信息甄别或通过隐性贷款合同进行控制的需要 (Sharpe，1990)[330]，商业银行会通过努力获取并加工客户 (包括潜在客户) 的“硬信息”和“软信息”来降低特定贷款申请人的违约风险。Jappelli 和 Pagano (2002)[331]对贷款人之间的信息共享能有效提高信贷供给并降低贷款违约风险的证明，可从另一个侧面说明商业银行大量获取并生产加工客户信息的重要性。相对来说，局限于狭窄地域范围内运营的商业银行在获取社区内借款人的性格、个人能力、企业文化、社会关系和声誉等“软信息”方面确实具备优势，但会导致这些银行更多地发放“关系型贷款”；在更宽地理范围内运营的商业银行可以获得更大规模、更多维度的客户信息；跨区域发展可以增加信贷风险模型的样本容量，而可资验证的多维信息又可提高客户信息的真实性和信贷风险模型决策的有效性；地域多元化的商业银行更依赖基于财务报表、外部评级和贷款担保等可标准化的“硬信息”做出信贷决策。因此，信贷风险模型更有利于降低信贷资产组合的风险。

二、跨区域发展与流动性风险分散

稳定的存款来源对银行应对流动性短缺、降低挤兑风险极其重要。尽管商业银行和其他企业一样，可以通过股权融资或发行债券等多种方式筹集信贷资金，但客户存款依然是商业银行最重要的资金来源之一。股权融资可能意味着银行现有股东要在资金筹集和股权稀释之间进行权衡。当受限于存款来源不足而被迫采用债券或同业拆借等债权方式进行紧急资金筹资时，银行可能不得不接受高融资成本“被敲竹杠”的后果，甚至有可能加快其流动性衰竭进程，从而走向破产。因此，即使在互联网经济高速发展的时代，通过分支机构获取存款依然是商业银行最重要的流动性来源之一，且融资成本要低于通过其他方式获得流动性来源的成本。

跨区域设立分支机构可以降低银行对区域经济的依赖程度，存款基础的地域多元化可有效降低银行的流动性风险，放松经营地域管制可增加银行在地理空间上分散存款风险的可能性，从而降低流动性风险（Hughes et al.，1996[169]；Dick，2008[176]；Aguirregabiria，Clark & Wang，2016[178]）。① 对一个不可地域多元化的银行体系来说，地方经济的负面冲击会对银行流动性水平产生严重后果甚至导致银行破产。例如，相对于允许在全国范围内设立分支机构的加拿大银行业来说，20 世纪早期限制地域多元化却提高了美国银行业的脆弱性（Calomiris，2000[332]；Goetz，Laeven & Levine，2016[180]）。Egan，Hortaçsu 和 Matvos（2017）[333] 的研究表明，当存款保险制度未覆盖所

① Dick（2008）指出，当银行的反应是进行权衡时，放松地域管制带来的流动性风险降低可能使银行提高贷款资产比率。地域多元化既可提高收益，也可提高贷款的波动性。最后，他发现银行信贷组合风险确实提高了。

有存款时，虽然未被保险的存款也是重要的资金来源，但这种存款对处于困境中的银行来说更易导致自我强化的挤兑：未被保险的存款数量的减少可降低银行的盈利能力，恶化银行的经营环境，进而导致更大规模的存款减少。银行间存款的竞争会强化银行经营困境与存款之间的反馈机制，并将单一银行的负债端冲击传递给整个银行体系。

当外部金融市场受限时，内部资本市场可以在一定程度上缓解银行面对的资金压力。也就是说，进行地域扩张或设立较多分支机构的银行可获得内部资本市场带来的好处（Houston，James & Marcus，1997[334]；De Haas & van Lelyveld，2010[335]；Cetorelli & Goldberg，2012[336]）。独立经营的小银行在货币紧缩时主要依赖未来的现金流，而联合经营的小银行控股公司的贷款增长对未来的现金流不敏感，这可以说明银行控股公司的内部资本市场能缓解其子公司的融资约束（Campello，2002）[337]。因此，不仅子公司可以利用母公司的资本和流动性，分支机构也可以利用内部资本市场投资于超出其存款支撑能力以外的潜在借贷项目。Klein 和 Saidenberg（2010）[338]的研究可印证跨区域发展可以强化内部资本市场的优势，他们发现相比非子公司银行，控股银行子公司在持有更少资本的同时可发放更多的贷款从而印证了内部资本市场的优势。

三、跨区域发展与分支机构的风险缓冲效应

尽管跨区域发展可以降低银行的非系统性风险，但反对者仍然利用地域多元化不能降低银行系统性风险、委托代理问题等做出回应。例如，Demsetz 和 Strahan（1997）[172]研究指出，美国银行跨州地域多元化虽然可降低系列活动的风险，但放松地域管制后的竞争压力却迫使银行追逐高风险、高收益的贷款资产，可导致银行承担更高的风险。Dick（2008）[176]认为，放松地域管制带来的流动性风险降低可促使银行提高贷款资产比率，当银行的反应是进行权衡时，地域多元化既可提高收益，也可提高贷款的波动性。当他进一步研究后发现，银行信贷组合风险确实被提高了。如果银行跨地域扩张缺乏管

理技能和信息，则组织结构和产品结构的复杂化都可能强化代理问题，进而降低收益率或增加风险（Baele，De Jonghe & Vander Vennet，2007）[181]。Nicoló（2000）[182]对美国、日本和几个欧洲国家银行的研究表明，银行的破产概率与规模呈显著正相关关系。Aguirregabiria，Clark 和 Wang（2016）[178]研究发现，虽然放松地域管制可增加银行在地理空间上分散存款风险的可能性，但事实上美国仅有一少部分银行（如总部在较小州的银行）利用这一点。因此，银行业风险的降低在很大程度上是因为州内银行并购，仅有很少一部分是因为银行跨州扩张导致的。

在概率上，随着分支机构数量和地域多元化程度的提高，分支机构同时出现经营困难的概率降低。银行可通过关闭亏损的分支机构退出某个或某些子市场，因此分支机构可为银行整体破产提供缓冲作用。Friedman 和 Schwartz（1963）[339]早就指出，缺乏分支机构是 20 世纪大萧条时期银行业恐慌加剧的重要原因。Calomiris（2000）[332]研究发现，美国跨州设立分支机构的管制措施取消后，有分支机构的银行比单元制银行更稳定，无分支机构的银行所在的州及缺乏分支机构的国家，其银行破产现象更加普遍。虽然 Carlson（2004）[340]认为与单元制银行相比，大萧条时期有分支机构的银行持有的资产组合风险更高，因而更可能破产，但 Carlson 和 Mitchner（2006）[341]随后修正了对大萧条时期银行分支机构在提高银行体系稳定上所起作用的认识，提出允许跨州设立分支机构的地域扩张将会导致银行业竞争加剧，竞争能力较弱和无效率的银行将被迫退出市场，最终促成银行业在整体上的更加稳定，这与 Berger，Demsetz 和 Strahan（1999）[340]，Stiroh 和 Strahan（2003）[208]等人的研究结论是一致的。Aubuchon 和 Wheelock（2010）[342]对1987—1992年、2007—2010年美国先后两次银行业高破产时期破产银行的特征和地域分布的研究发现，虽然大部分限制设立分支机构的法律已经取消，但面对地方经济的冲击，许多在狭小地域范围内运营的银行依然很脆弱。

四、委托代理问题与中小商业银行跨区域发展的风险

20 世纪 70 年代以来的技术创新显著地降低了客户使用远距离银行的成

本，如ATM、网络银行与移动终端有助于缩短银行与消费者之间在地理上的联系（Kroszner & Strahan，1999[21]；Berger & De Young，2006[23]）。银行业的信息密集特征非常明显，如在关系型贷款中，商业银行常常依赖于分支机构获取客户的“软信息”来做出信贷决策。因为更熟悉所服务的地区，所以在较窄地域市场运营的银行通常比地域多元化的银行在做决策时更依赖于“软信息”，也相对更有优势（Berger et al.，2005）[190]，若分支机构管理人员进行决策时能被充分授权，则二者之间的这种信息优势差距就会缩小。

跨区域扩张后银行的组织结构通常也会变得更复杂，其决策过程和决策效率会伴随组织结构复杂性的上升而有所下降。缺乏管理技能、进入新市场时，缺乏信息会强化代理问题。因此，贸然进行跨区域扩张会加剧银行风险（Deng & Elyasiania，2008[179]；Acharya，Hasan & Saunders，2006[343]；Baele，De Jonghe & Vander Vennet，2007[181]）。Demsetz 和 Strahan（1997）[172]，Chong（1991）[344]认为，迫于竞争压力，地域多元化并不必然导致银行风险降低。

Berger 和 De Young（2001）[175]认为，母公司对子公司的控制会随着距离的增加而降低。类似地，随着总部与分支机构间距离的增加，高级管理人员对分支机构管理人员的监督也会更加困难（Brickley，Linck & Smith，2003）[189]，特别是在高绩效压力下，缺乏经验且远离总部的分支机构的管理人员更倾向于承担高风险。因此，当总部高管人员提出错误建议或官僚主义严重时，距离的增加可有助于分支机构隔离这些不良影响，从而做出正确的决策（Berger & De Young，2006）[23]。

总体来说，跨地域扩张可给银行带来分散风险的机会，但要把这种潜在的机会变成现实的收益，并没有理论预测的那么容易，因为跨区域扩张对商业银行风险的影响还取决于其他一些看似无关紧要的因素。例如，跨区域设立分支机构也可能加剧市场竞争，但是如果能够通过市场竞争显著地提升效率，或者风险转换效应能补偿因竞争使优良贷款利率下降产生的利益损失，或者这种竞争不会危及银行业系统的稳定时，监管部门或许才会心甘情愿地放松银行跨区域经营管制的政策。因此，跨区域扩张与银行风险的关系可能更多的是经验问题。鉴于此，下文着重衡量中小商业银行的风险，并检验跨区域扩张对城市商业银行风险的影响。

第二节　我国中小商业银行的风险概况

经历了30多年的高速经济增长之后，受次贷危机等国际不确定性因素和国内经济结构调整的影响，虽然我国在2010年的GDP增长率有所回升，但整个宏观经济增长却开始进入下行期，GDP增长率由2007年的14.7%下滑到2015年的6.4%。2016年和2017年我国GDP增长率分别为6.7%和7.0%，我国国民经济开始呈现企稳回升态势。

在过去的10余年中，我国银行业金融机构快速发展且整体运行状况良好，为国民经济的健康快速发展提供了强有力的支持和保障。根据原中国银行业监督管理委员会年报数据显示，我国银行业金融机构总资产由2003年的27.66万亿元增加到2017年的252.40万亿元，总负债由2003年的26.59万亿元增加到2017年的232.87万亿元，所有者权益由2003年的1.06万亿元增加到2017年的19.53万亿元。本外币存款余额由2003年的22.04万亿元增加到2017年的169.27万亿元，本外币贷款余额由2003年的16.98万亿元增加到2017年的125.61万亿元，税后利润由2007年的4467.3亿元增加到2017年的2.20万亿元。

一、中小商业银行的信贷资产质量

在对城市和农村信用合作组织进行股份制改造等一系列金融改革后，我国中小商业银行法人机构数由2006年的近2万家下降到2017年底的4000余家，但规模扩张速度却非常快。中小商业银行资产总额由2006年的13.57万亿元增加到2017年的111.35万亿元，年均增长率高达21.09%，占商业银行业总资产的比重由2006年的32.13%上升到2017年的47.26%；负债总额由

2006 年的 12.97 万亿元增加到 2017 年的 103.46 万亿元。① 2006—2017 年我国中小商业银行资产规模、占比及增速如图 5-1 所示。

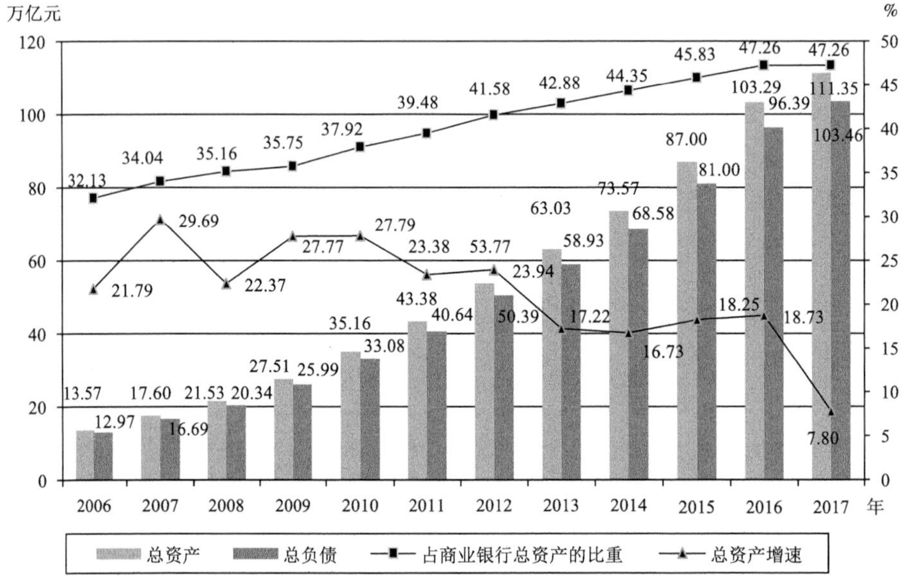

图 5-1　2006—2017 年我国中小商业银行资产规模、占比及增速图

注：根据原中国银行业监督管理委员会年报整理绘制。

由图 5-1 可知，在放开跨区域设立分支机构管制措施后，2007 年我国中小商业银行资产规模增速高达 29.69%，但受次贷危机影响，2008 年资产规模增速下降到 22.37%。在进一步放松对中小商业银行跨区域设立分支机构管制措施后，2009 年和 2010 年中小商业银行资产规模增速再次分别达到 27.77% 和 27.79%，远超出同期 GDP 的增长速度。但在 2011 年国家重新收紧跨区域设立分支机构管制措施后，中小商业银行资产规模增速逐渐下降，受“去杠杆”宏观调控政策的影响，中小商业银行 2017 年资产规模增速仅为 7.8%。

在经过对国有大型商业银行历史不良资产进行剥离、处置和上市，以及

① 这里的商业银行指大型商业银行、股份制商业银行、城市商业银行、城市信用合作社、农村商业银行、农村合作银行、农村信用合作社、外资银行和新型农村金融机构。

城乡信用合作机构股份制改造过程中不良资产处置、注资等系统性金融体系改革之后，特别是受益于国民经济持续快速增长，我国商业银行信贷资产质量水平大幅提升。我国中小商业银行贷款总额由2007年的6.77万亿元增加到2017年的47.16万亿元，占商业银行贷款总额的比重由2007年的32.52%上升到2017年的47.00%。中小商业银行不良贷款余额由2007年1394.32亿元增加到2017年9324.40亿元，但不良贷款率由2007年2.27%的历史高位下降到2017年的1.98%。尽管近年来中小商业银行不良贷款率有所上升，比历史最好时期（2011年）的不良贷款率上升了1.21个百分点，但我国中小商业银行整体信贷资产质量尚处于较高水平。2007—2017年我国中小商业银行贷款总额不良贷款率如图5-2所示。

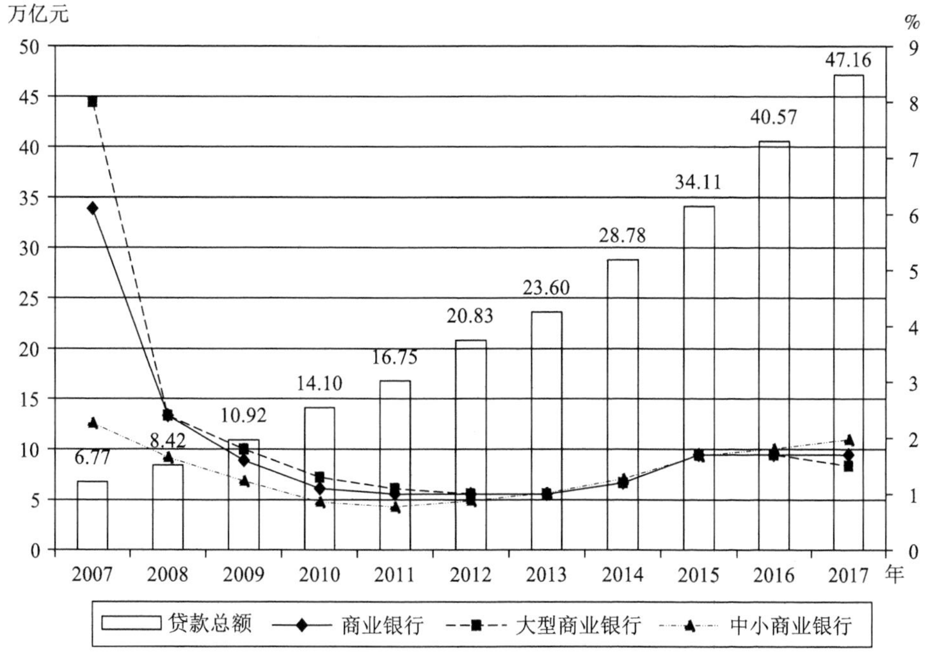

图5-2　2007—2017年我国中小商业银行贷款总额不良贷款率

注：根据原中国银行业监督管理委员会年报整理绘制。

从不同类型中小商业银行的信贷质量来看，在2008年以前，我国中小商业银行信贷资产质量要优于大型商业银行，但经过历史不良资产剥离、处置和上市后，大型商业银行的不良贷款率由 2005 年的 10.5%大幅下降至 2012 年的 1.0%，此后又逐渐回升至 2017 年的 1.5%。在 2008 年以后，农村商业银行的不良贷款率一直维持在较高位且在近几年快速上升，由历史最低（2011 年）的 1.6%上升到了 2017 年的 3.2%，是所有中小商业银行中不良贷款率最高的。外资商业银行则一直保持了较低的不良贷款率水平，2017 年不良贷款率仅为 0.7%，是所有商业银行中信贷资产质量最高的。股份制商业银行和城市商业银行的不良贷款率在 2011 年之前一直下降，但在 2011 年之后均有所回升，且在 2017 年的不良贷款率分别为 1.7%和 1.5%，股份制商业银行的不良贷款率比大型商业银行的不良贷款率略高 0.2 个百分点，是不良贷款率仅低于农村商业银行的中小商业银行。城市商业银行的不良贷款率则与大型商业银行持平。2005—2017 年我国大型商业银行和不同类型中小商业银行不良贷款率如图 5-3 所示。

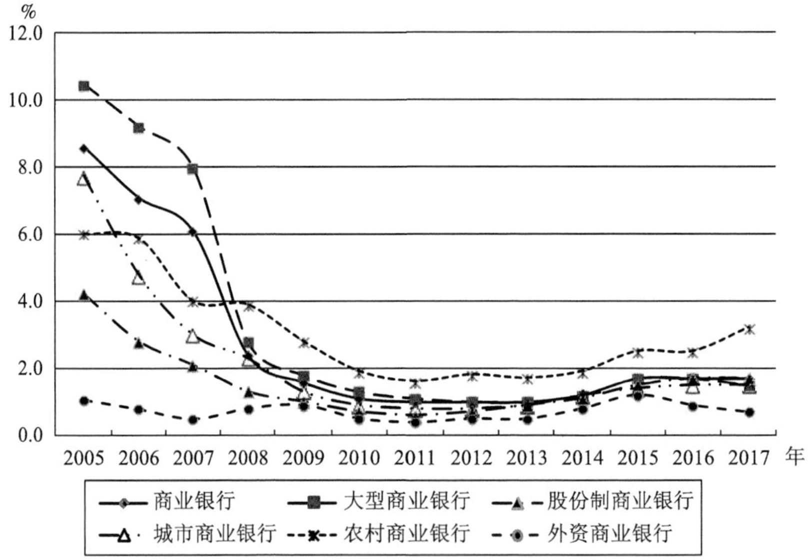

图 5-3　2005—2017 年我国大型商业银行和不同类型中小商业银行不良贷款率

注：根据原中国银行业监督管理委员会年报整理绘制。

为了确保商业银行安全、稳健运行，在巴塞尔银行监管委员会（BCBS）于2006年实施《有效银行监管核心原则》（巴塞尔协议Ⅱ）后，原中国银行业监督管理委员会于2007年颁布了《关于修改〈商业银行资本充足率管理办法〉的决定》（中国银行业监督管理委员会〔2007〕第11号），并加强了对商业银行资本充足率的监管。资本充足率达标的商业银行数由2003年的8家增加到2009年的239家，达标资产占商业银行总资产的比例由2003年的0.6%提高到2009年的100%。加入巴塞尔银行监管委员会后，我国进一步加强了与国际监管组织的合作，《巴塞尔协议Ⅲ》发布后，原中国银行业监督管理委员会于2012年6月制定了《商业银行资本充足率管理办法（试行）》（中国银行业监督管理委员会令〔2012〕第1号），商业银行也主动利用多种渠道补充资本，促使资本充足率水平不断提高。2013—2017年，我国商业银行信用风险加权资产由69.66万亿元增加到112.55万亿元，市场风险加权资产由6066.5亿元增加到1.32万亿元，操作风险加权资产由5.91万亿元增加到8.82万亿元。商业银行资本充足率由12.2%上升到13.6%，一级资本充足率由9.9%上升到11.3%，核心一级资本充足率由9.9%上升到10.8%。[①]

二、中小商业银行业监督管理委员会银行的风险补偿能力

一段时期以来，原中国银行业监督管理委员会不断强化审慎监管理念，推动商业银行不断提升防范金融风险的能力，将拨备覆盖率纳入监管工具箱。我国商业银行不良贷款拨备覆盖率由2006年的34.30%快速上升到2012年的295.50%，即使近几年商业银行不良贷款拨备覆盖率有所下降，但2017年我国商业银行不良贷款拨备覆盖率依然高达181.40%，超出不良贷款拨备覆盖率监管要求（150%）31.4个百分点（见图5-4）。

① 资料来源：原中国银行业监督管理委员会年报。

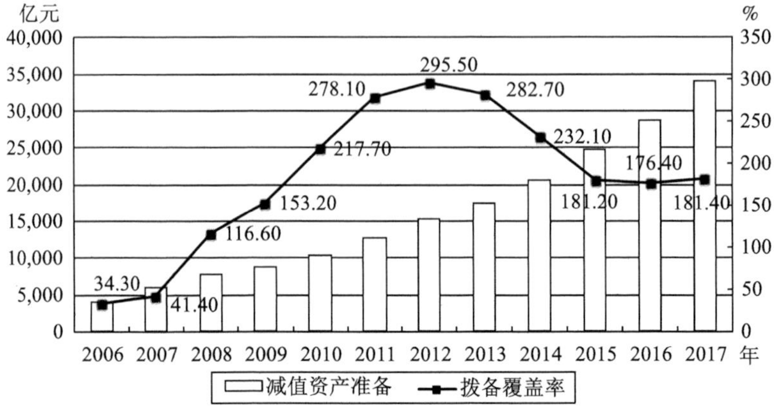

图 5-4　2006—2017 年我国商业银行不良贷款减值准备和拨备覆盖率

注：根据原中国银行业监督管理委员会年报整理绘制。

如表 5-1 所示，在我国中小商业银行中，农村商业银行的不良贷款拨备覆盖率水平较低，2017 年仅达到 164. 30%，略高于 150%的监管要求，但其他中小商业银行的不良贷款拨备覆盖率均较高。其中，股份制商业银行 2017 年的不良贷款拨备覆盖率为 180%，与大型商业银行的水平基本相当；城市商业银行过去 3 年的不良贷款拨备覆盖率一直维持在 200%以上；外资商业银行 2017 年的不良贷款拨备覆盖率甚至高达 296. 90%。由此可见，我国中小商业银行的风险抵补能力整体上尚维持在较高水平。

表 5-1　2015—2017 年我国不同商业银行拨备覆盖率表

银行类型 / 年份	大型商业银行	股份制商业银行	城市商业银行	农村商业银行	外资商业银行
2015	171. 70	181. 00	221. 30	189. 60	196. 10
2016	162. 60	170. 40	219. 90	199. 10	250. 20
2017	180. 50	180. 00	214. 50	164. 30	296. 90

注：根据原中国银行业监督管理委员会年报整理。

股东权益是商业银行风险补偿的最后资金来源。在进行股份制改造的过程中，监管部门从股权结构着手，引入地方财政资金和社会资本等多种资金来源，通过资产置换、利润消化等方式化解不良资产，通过资本金注入的方式提高城市商业银行和农村商业银行的风险补偿能力。经过多次增资扩股后，中小商业银行股东权益特别是资本金得到大幅提升。除利用资本金补充外，监管部门还支持中小商业银行通过上市、发行二级资本工具和其他一级资本工具等方式补充资本金，使中小商业银行的股东权益总额从 2003 年的 1756 亿元增加到 2017 年的 7.89 万亿元，净资产比率由 2003 年的 2.29%提升到 2017 年的 7.08%。2003—2017 年我国中小商业银行股东权益与净资产比率如图 5-5 所示。

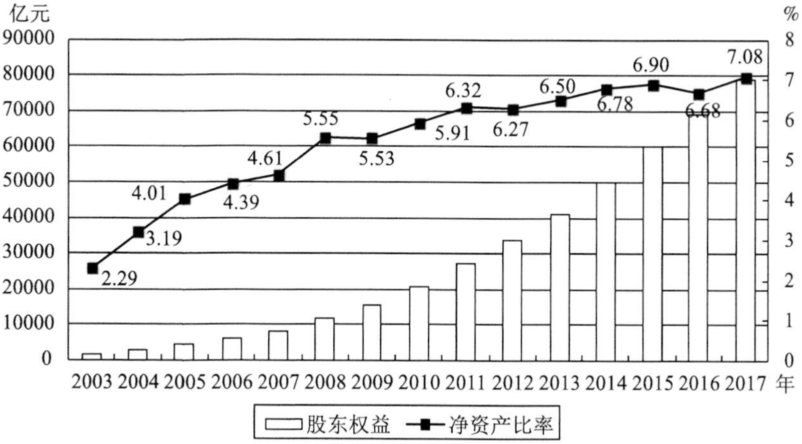

图 5-5　2003—2017 年我国中小商业银行股东权益与净资产比率

注：根据原中国银行业监督管理委员会年报整理绘制。

2003—2017 年，无论是大型商业银行还是中小商业银行，净资产比率均有稳步提升。外资商业银行的净资产比率一直维持在最高水平。以 2017 年为例，外资商业银行净资产比率高达 11.82%，其他依次是大型商业银行（7.81%）、农村商业银行（7.19%）、城市商业银行（6.90%）和股份制商业银行（6.80%）。2003—2017 年我国不同类型商业银行净资产比率如图 5-6 所示。

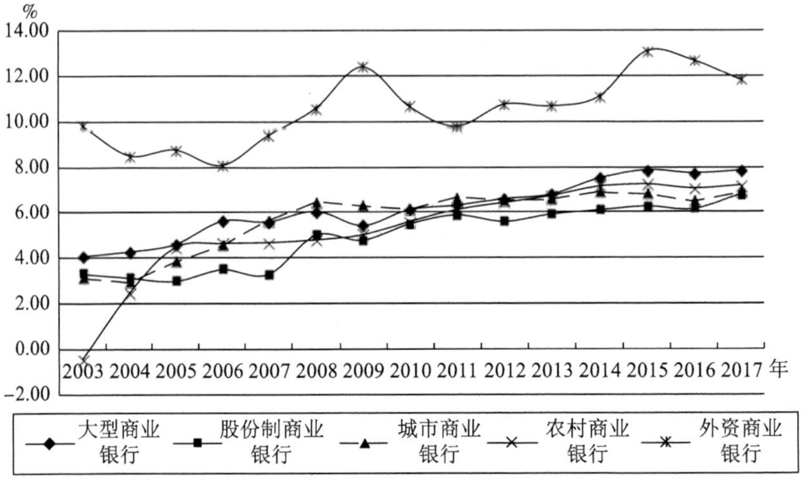

图 5-6 2003—2017 年我国不同类型商业银行净资产比率

注：根据原中国银行业监督管理委员会年报整理绘制。

健康且可持续的盈利能力对商业银行业维持稳定起着极其重要的作用（García-Herrero, Gavilá & Santabárbara, 2009）[345]。留存收益不仅是商业银行进行资本补充的重要渠道，利润较高的商业银行其核销不良贷款进行风险补偿的能力较强，同时也是商业银行自我造血能力提高、良性运营的表现。2007—2017 年，我国中小商业银行税后利润由 1171.70 亿元增加到 8791.80 亿元。在 2011 年以前，除 2007 年外，其他年份的中小商业银行税后利润增长均高于不良贷款增长，并且税后利润与不良贷款比率在 2011 年达到最高点（349.13%），持续较高的利润率不仅为中小商业银行的发展提供了比较可靠的资本金补充渠道，也为应对宏观经济下滑期不良贷款核销提供了缓冲。但在 2011 年以后，中小商业银行不良贷款的增长逐渐超过了税后利润的增长。截至 2017 年，中小商业银行税后利润与不良贷款比率已经降到 94.29%，这说明税后利润不足以弥补当年的不良贷款。2007—2017 年我国中小商业银行不良贷款与税后利润比率如图 5-7 所示。

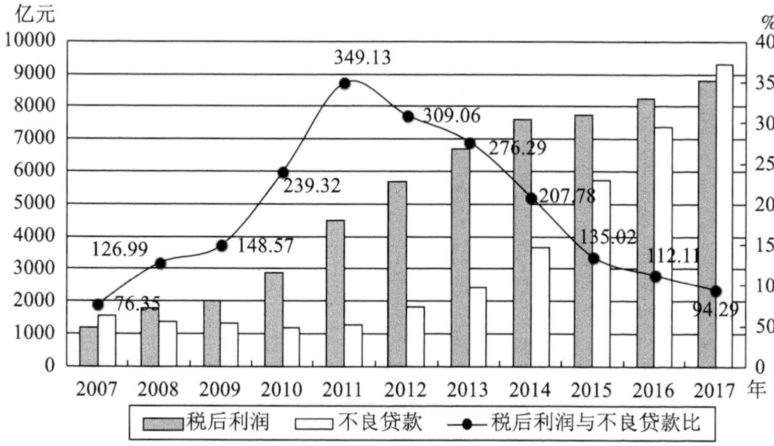

图 5-7　2007—2017 年我国中小商业银行不良贷款与税后利润比率

注：根据原中国银行业监督管理委员会年报整理绘制（2005—2006 年为税前利润，2007—2017 年为税后利润）。

从利润留存的资本金补充能力的横向比较来看，我国中小商业银行不良贷款与税后利润比率都经历了先上升后逐渐下降的过程。截至 2011 年，外资商业银行不良贷款与税后利润比率最高（417.21%），其他依次是农村商业银行（359.33%）、股份制商业银行（356.06%）和城市商业银行（319.29%），且都超过大型商业银行不良贷款与税后利润比率（221.86%）。此后，除外资商业银行不良贷款与税后利润比率在 2016 年和 2017 年（分别为 124.15%和 172.88%）有显著回升，大型商业银行税后利润与不良贷款比率稍有回升（2016 年和 2017 年分别为 113.25%和 118.81%）外，其他中小商业银行的不良贷款与税后利润比率均持续下降。例如，2017 年城市商业银行不良贷款与税后利润比率为 135.71%，股份制商业银行不良贷款与税后利润比率已下降至 95.68%，而农村商业银行更是下降到 69.75%，并且在 2012—2017 年，中小商业银行的利润补给资本金的能力已大幅下降。2007—2017 年我国商业银行不良贷款与税后利润比率横向比较如图 5-8 所示。

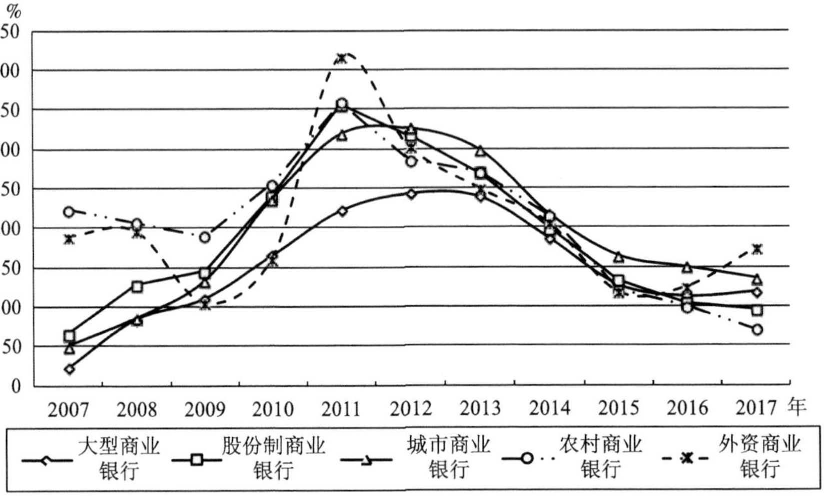

图 5-8　2007—2017 年我国商业银行不良贷款与税后利润比率横向比较

注：根据原中国银行业监督管理委员会年报整理绘制。

三、中小商业银行信贷资产集中度风险

资产组合理论表明，跨区域设立分支机构可以扩大商业银行存款来源的基础，重要的是可以分散贷款风险。我国金融监管部门早已认识到分散风险对商业银行的重要性。例如，在《中国人民银行关于印发商业银行资产负债比例管理监控、检测指标和考核办法的通知》（银发〔1996〕450号，目前本文件已废止）中，就将单一客户贷款比例不超过商业银行资本净额的10%和最大十家客户贷款比例不超过资本净额的50%作为监控性指标。而对中小商业银行特别是城市商业银行和农村中小商业银行来说，其经营的地域范围较小，发展规模和资本有限。但为了满足地方政府的大项目融资偏好，部分中小商业银行被迫冒着贷款集中度超标的风险进行放贷，但超标后又无法达到监管部门对其设立分支机构或跨区域发展的考核，从而形成一种恶性循环。

如图 5-9 和图 5-10 所示，中小商业银行信贷风险集中度与经营地域宽度呈“L”型。随着商业银行经营地域宽度的扩大，无论是单一客户贷款集中度还是最大十家客户贷款集中度的值都快速降低，特别是跨省经营后的效果非常显著，但当经营地域范围宽度达到一定程度后，扩大经营地域范围对商业银行降低贷款集中度风险的效果不再明显。因此，商业银行只有通过进一步寻求信贷资产之间的有效组合，才能有效降低非系统性风险。除此之外，跨区域发展可有效降低中小商业银行的风险还表现在信贷风险上。例如，在图5-11中，跨区域宽度与不良贷款率的分布呈非常扁平的“U”型，这说明扩大经营地域宽度可以降低商业银行的信贷风险，并且随着地域范围的继续扩大，距离还可能加剧分支机构的道德风险，导致不良贷款率不降反升。另外，由于经营地域深度在这方面的效应不明显，因此这里不再通过图形进行展示。

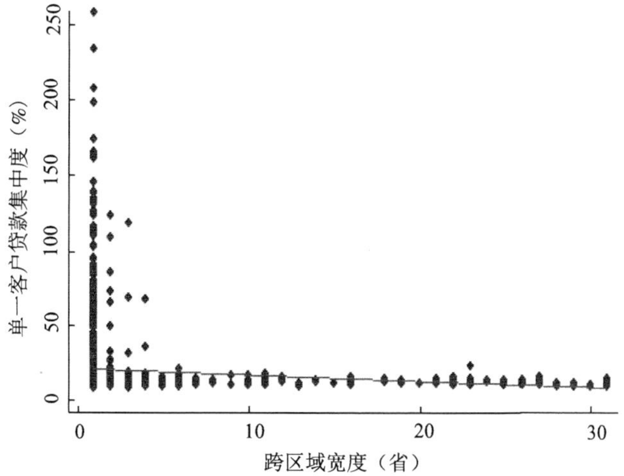

图 5-9　跨区域宽度与单一客户贷款集中度分布图

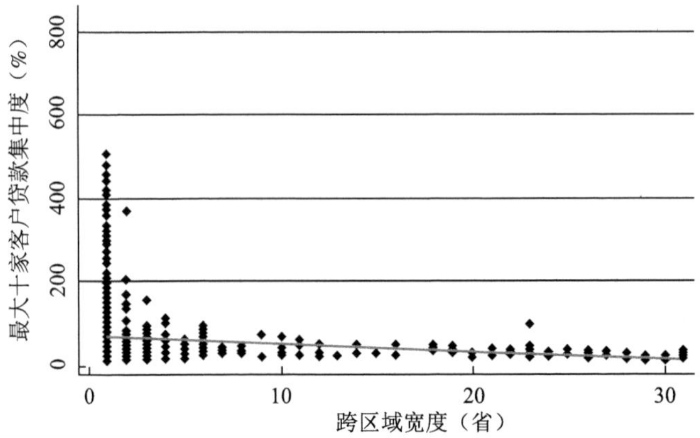

图 5-10　跨区域宽度与最大十家客户贷款集中度分布图

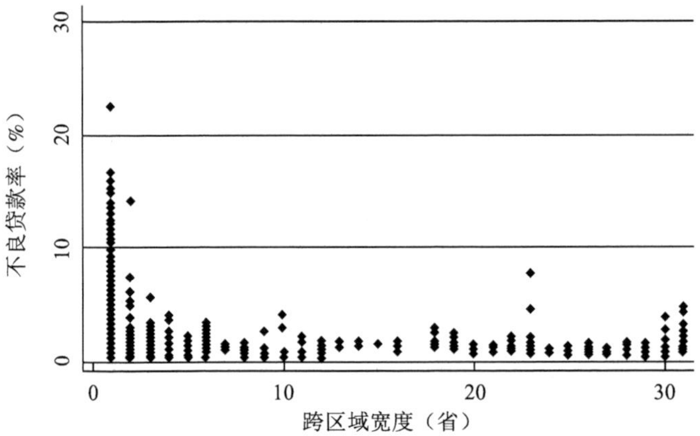

图 5-11　跨区域宽度与不良贷款率分布图

第三节　跨区域发展与中小商业银行风险的实证分析

一、模型设计与变量选取

为了评估跨区域发展对商业银行风险的影响，参照 Allen 和 Pantzalis (1996)[266]，Dick（2006[257]，2008[176]），Ho 和 Ishii（2011）[346]，Liang，Ching

和 Chan（2013）[269]等人研究的方法，设定如下计量模型：

$$Risk_{it} = f(GeoDiv_{it}, Z_{it}) + \varepsilon \tag{5-1}$$

式中，因变量 $Risk_{it}$ 为银行 i 在时期 t 的风险，选取银行不良贷款率（*NPL*）、连续 3 年的资产收益率波动［$\sigma(ROA)$］和资本充足率（*CAR*，Capital Adequacy Ratio，*CAR*）。*GeoDiv* 为银行跨区域发展的测度指标，选取银行跨区域发展类型（*type_ G*）、跨区域发展宽度（*Breadth_ p* 和 *Breadth_ c*）和跨区域发展深度（*Depth_ p*、*Depth_ c*、*Depth_ ap* 和 *Depth_ ac*）等指标。*Z* 为影响银行风险的控制变量。Berger 等（2016）[237]对影响商业银行风险的主要因素进行了恰当的分析。根据已有的理论和经验研究，本书从企业微观特征、中观产业和宏观经济三个层面选取商业银行风险的影响因素，具体内容如下。

1. 商业银行微观特征控制变量

影响商业银行风险的微观因素主要有以下几个。

（1）商业银行规模（*ta*）。现有关于商业银行规模与风险关系研究的文献得出的结论比较含糊。规模较大的银行因受益于规模经济或市场势力可能表现出较低的风险（Berger，1995b）[330]。当银行管理者认为银行规模较大可从事高收入的高风险项目时，银行风险会随着规模的上升而提高，而金融安全网出于“太大以至于不能倒”的考虑，可能为陷入困境的大银行提供或明或暗的担保和救助，此时银行的风险承担激励会因这种保护而恶化（Herring & Carmassi，2010[347]；Demirgüç－Kunt & Huizinga，2010）[348]。Bhagat，Bolton 和 Lu（2015）[349]研究发现，即使控制了诸如公司治理、所有权结构等其他特征，银行风险承担也与银行规模正相关。因此，本研究为降低资产规模差异过大带来的异方差影响，估计模型时对资产规模取自然对数（*lta*）。

（2）资产配置组合。信贷资产是我国商业银行承担风险并获取利润的最主要的组合资产之一。从银行资产配置来看，股东权益比率（或资本化比率，*eoa*，定义为股东权益与总资产之比）和信贷资产比率（*loa*，定义为贷款总额与总资产之比），既可反映商业银行的资产配置能力和风险承担态度的差异，也可反映商业银行资产配置多元化程度的不同。商业银行是高杠杆率的特殊企业，较高股东权益比率意味着银行只承担了较低风险（Berger，1995b）[350]，而股东权益比率较高的银行其抵御风险缓冲的能力也较强，储户一般认为股东权益比率较高的银行更审慎，出现挤兑的可能性较低（Berger，1995a）[330]。商业银行增加资本金或从利润中提取资本公积和盈余公积用于补充资本时，会增强储户信心（Koehn & Santonmero，1980[351]；Kim & Santomero，1988[352]；Holmstrom & Tirole，1997[353]；Allen et al.，2011[354]；Mehran & Thakor，2011[355]；Berger & Bouwman，2013[356]）。较高的信贷资产配置比率可表明银行的信贷资产配置能力较强或资产配置多元化程度较低，但也可能意味着有较高的信贷风险暴露。存贷比率（*lod*）曾是我国控制银行信用扩张的一个重要监管指标。① 过低的存贷比可表明银行信贷客户资源的不足或信贷资产配置能力较低，而较低的利息收入会降低银行缓冲财务冲击的能力，一旦出现流动性短缺，存贷比较高的银行应对客户日常取款或为有较高潜在盈利能力的客户安排资金时将受到限制，发生挤兑进而破产的概率也会提高。

（3）成本管理能力。成本管理能力用资产费用率（业务及管理费与总资产之比，*oca*）衡量。具有高营业费用（低效率）的银行倾向于承担较高的风险以改善绩效（Boyd，De Nicoló & Jalal，2006[210]；Agoraki，Delis & Pasiouras，2011[357]）。但商业银行业务及管理费中很大一部分适用于员工薪酬和福利支出，较高的薪酬激励会激励员工更加努力地工作，因为没有员工会愿意失去高待遇的工作，因而会采取更审慎的做法甄别可能的风险（Molyneux & Thornton，1992[358]；Guru，Staunton & Balashanmugam，2002[359]）。

（4）公司治理和股权结构。现有研究表明，公司治理和股权结构是影响商业银行风险承担的重要方面（Saunders，Strock & Travlos，1990[360]；Laeven & Levine，2009[361]；Beltratti & Stulz，2012[362]；Van Essen，Engelen & Michael，2013[363]；Ellis，Haldane & Moshirian，2014[364]）。本书选取银行前四大股东持

① 我国在 1995 年《商业银行法》中明确规定“贷款余额与存款余额的比例不得超过 75%”，习惯上称这一规定比例为存贷比，实际应为贷存比。在 2015 年新颁布的《商业银行法》中删除了存贷比的规定后，存贷比已弱化为流动性检测指标。

股比例（CR_4_sh）和董事会规模（$size\_bd$）作为银行股权结构和公司治理特征的控制变量。

2. 中观产业层面控制变量

中观产业层面控制变量主要选取银行业发展（用商业银行业资产占 GDP 的比重衡量，*dob*）和来自非银行金融机构的竞争（定义为直接融资占全社会融资的比率，*rdf*）两个因素。自 Goldsmith（1969）[36]之后，很多学者都研究了金融发展对银行绩效的影响。商业银行业对国民经济发展的作用重大，一方面在过去十几年中，我国商业银行业发展很快，说明了我国实体经济对银行信贷的需求比较旺盛。另一方面，资产规模的扩大有利于商业银行化解不良贷款，提高风险抵御能力。因此，商业银行既需要面对行业内竞争，还要面对非银行业的外部市场竞争。除开设了上海证券交易所和深圳证券交易所供企业发行股票并开展场内股权融资外，国内债券融资市场和信托市场近年发展迅速，直接融资占全社会融资规模的比重已由 2002 年的不到 5%提高到了 2017 年底的 18.35%。直接融资的发展降低了非金融企业对商业银行信贷的依赖程度，压缩了商业银行信贷市场空间，导致外部市场竞争压力加大，从而刺激商业银行从事高风险项目以弥补下降的利润。Demirgüç-Kunt 和 Huizinga（1999）[365]认为，资本市场更严格的市场纪律会促使非金融企业更充分地进行信息披露，获取客户“硬信息”（主要是财务数据）条件的改善有利于商业银行做出更好的信贷决策，从而降低银行风险。

3. 宏观层面的控制变量

宏观层面的控制变量主要有 GDP 增长率（用 *g* 表示）和通货膨胀率（*inf*）。受次贷危机后国际经济环境不确定性和国内经济结构调整的影响，我国经济已从高速增长时期逐渐转向提高经济增长质量时期，GDP 增长速度明显放缓，这可能加剧银行风险的暴露。在经济衰退期贷款需求会下降，且贷款客户的违约概率会上升，银行风险破产的可能性会相应提高（Athanasoglou et al.，2008[366]；Dietrich & Wanzenried，2011）[367]。但 Liu，Molyneux 和 Wilson（2013）[298]认为，在经济高速增长时期，商业环境改善的同时也会降低银行业的市场进入壁垒，高利润率也会吸引新资本进入信贷市场并加剧市场竞争，进而影响银行业的稳定性。银行的筹资成本通常伴随通货膨胀率的上升而增加，如果通货膨胀率能被理性地预期到，则银行收入上升的速度会比筹资成本增加的速度更快。因此，银行利润率提高的同时，风险缓冲能力也会相应得到提高。Pasiouras 和 Kosmidou（2007）[368]，Athana soglou，Brissimis 和 Delis（2008）[366]，García - Herrero，Gavilá 和 Santabárbara（2009）[346]等人通过对欧盟、希腊和中国的经济发展与银行业稳定性的关系进行研究后发现，通货膨胀率对银行盈利能力会产生积极影响。

二、数据说明

本书数据来源与面板数据 A（*Panel_ A*）相同，由于部分商业银行公司治理和股权结构数据披露不充分，因此进一步筛选之后得到由 114 家城市商业银行、12 家股份制商业银行和 39 家农村商业银行组成的面板数据 B（*Panel_ B*）。本书在数据整理过程中发现，由于部分商业银行的年报中披露的不良贷款率低于审计报告相应数据计算的不良贷款率，因此根据审计报告重新计算了不良贷款率，以用于评估跨区域发展对中小商业银行风险的影响，其变量定义及描述性统计量如表 5-2 所示。

表 5-2　变量定义及描述性统计量表

变量符号	变量定义	最小值	最大值	均值	标准差
NPL	不良贷款率	0.000	13.986	1.553	1.266
$\sigma(ROA)$	资产收益率方差	0.005	3.111	0.246	0.231
CAR	资本充足率	-0.390	150.330	13.167	5.217
NPL_ 1	一阶滞后值	-11.934	8.570	-0.087	0.908
$\sigma(ROA)$_ 1	一阶滞后值	-1.418	1.579	-0.020	0.189
CAR_ 1	一阶滞后值	-98.190	39.380	-0.066	4.373
type_ G	经营地域类型	1.000	3.000	2.094	0.784
type_ B	银行类型	1.000	3.000	1.498	0.814

续表

变量符号	变量定义	最小值	最大值	均值	标准差
Breadth_ p	跨省经营宽度	1.000	31.000	3.281	5.944
Breadth_ c	跨市经营宽度	1.000	206.000	14.696	30.446
Depth_ p	跨省经营深度	0.000	523.000	14.022	46.287
Depth_ c	跨市经营深度	0.000	723.000	23.311	62.747
Depth_ ap	外省省均机构数	0.000	92.267	3.632	8.972
Depth_ ac	外市市均机构数	0.000	91.158	4.232	8.555
tnb	分支机构总数	2.000	3002.000	168.476	294.658
lta	总资产自然对数	21.701	29.464	25.142	1.432
eoa	股东权益比率	-0.031	41.972	7.018	2.588
loa	信贷资产比率	11.058	75.159	46.289	10.900
lod	存贷比	14.337	120.117	63.160	11.908
oca	资产费用率	0.233	3.550	0.985	0.313
CR_4*_ sh*	前四大股东持股比例	4.490	99.370	41.969	17.427
size_ bd	董事会规模	5.000	19.000	12.664	2.703
dob	银行业发展	191.300	293.910	245.090	32.515
rdf	直接融资比率	10.940	28.650	19.885	4.853
g	GDP 增长率	-2.500	19.200	11.460	3.493
inf	通货膨胀率	-2.300	10.100	3.537	1.832

三、跨区域发展与中小商业银行风险的评估结果

本书采用如下策略评估跨区域发展对中小商业银行风险的影响。首先，采用赋值法评估跨省、省内跨市和市内经营三种不同类型中小商业银行风险存在的差异；其次，采用跨区域宽度指标和跨区域深度指标评估跨区域发展对中小商业银行风险的影响；最后，采用异地分支机构比例法评估跨区域发展对中小商业银行风险的影响。考虑到模型中解释变量包括不随个体变化的变量（银行业发展、非银行金融机构竞争），因此本书估计固定效应回归

模型。

当《巴塞尔协议Ⅲ》发布后，我国监管部门积极响应，并自 2013 年 1 月 1 日起开始施行中国版的巴塞尔协议，即《商业银行资本管理办法（试行）》（中国银行业监督管理委员会令〔2012〕第 1 号，新办法）。与原《商业银行资本充足率管理办法》（旧办法）相比，在利用新办法计算充足率时的风险覆盖范围和资本计算方法均发生了较大变化。因此在本书的数据集中，2012 年以前的资本充足率数据是依据旧办法计算的，2013 年以后的资本充足率数据是按照新办法计算的。为谨慎起见，虽然也估计了跨区域发展对中小商业银行资本充足率的影响，但估计结果仅作为参考。

1. 利用赋值法评估跨区域发展对中小商业银行风险的影响

在赋值法下，模型 1 的估计结果如表 5-3 所示。由表 5-3 可见，在 3 个模型中只有资产收益率波动的拟合程度较低，其余 2 个模型的拟合效果均较好。从回归系数来看，跨区域经营类型变量（ $type\_G$ ，市内经营取值 1，省内跨市经营取值 2，跨省经营取值 3）与 NPL 、$\sigma(ROA)$ 负相关，与 CAR 正相关，回归系数无论在经济上还是在统计上都十分显著，这说明跨区域经营对中小商业银行的风险产生了显著影响，跨区域发展类型不同的中小商业银行其面临的风险也存在显著差异。中小商业银行的不良贷款率随经营地域范围的扩大而降低（-0.309），资产收益率波动随经营地域范围扩大而变小（-0.061）。因为我国中小商业银行跨区域发展是按照监管部门的监管评级筛选的结果，所以尽管资本充足率与跨区域发展类型呈正相关关系且在统计上显著（0.390），但本研究并不认为跨区域发展必定提高商业银行的资本充足率，因为监管部门筛选的跨区域发展的商业银行本身就具备较高的资本充足率。

表 5-3　利用赋值法评估跨区域发展对中小商业银行风险影响的结果

自变量	*NPL* 模型 1	σ(*ROA*) 模型 2	*CAR* 模型 3
type_ G	-0. 309 (-3. 88) ***	-0. 061 (-3. 29) ***	0. 390 (2. 45) **
lta	-0. 268 (-2. 40) **	-0. 0002 (-0. 01)	-1. 422 (-6. 37) ***
eoa	-0. 073 (-4. 70) ***	0. 002 (0. 69)	1. 421 (46. 06) ***
loa	-0. 009 (-1. 22)	0. 001 (0. 52)	-0. 125 (-8. 85) ***
lod	0. 028 (5. 82) ***	0. 002 (1. 53)	0. 007 (0. 79)
oca	0. 154 (1. 00)	0. 011 (-0. 30)	-1. 299 (-4. 20) ***
CR_{4}_ *sh*	0. 008 (-1. 89) *	0. 0004 (0. 46)	0. 009 (1. 05)
size_ bd	-0. 026 (-1. 32)	-0. 010 (-2. 21) **	0. 007 (0. 17)
dob	0. 008 (3. 60) ***	-0. 0001 (-0. 10)	-0. 007 (-1. 57)
rdf	-0. 025 (-3. 08) ***	-0. 006 (-2. 65) ***	0. 011 (0. 69)
g	0. 036 (2. 64) ***	0. 001 (0. 47)	-0. 034 (-1. 26)
inf	-0. 021 (-1. 01)	-0. 003 (-0. 62)	-0. 057 (-1. 38)
常数项	6. 671 (2. 69) ***	0. 459 (0. 74)	46. 45 (9. 38) ***
观测个数	1508	1246	1508
R^2	0. 308	0. 079	0. 642
银行家数	165	165	165

注：*** 表示在 1%的统计水平显著；** 表示在 5%的统计水平显著；* 表示在 10%的统计水平显著。

跨省经营、省内跨市经营和市内经营的中小商业银行其不良贷款率依次降低，且资产收益率波动也依次降低，说明跨区域经营范围较宽的中小商业银行面临的风险相对更低。这意味着根据监管评级决定中小商业银行跨区域发展的筛选机制是有效的，被允许跨区域发展的中小商业银行即使在跨区域发展后也依然能保持较低的不良贷款率和资产收益率波动，这表明被监管部门甄别出来的跨区域发展中小商业银行未辜负监管部门的期望，它们在实现跨区域发展后，至少在统计上依然保持着相对更低的不良贷款率和资产收益率波动。

从控制变量的回归结果来看，不良贷款率和资本充足率均随资产规模的扩张（*lta*）而降低，这说明规模扩张可能掩盖了银行从事更高风险经营活动的影响。一方面，银行的不良贷款准备金提取能力及不良资产核销能力通常会随资产规模的上升而增强，规模较大的银行从事的是更消耗资本的高风险经营活动，导致不良贷款余额不断上升，但可以通过加大不良资产核销的力度降低不良贷款率。另一方面，资产规模与资产收益率波动的回归系数为负值（-0.0002），说明规模越大的银行其资产收益率的波动越小，但这种影响在经济上几乎可以忽略且在统计上不显著。

从资产配置来看，中小商业银行的不良贷款率随股东权益比率（*eoa*）的上升而降低，而资本充足率随股东权益比率的上升而上升，这与金融理论是相符的，因为更谨慎的银行会维持相对较高的股东权益比率，也会有更高的资本充足率。但高股东权益比率也可能与银行资产配置、风险分散不充分相对应，且会拉低银行的资产收益，这一点可以从模型 2 中的股东权益比率与资产收益率的波动呈正相关关系得到部分印证，但回归系数在统计上并不显著。对于信贷资产比率（*loa*）来说，与不良贷款率呈负相关关系，在统计上也并不显著；与资产收益率波动呈正相关关系，在统计上也不显著；与资本充足率呈负相关关系。这说明信贷资产比率越高，银行的资本消耗就越多。存贷比（*lod*）与不良贷款率正相关且在统计上显著，这与金融理论是吻合的。存贷比高的商业银行有更高的资产收益率波动和更高的资本充足率，但在统计上并不显著。

从股权结构和公司治理来看，前四大股东持股比例（CR_4_sh）与银行不良贷款率、资产收益率波动及资本充足率都正相关，但在模型 2 和模型 3 中均不显著，即使在模型 1 中显著，但也仅在 10%的统计水平上显著，这说明股权集中的银行其不良贷款率和资产收益率的波动更高。董事会规模（*size_bd*）与银行不良贷款率、资产收益率波动均呈负相关关系，与资本充足率呈正相关，但对不良贷款率的影响在统计上不显著，即使在模型 2 中显著，也仅在 5%的统计水平上显著，这可能是对我国建立股份制中小商业银行的实践时间较短、公司治理机制对商业银行的风险约束机制不完善的现实反映。总体来说，股权结构和公司治理对中小商业银行风险的影响并不显著。

在中观产业层面，银行业发展（*dob*）与不良贷款率呈正相关关系，且在统计上显著，这说明在较好的行业发展阶段，商业银行管理者可能更加乐观，从而积累了较多的不良贷款。而在行业发展不景气的阶段，商业银行管理者可能更加谨慎，因此不良贷款率会相应降低。银行业发展与银行资产收益率的波动、资本充足率均呈负相关关系，但在统计上不显著。直接融资比率（*rdf*）与中小商业银行的不良贷款率和资产收益率的波动均呈负相关关系。由于我国大部分中小商业银行（如城市商业银行和农村商业银行）均被定位为服务地方经济和中小企业，所谓“发展资本市场有利于获取客户‘硬信息’（主要是财务数据）条件的改善、做出更好的信贷决策，从而降低银行风险”（Demirgüç-Kunt & Huizinga，1999）[365]的观点，可能并不适用于我国的中小商业银行。直接融资的低成本优势会吸引潜在优质客户和项目进入，而留给中小商业银行的高风险客户和高风险项目占比均相应上升。因此，随着直接融资比率的升高，中小商业银行不良贷款率越高，资产收益率的波动也越大。

在宏观层面，GDP 增长率（g）与中小商业银行不良贷款率的回归系数呈正相关关系，并且在统计上显著，这说明经济增长在统计上并不利于中小商业银行的风险管理。乐观的银行管理者在经济增长时期会配置更多的高风险资产，而在经济下行期则会更趋谨慎，因此 GDP 增长率可比较充分地反映出我国中小商业银行资产配置的顺周期特征。GDP 增长率与中小商业银行的资产收益率波动呈正相关关系，与资本充足率呈负相关关系，但回归系数均在统计上不显著。最后，通货膨胀无论是对中小商业银行的不良贷款率、资产收益率的波动，还是对资本充足率的影响在统计上都不显著。

2. 利用宽度法和深度法评估跨区域发展对中小商业银行风险的影响

相对不同地域的贷款申请人来说，同一地域范围内的贷款申请人的同质性风险特征更加显著。因此，通过设立异地分支机构进行跨区域发展更有助于商业银行降低异质性风险，而在注册地增设分支机构（加大经营深度）无助于分散异质性风险。根据 Allen 和 Pantzalis（1996）[266]提出的“国际化宽度可提高母公司价值（绩效）深度则是企业价值（绩效）提升的障碍”这一假说，本书提出“跨区域发展宽度有利于银行分散风险而跨区域发展深度不利于银行分散风险”这一可供检验的假设。

在对不同类型跨区域经营中小商业银行风险的差异进行初步认识后，针对当前监管政策主要限制中小商业银行跨省设立分支机构的现实情况，本书进一步用跨省经营宽度指标和深度指标评估跨区域发展对中小商业银行风险的影响。在对模型进行估计时，本书去掉了前面利用赋值法计算的回归系数都不显著的通货膨胀率这一影响因素。① 模型估计结果如表 5-4 所示。

表 5-4 跨省经营宽度、深度对中小商业银行风险影响的评估结果

自变量	*NPL* 模型 4	$\sigma(ROA)$ 模型 5	*CAR* 模型 6
Breadth_ p	-0. 106 (-3. 31) ***	-0. 028 (-3. 45) ***	0. 094 (1. 47)
Depth_ p	0. 005 (2. 95) ***	0. 001 (2. 69) ***	-0. 004 (-1. 14)
lta	-0. 298 (-2. 69) ***	-0. 004 (-0. 01)	-1. 346 (-6. 07) ***
eoa	-0. 080 (-5. 24) ***	0. 001 (0. 38)	1. 432 (46. 71) ***
loa	-0. 009 (-1. 22)	0. 001 (0. 38)	-0. 125 (-8. 81) ***
lod	0. 029 (6. 01) ***	0. 002 (1. 84) **	0. 006 (0. 58)
oca	0. 165 (1. 06)	-0. 009 (-0. 24)	-1. 290 (-4. 15)
CR_4_ *sh*	-0. 007 (-1. 69) *	0. 001 (0. 64)	0. 007 (0. 88)
size_ bd	-0. 033 (-1. 65) *	-0. 011 (-2. 49) **	0. 015 (0. 38)
dob	0. 008 (3. 20) ***	-0. 0002 (-0. 34)	-0. 007 (-1. 45)
rdf	-0. 024 (-2. 98) ***	-0. 006 (-2. 63) ***	0. 010 (0. 59)
g	0. 029 (2. 38) **	0. 0003 (0. 10)	-0. 050 (-2. 04) **
常数项	7. 284 (2. 95) ***	0. 532 (0. 86)	44. 950 (9. 11) ***
观测个数	1508	1246	1508
R^2	0. 297	0. 235	0. 641
银行家数	165	165	165

注：*** 表示在 1%的统计水平显著；** 表示在 5%的统计水平显著；* 表示在 10%的统计水平显著。

回归结果表明，在跨区域经营测度指标中，跨省经营宽度每增加一个省，

① 本书也估计了包含通货膨胀率的模型，发现通货膨胀率在模型中仍然不显著。

不良贷款率可以平均降低 0.11 个百分点，资产收益率的波动下降 0.03 个标准差。这一结论支持了前面提出的“跨省经营宽度有利于中小商业银行风险分散而跨省经营深度则不利于风险分散”的假设。另外，资本充足率也与跨省经营宽度正相关而与跨省经营深度负相关，但在统计上并不显著。控制变量的解释同前，在此不再赘述。

为控制跨区域经营对不同类型银行的影响，特分别对股份制商业银行、城市商业银行和农村商业银行 3 个子样本，选择不良贷款率和资产收益率波动进行稳健性检验。稳健性检验结果和全样本估计结果如表 5-5 和表 5-6 所示。

表 5-5　跨省经营宽度、深度对中小商业银行不良贷款率（*NPL*）影响的稳健性检验

自变量	模型 4（全样本）	模型 7（城市商业银行）	模型 8（股份制商业银行）	模型 9（农村商业银行）
Breadth_ p	−0.106（−3.31）***	−0.393（−5.89）***	−0.103（−1.69）*	−0.105（−0.41）
Depth_ p	0.005（2.95）***	0.023（3.80）***	0.005（2.75）***	0.055（0.48）
lta	−0.298（−2.69）***	−0.068（−0.53）	−0.086（−0.18）	−2.798（−7.74）***
eoa	−0.080（−5.24）***	−0.070（−4.13）***	−0.347（−5.10）***	0.037（0.84）
loa	−0.009（−1.22）	0.001（0.15）	−0.001（0.04）	−0.070（−4.52）***
lod	0.029（6.01）***	0.020（3.30）***	0.001（0.09）	0.006（6.88）***
oca	0.165（1.06）	0.131（0.78）	1.245（1.17）	0.884（1.85）*
CR_4_ *sh*	−0.007（−1.69）*	−0.007（−1.54）	0.013（0.95）	−0.008（−0.59）
size_ bd	−0.033（−1.65）*	−0.035（−1.57）	0.032（0.52）	0.017（0.31）
dob	0.008（3.20）***	0.004（1.53）	0.015（1.42）	0.040（7.28）***
rdf	−0.024（−2.98）***	−0.023（−2.54）**	−0.034（−1.19）	−0.040（−2.59）**
g	0.029（2.38）**	0.028（2.26）**	0.0003（0.10）	0.005（0.95）
常数项	7.284（2.95）***	2.688（0.96）	1.574（0.13）	60.88（7.55）***
观测个数	1508	1061	134	313
R^2	0.297	0.197	0.252	0.345
银行家数	165	114	12	39

注：*** 表示在 1%的统计水平显著；** 表示在 5%的统计水平显著；* 表示在 10%的统计水平显著。

表 5-6　跨省经营宽度、深度对中小商业银行资产收益率波动 [$\sigma(ROA)$] 影响的稳健性检验

自变量	模型 5（全样本）	模型 7（城市商业银行）	模型 8（股份制商业银行）	模型 9（农村商业银行）
Breadth_ p	-0.028（-3.45）***	-0.061（-3.90）***	-0.001（-0.17）	-0.228（-3.46）***
Depth_ p	0.001（2.69）***	0.002（1.17）	0.001（2.29）**	0.022（0.73）
lta	-0.004（-0.01）	-0.023（-0.70）	-0.083（-1.33）	-0.106（1.00）
eoa	0.001（0.38）	-0.0004（-0.03）	0.006（0.61）	0.002（0.17）
loa	0.001（0.38）	0.000（0.03）	-0.009（-2.63）	0.070（1.25）
lod	0.002（1.84）*	0.021（1.39）	0.002（0.73）	0.005（1.58）
oca	-0.009（-0.24）	-0.003（-0.08）	0.101（0.85）	0.056（0.43）
CR_4_ *sh*	0.001（0.64）	-0.0003（-0.29）	0.001（0.94）	0.012（2.66）***
size_ bd	-0.011（-2.49）**	-0.014（-2.71）***	-0.003（-0.46）	0.017（1.18）
dob	-0.0002（-0.34）	0.0004（0.51）	0.015（1.42）	0.040（7.28）***
rdf	-0.006（-2.63）***	-0.0003（0.12）	-0.016（-5.03）***	-0.053（-0.97）
g	0.0003（0.10）	0.028（2.26）**	-	-
常数项	0.532（0.86）	1.041（1.45）	2.674（1.63）	-2.998（-1.27）
观测个数	1246	889	112	245
R^2	0.235	0.207	0.386	0.225
银行家数	165	114	12	39

注：*** 表示在 1%的统计水平显著；** 表示在 5%的统计水平显著；* 表示在 10%的统计水平显著。

表 5-5 结果表明，城市商业银行、股份制商业银行和农村商业银行的跨区域经营宽度对不良贷款率的影响依然维持了预期的符号；跨省经营宽度对城市商业银行不良贷款率的影响相对大于股份制商业银行和农村商业银行，但对农村商业银行不良贷款率的影响在统计上并不显著。因此，跨省域发展最有利于城市商业银行降低信贷风险，其次是股份制商业银行。跨省经营深度对不良贷款率的影响也依然维持了预期的符号；由于城市商业银行多在注册地省域内已设立较多分支机构，如果再增加经营深度反而会提高信贷风险；对股份制商业银行的影响在统计上并不显著；跨省经营深度对农村商业银行信贷风险的影响依然不显著。

表 5-6 结果表明，跨省经营宽度、深度对城市商业银行、股份制商业银行和农村商业银行资产收益率波动的影响依然维持了预期的符号，从而可以确认前面的模型估计稳定的结论。跨省经营宽度更有利于农村商业银行降低资产收益率波动，其次是城市商业银行。而对股份制商业银行来说，这种影响在统计上并不显著。跨省经营深度与三类银行的资产收益率波动都呈正相关，但仅对股份制商业银行资产收益率波动的影响在统计上显著。从中小商业银行跨省发展的实际情况来看，股份制商业银行无论是经营宽度还是经营深度平均要高于城市商业银行和农村商业银行，并且大部分股份制商业银行已经实现全国经营，其经营宽度对其信贷资产风险的影响已经不如对另两类中小商业银行的影响，因此如果进一步提高跨省经营深度，则会导致自身分支机构间的竞争。

下面进一步评估省内跨市经营宽度、深度对中小商业银行风险的影响。其评估结果如表 5-7 所示。

表 5-7　跨市经营宽度、深度对中小商业银行风险影响的评估结果

自变量	*NPL* 模型 13	$\sigma(ROA)$ 模型 14	*CAR* 模型 15
Breadth_ c	−0. 010 (−3. 17)***	−0. 001 (−1. 36)	0. 0004 (0. 06)
Depth_ c	0. 0165 (−2. 95)***	0. 001 (1. 79)*	−0. 003 (−0. 52)
lta	−0. 431 (−4. 03)***	−0. 028 (−1. 06)	−1. 245 (−5. 77)***
eoa	−0. 078 (−5. 08)***	0. 001 (0. 40)	1. 433 (46. 63)***
loa	−0. 010 (−1. 36)	0. 001 (0. 31)	−0. 125 (−8. 79)***
lod	0. 027 (5. 61)***	0. 002 (1. 77)*	0. 006 (0. 62)
oca	0. 063 (0. 41)	−0. 024 (−0. 65)	−1. 220 (−3. 93)
CR_4_ *sh*	−0. 008 (−1. 95)*	0. 005 (0. 46)	0. 009 (1. 02)
size_ bd	−0. 033 (−1. 67)*	−0. 011 (−2. 44)**	0. 018 (0. 30)
dob	0. 007 (3. 02)***	−0. 0002 (−0. 30)	−0. 007 (−1. 53)
rdf	−0. 023 (−2. 90)***	−0. 005 (−2. 40)**	0. 010 (0. 62)
g	0. 029 (2. 46)**	0. 0005 (0. 20)	−0. 051 (−2. 07)**
常数项	7. 284 (2. 95)***	0. 532 (0. 86)	44. 95 (9. 11)***

续表

自变量	*NPL* 模型 13	$\sigma(ROA)$ 模型 14	*CAR* 模型 15
观测个数	1508	1246	1508
R^2	0.218	0.172	0.640
银行家数	165	165	165

注：*** 表示在 1%的统计水平显著；** 表示在 5%的统计水平显著；* 表示在 10%的统计水平显著。

表 5-7 结果表明，从跨市经营宽度（*Breadth_c*）、深度（*Depth_c*）的回归系数符号来看，对中小商业银行信贷资产风险和资产收益率波动的影响同跨省经营宽度和深度产生的影响类似，而跨市经营宽度更有利于中小商业银行降低信贷资产风险和资产收益率波动，后者在统计上不显著。跨市经营的中小商业银行比市内经营的中小商业银行有更高的资本充足率。同样地，跨市经营深度也不利于中小商业银行分散信贷风险和降低资产收益率的波动，但跨市经营深度高的中小商业银行会有更低的资本充足率。同样，本书采用对股份制商业银行、城市商业银行和农村商业银行子样本回归进行模型稳健性检验，检验结果与前类似。为节省篇幅，这里不再报告稳健性检验的回归模型。

3. 利用比例法评估跨区域发展对中小商业银行风险的影响

本研究采用分支机构比例法评估跨区域发展对中小商业银行风险的影响。其估计结果如表 5-8 所示。从回归系数来看，中小商业银行信贷风险与分支机构总数（*tnb*）正相关，与省外分支机构数比例负相关。这似乎与委托代理理论的预期结果一致，即随着分支机构总数的增加，银行的分支机构越来越复杂，委托代理问题可恶化银行信贷资产质量，特别是省外分支机构的增加意味着进入陌生的新市场存在的信息不对称问题也可恶化银行的资产质量，但仅有后者的回归系数在统计上显著。从对资产收益率波动的影响来看，分支机构总数与资产收益率的波动呈非常微弱的正相关关系，省外分支机构数比例与资产收益率的波动呈负相关关系，这意味着要降低资产收益率波动，银行应该提升省外分支机构占比，但二者在统计上均不显著。分支机构总数、省外分支机构比例与资本充足率的相关关系在统计上也不显著。

表 5-8　分支机构总数、省外分支机构占比对中小商业银行风险影响的评估结果

自变量	*NPL* 模型 16	σ(*ROA*) 模型 17	*CAR* 模型 18
tnb	0.0003 (1.33)	0.000 (1.08)	-0.0002 (-0.41)
ratio_ p	0.019 (2.60)***	-0.002 (-1.15)	0.010 (0.70)
lta	-0.509 (-4.40)***	-0.015 (-0.54)	-1.321 (-5.72)***
eoa	-0.080 (-5.23)***	0.001 (0.23)	1.434 (46.73)***
loa	-0.010 (-1.36)	0.001 (0.41)	-0.125 (-8.82)***
lod	0.028 (5.94)***	0.002 (1.92)*	-0.005 (0.57)
oca	0.063 (0.40)	-0.020 (-0.52)	-1.255 (-4.05)***
CR_4_ *sh*	-0.010 (-2.36)**	0.001 (0.54)	0.008 (0.91)
size_ bd	-0.024 (-1.22)	-0.011 (-2.31)**	0.014 (0.34)
dob	0.009 (3.85)***	-0.0003 (-0.44)	-0.007 (-1.42)
rdf	-0.026 (-3.21)***	-0.005 (-2.38)**	0.009 (0.59)
g	0.029 (2.41)**	0.0007 (0.24)	-0.051 (-2.08)**
常数项	7.284 (2.95)***	0.532 (0.86)	44.95 (9.11)***
观测个数	1508	1246	1508
R^2	0.095	0.071	0.640
银行家数	165	165	165

注：*** 表示在 1%的统计水平显著；** 表示在 5%的统计水平显著；* 表示在 10%的统计水平显著。

为避免不同类型银行样本差异带来的影响，本书仍按照前述方法对股份制商业银行、城市商业银行和农村商业银行子样本进行稳健性检验。分支机构总数、省外分支构占比对中小商业银行不良贷款率稳健性的检验结果如表5-9所示。结果显示，三类银行的不良贷款率均随分支机构总数的增加而上升，但在统计上显著。省外分支机构比例倾向于提高城市商业银行和股份制商业银行的不良贷款率，但只有股份制商业银行的回归系数在统计上是显著的；省外分支机构比例倾向于降低农村商业银行的不良贷款率，但在统计上并不显著。本书认为这与现实不相符，因为三类银行中股份制商业银行跨省域经营的历史最长，进入新市场的经验最丰富，但在控制了其他影响因素后，省外分支机构比例对股份制商业银行不良贷款率的影响最显著（0.056）且在统计上显著。稳健性检验的结果差异太明显，表明这种测度银行跨区域发展的方法可能过于简单，很难反映跨区域与委托代理理论之间的联系。鉴于此，本书并不采信利用这种方法得到的结论，也不再对跨市一级层面的分支机构比例进行检验。

表 5-9　分支机构总数、省外分支机构占比对中小商业银行不良贷款率（NPL）影响的稳健性检验

自变量	模型 16（全样本）	模型 19（城市商业银行）	模型 21（股份制商业银行）	模型 22（农村商业银行）
tnb	0.0003（1.33）	0.004（3.55）***	0.001（3.72）***	0.015（2.23）**
ratio_ p	0.019（2.60）***	0.002（0.23）	0.056（3.28）***	-0.085（-0.81）
lta	-0.509（-4.40）***	-0.315（-2.36）**	-1.204（-2.44）**	-2.945（-8.20）***
eoa	-0.080（-5.23）***	-0.072（-4.23）***	-0.273（-4.05）***	0.040（0.92）
loa	-0.010（-1.36）	0.002（0.19）	-0.003（-0.11）	-0.071（-4.63）***
lod	0.028（5.94）***	0.020（3.25）***	0.001（0.04）	0.064（7.03）***
oca	0.063（0.40）	-0.096（-0.57）	0.530（0.52）	0.690（1.43）
CR_4_ *sh*	-0.010（-2.36）**	-0.008（-1.77）*	0.015（1.15）	-0.007（-0.45）
size_ bd	-0.024（-1.22）	-0.028（-1.24）	0.051（0.85）	0.023（0.45）
dob	0.009（3.85）***	0.004（1.26）	0.011（1.04）	0.039（7.12）***
rdf	-0.026（-3.21）***	-0.024（-2.45）**	-0.023（-0.86）	0.040（-2.66）***
g	0.029（2.41）**	0.030（2.41）**	-	-
常数项	7.284（2.95）***	8.819（2.75）***	27.530（2.30）**	61.540（7.81）***
观测个数	1508	1061	134	313
R^2	0.095	0.091	0.314	0.356
银行家数	165	114	12	39

注：*** 表示在 1%的统计水平显著；** 表示在 5%的统计水平显著；* 表示在 10%的统计水平显著。

第四节　跨区域发展与银行业的微观稳健性

商业银行在通过短借长贷解决社会融资、风险管理和资源配置问题的同时也承担了各种风险，期限、利率结构的不匹配、信息不对称等原因决定了商业银行有先天的脆弱性。“次贷危机”暴露出来的金融体系脆弱性，促使国际金融监管机构在《巴塞尔协议Ⅲ》中强化了微观金融改革，希冀通过提升单家金融机构的稳健性来强化金融体系稳定的微观基础。本节基于国际金融监管机构的这种理念，定量评估跨区域发展对我国中小商业银行微观稳健性的影响。

一、分支机构退出与商业银行微观稳健性

经济学家常将竞争视为提升市场效率的重要方式。因为竞争不仅对金融中介降低成本、提供更具差异化的服务起着重要作用，而且存在影响市场结构、企业行为和效率的选择效应、竞争效应和溢出效应，银行破产或退出市场产生的经济福利改善往往可超过破产带来的浪费（Knott & Posen，2005）[369]。因此，竞争的效率改善作用对商业银行业也是如此（Perotti & Suarez，2002）[370]。但很多国家对市场进行自由化和放松管制后，虽然因市场进入的更多促使竞争程度得以提升，但也导致了银行业危机的频繁爆发（Caprio & Klingebiel，1996[371]；Demirgüç-Kunt & Detragiache，1998[55]）。商业银行破产之所以比其他企业破产更受关注，不仅是因为银行破产会让储户存款遭受损失，而且也会扰乱支付体系，打击其他健康银行投资者的信心，浪费借款者的信息资本（Mailath & Mester，1994）[372]。更为重要的是，银行最主要的信贷资产很不透明且容易产生错配，加上消极且高度分散的储户又缺乏足够的激励，并对银行施加抽取存款的市场约束（Perotti & Suarez，

2002)[370]，导致银行破产时极易因财务信息的匮乏触发挤兑恐慌（Park，1991)[373]。因此，日益复杂的业务结构和同业联系会加剧银行破产风险的传染性，甚至会演变成系统性危机，从而导致宏观经济衰退。上述这些因素促使理论研究者和监管实践者被迫在竞争与稳定之间进行权衡。

银行破产意味着储户与银行、银行与其他金融机构之间因原有稳定的债权债务关系可能被破坏而造成损失，其他需要融资的企业也被迫寻求新的融资渠道，与银行建立关系的投资将变成沉没成本。目前，已有大量文献对银行退出市场的不利影响、破产风险的传染机制、如何预警银行风险，并建立包括存款保险制度及最后贷款人等风险防御机制进行研究。银行分支机构因经营困难或亏损退出局部市场时，也可能给其既有客户的便利性和融资带来影响，如 Nguyen（2014)[374]的研究表明，关闭分支机构会对当地信贷供给，特别是新成立的小企业信贷供给产生较大的不利影响，但很少有人关注银行分支机构的退出问题。

由于分支机构并不具有独立的法人资格，在总行授权范围内依法经营时产生的民事责任由总行承担。因此，只要商业银行总行依然持续经营，原有的债权债务关系、客户关系受到的影响相对就要低很多，分支机构退出市场也不会有银行整体破产或退出市场的影响那么大。这也正是我国在对数以万计的城市和农村信用合作组织的商业银行进行改制过程中，未出现挤兑和系统性风险的根本原因。除了增设异地分支机构分散风险外，作为追逐利润的市场主体，主动关闭某些亏损和低效率的分支机构可以让银行运行得更有效率，可节约资本并增强流动性，以避免像单元制银行那样，一旦面临难以抵御的外部市场冲击就必然走向破产的结局，因此分支机构的进出为商业银行抵御破产可提供一个极其重要的缓冲或微观稳健机制。源于此，商业银行根据市场发展和经营状况主动关闭亏损分支机构的市场行为，极少会引致挤兑恐慌和系统性银行危机。

出于对商业银行整体破产潜在高成本的担忧和金融稳定的需要，金融监管部门不得不审慎地制定商业银行市场进出的高制度性壁垒和资本性壁垒，甚至牺牲竞争可能带来的潜在收益，但在对待分支机构的市场退出问题时，则普遍表现得更加宽容。如美国对银行分支机构退出的管制主要针对那些仅有很少分支机构的地区，而对分支机构网络密集地区的银行分支机构的退出则管制得较少。从我国银行业市场进出的法律制度和监管实践来看，《中华人民共和国商业银行法》对银行及其设立分支机构进入市场都有严格的准入规则，对银行监管和终止也有明确的程序，但对分支机构退出市场并没有太多制度性限制。在过去的 40 多年中，我国虽然极少有商业银行破产的案例发生①，但那是因为银行分支机构退出市场时和其他非金融企业退出市场一样并不引人关注。据统计，2017 年我国共有 2021 个商业银行分支机构退出市场。其中，大型商业银行分支机构退出市场的有 847 个，股份制商业银行分支机构退出市场的有 474 个，城市商业银行分支机构退出市场的有 285 个，农村商业银行分支机构退出市场的有 367 个（不含农村信用合作社），外资商业银行分支机构退出市场的也有 48 个。

二、跨区域发展与中小商业银行的微观稳健性实证分析

1. 微观稳健性的测度

长期以来，测度商业银行的脆弱性是学术界和监管者们感兴趣的一个重要问题，特别是金融危机后，模型化商业银行的风险是金融理论和经验文章的焦点（Brunnermeier，2009[375]；Danielsson，Shin & Zigrand，2010[376]）。目前，学术界已产生众多测度模型和方法，如基于银行分支机构的存款数据，Aguirregabiria，Clark 和 Wang（2014）[178]提出了一个计算地理风险分散概率的地理风险分散测度因子模型；基于 Merton（1974）[377]或有要求权框架的银行违约风险测度方法将公司股权价值视为公司资产的看涨期权，用违约距离

① 极少数的案例，如因支付危机被关闭破产清算的海南发展银行。

（企业资产价值与账面负债之差除以企业资产价值的标准差）测度银行违约概率方法，并被广泛应用于测度商业银行的违约风险（如 Bongini，Laeven & Majnoni，2002[378]；Hillegeist，Keating & Cram et al.，2004[379]；Bartram，Brown & Hund，2007[380]；Campbell，Hilscher & Szilagyi，2008[381]；Hovakimian，Kane & Laeven，2012[382]；Angkinand，Sawangngoenyuang & wihlborg，2010[383]；Angi-ner，Demirgüç-Kunt & Zhu，2014[215]等）。尽管这两种方法对测度商业银行跨区域经营风险都有其独特优势，但也对数据提出了较高的质量要求。此外，基于市场的银行违约概率测度则仅适用于上市的商业银行。由于数据集中存在大量非上市城市商业银行，且几乎都不披露各分支机构的存贷款数量，因此这两种方法并不适用于本分析。本研究采用另一种相对适用性更强的Z-评分法。

Z-评分法基于银行财务数据测度银行的破产距离（Roy，1952）[384]，并被广泛用于测度银行的违约风险（或破产概率）（如 Laeven & Levine，2009[361]；Demirgüç-Kunt & Huizinga，2010[348]；Houston et al.，2010[385]；Beck，De Jonghe & Schepens，2013[296]）。这种方法相对来说简单易行，且仅要求财务数据，因此非常适合研究存在大量非上市银行样本的风险测度。例如，邹朋飞和欧阳青东（2011）[214]，徐明东和陈学彬（2012）[386]，杨天宇和钟宇平（2013）[303]等少数文献采用Z-评分法测度银行的违约风险。其他研究如范香梅、邱兆祥和张晓云（2010，2011）[255,270]采用不良贷款率（*NPL*）、不良贷款准备金率和资本充足率等进行因子回归来综合衡量银行风险；王海霞（2009）[387]在运用不良贷款率衡量银行风险的同时，还采用资本充足率衡量银行风险；曹廷求和张光利（2011）[275]，刘飞（2011）[388]，位华和陈丽萍（2012）[274]基于CAMEL评级体系（资本充足率、资产质量、管理能力、盈利能力和流动性）采用 Logit 模型测算银行违约概率。另外，位华和陈丽萍（2012）[274]还采用杠杆比率衡量银行的风险状况；王擎、吴玮和黄娟（2012）[321]，陈其安和黄悦悦（2011）[389]采用不良贷款率衡量银行风险。这些风险测度方法相对简单，对数据可得性差且存在大量非上市中小商业银行的我国银行业风险测度来说非常实用。鉴于数据的可得性，为避免采用单一指标测度银行风险产生偏差，本书主要采用基于财务数据的Z-评分、不良贷款率建立计量模型。

在法律层面和技术层面，银行破产通常被定义为资不抵债，即损失超过股本的状态（$E < -\pi$），其中 E 为股本，π 为利润。破产概率可以表述为 $prob(-ROA < ROE)$，其中 $ROA = \pi/A$，即资产收益率，ROE 为净资产收益率或股东权益比率。为消除税率的影响，计算净利润时可采用税前净利润。按照 Laeven 和 Levine（2009）[361]，Demirgüç-Kunt 和 Huizinga，2010[348]，Houston 等，2010[385]，Beck，De Jonghe 和 Schepens，2013[296] 的做法，Z-评分计算如下：

$$Z_{it} = \frac{(ROA_{it} + ROE_{it})}{\sigma\,(ROA)_{it}} \tag{5-1}$$

式中，$\sigma(ROA)$ 为 ROA 的标准差。

2. 数据与计量模型

如果利润呈正态分布，则破产概率的倒数等于Z-评分。高Z评分意味着银行更稳定，因为 Z 评分值的概率分布是相对标准正态分布偏左边或偏右边，而其自然对数呈正态分布。因此，下文采用Z-评分的自然对数（用 lnz 表示）测度银行的违约概率。lnz 的描述性统计量表如表5-10所示。

表5-10　*lnz* 的描述性统计量表

变量名称	变量含义	最小值	最大值	均值	标准差
lnz	Z-评分的自然对数	-0.092	8.287	4.754	0.974
lnz_ 1	*lnz* 的一阶滞后值	-0.092	8.287	4.753	0.973

为了评估跨区域发展对中小商业银行微观稳健性的影响，这里继续使用公式（5-1）进行计算，但需将因变量变为测度银行微观稳健性的Z-评分的自然对数，其他解释变量同前一节，即

$$lnz_{it} = f(GeoDiv_{it},\ Z_{it}) + \varepsilon \tag{5-2}$$

为了解决公式（5-2）中解释变量可能存在的内生性问题，控制变量中增加了 *lnz* 的一阶滞后值。本书先用全样本进行估计（见模型 23），再分别对股份制商业银行、城市商业银行和农村商业银行子样本进行估计，以进行稳健性检验（见模型 24 至模型 26）。估计结果如表 5-11 所示。

表 5-11　跨省经营宽度、深度与中小商业银行微观稳健性

自变量	模型 23（全样本）	模型 24（城市商业银行）	模型 25（股份制商业银行）	模型 26（农村商业银行）
lnz_ 1	0.280（9.31）***	0.277（7.78）***	0.314（3.61）***	0.234（3.16）***
Breadth_ p	0.171（4.33）***	0.322（3.76）***	0.044（0.77）	0.729（2.72）***
Depth_ p	-0.006（-3.51）***	-0.011（-1.88）*	-0.004（-2.77）***	-0.046（-0.42）
lta	0.395（3.43）***	0.488（3.44）***	0.426（1.43）	-0.889（-1.90）*
eoa	-0.094（-5.64）***	-0.085（-4.59）***	-0.140（-1.63）	-0.157（-3.32）***
rdf	0.052（5.40）***	0.041（3.48）***	0.108（4.75）***	0.064（2.88）***
dob	-0.016（-6.33）***	-0.017（-5.40）***	-0.016（-2.30）**	-0.001（-0.10）
常数项	-3.618（-1.50）	-5.451（-1.89）*	-6.144（-0.87）	24.980（2.40）**
观测个数	1099	788	112	245
R^2	0.209	0.214	0.470	0.206
银行家数	165	114	12	39

注：*** 表示在 1%的统计水平显著；** 表示在 5%的统计水平显著；* 表示在 10%的统计水平显著。

3. 实证结果分析

从模型 23 的回归结果来看，*lnz_ 1* 的回归系数在经济上和统计上显著，说明前期 Z-评分较高的银行 1 年后仍然会有较高的 Z-评分，跨省经营宽度对 Z-评分的半弹性为 0.171，而跨省经营深度对 Z-评分的半弹性为-0.006，且在统计上都很显著。这说明中小商业银行的微观稳健性随跨省经营宽度的变大而更加稳定，但中小商业银行跨省经营深度加深反而会降低银行的微观稳健性，进一步印证了关于跨省经营宽度和深度对银行风险的影响结果。在控制变量中，资产规模扩张有利于提升中小商业银行的微观稳健性，回归弹性为 0.395。股东权益比率（*eoa*）的上升并不利于中小商业银行提高微观稳健性，这意味着中小商业银行还需要适当降低股东权益比率来增加风险资产组合的收益，以提高风险抵抗能力。值得注意的是，中小商业银行的微观稳健性与直接融资比率正相关，这与 Demirgüç-Kunt 和 Huizinga（1999）[365]“资本市场发展可改善银行获取信息的质量，有利于银行做出正确的贷款决策从而降低风险”的结论一致。而中小商业银行微观稳健性与银行业发展（*dob*）呈负相关的关系表明，由于信贷融资依然是我国非金融企业最重要的融资渠道，看似中小商业银行在国民经济中的作用越来越重要，但也集中了更高的风险。

根据对不同类型商业银行进行稳健性检验的回归结果表明，*lnz_* 1 的回归系数依然在统计上显著，而股份制商业银行跨省经营宽度的影响在统计上不显著，农村商业银行跨省经营深度在统计上也不显著。但三类银行的微观稳健性均与跨省经营宽度正相关，而与跨省经营深度负相关，由此可以得出模型稳健的基本结论。

用跨市经营宽度和深度、注册地省外和市外分支机构占比拟合模型（5-3）的结果如表 5-12 所示。

表 5-12 跨市经营宽度和深度、注册地省外和市外分支机构占比与中小商业银行微观稳健性

自变量	模型 27	模型 28	模型 29
*lnz_* 1	0.283（9.33）***	0.286（9.47）***	0.290（9.56）***
Breadth_ c	0.008（2.18）**		
Depth_ c	−0.008（−2.67）***		
ratio_ p		0.020（2.39）**	
ratio_ c			0.000（0.02）
lta	0.500（4.39）***	0.422（3.57）***	0.489（3.75）
eoa	−0.093（−5.55）***	−0.090（−5.39）***	−0.92（−5.47）***
rdf	0.051（5.19）***	0.050（5.07）***	0.051（5.17）***
dob	−0.016（−6.28）***	−0.016（−6.39）***	−0.017（−6.66）***
常数项	−5.663（−2.35）**	−3.912（−1.57）	−5.308（−1.88）*
观测个数	1099	1099	1099
R^2	0.199	0.197	0.193
银行家数	165	165	165

注：*** 表示在 1%的统计水平显著；** 表示在 5%的统计水平显著；* 表示在 10%的统计水平显著。

模型 27 的回归结果表明，衡量中小商业银行微观稳健 Z-评分自然对数 *lnz* 依然与其一阶滞后值 *lnz_* 1 正相关且在统计上显著。*lnz* 与跨市经营宽度正相关而与跨市经营深度负相关，且都在统计上显著。因此，提高跨市经营宽度可提高中小商业银行的微观稳健性，但在提高跨市经营深度时效果相反。

模型 28 的回归结果表明，中小商业银行微观稳健性与省外分支机构数占比正相关，说明增设省外分支机构可提升中小商业银行的微观稳健性。

模型 29 的回归结果表明，中小商业银行的微观稳健性与市外分支机构占比正相关，但在统计上不显著。

综合起来，跨区域经营宽度总体上有助于改善中小商业银行的微观稳健性，但跨区域经营深度对中小商业银行微观稳健性的影响恰好相反。相对来说，跨省经营宽度的微观稳健性改善效果要优于跨市经营宽度。

三、跨区域市场竞争与商业银行微观稳健性

正如第四章分析所表明的，中小商业银行通过分支机构参与市场竞争，可提高我国商业银行业市场竞争程度。这里基于前述市场竞争 Lerner 指数的估计结果，从中小商业银行跨区域发展的市场竞争机制视角，定量评估我国商业银行业的“市场竞争与银行业稳定”这一经典命题（Perotti & Suarez, 2002）[370]。

仍然用 Z-评分的自然对数 *lnz* 衡量银行业的微观稳健性，解释变量包括 *lnz* 的一阶滞后值、Lerner 指数和前述银行风险的影响因素。数据集由 5 家大型商业银行、12 家股份制商业银行、114 家城市商业银行和 39 家农村商业银行，共 170 家银行组成。模型估计结果如下：

$$
\begin{aligned}
lnz = {} & \underset{(9.58)}{0.280 \times lnz\_1} + \underset{(7.00)}{3.666 \times li} + \underset{(2.12)}{0.304 \times lta} - \underset{(-6.58)}{0.111 \times eoa} + \underset{(2.05)}{0.017 \times loa} + \underset{(0.41)}{0.002 \times lod} + \\
& \underset{(1.29)}{0.225 \times oca} + \underset{(6.66)}{0.063 \times rdf} - \underset{(-4.61)}{0.012 \times dob} - \underset{(-1.21)}{0.015 \times g} + \underset{(1.20)}{0.023 \times inf} + \underset{(0.33)}{0.002CR4\_sh} + \\
& 0.022 \times Size\_bd - 5.486
\end{aligned}
$$

(1.08)　　　　(-1.68)　　　　(5-3)

$R^2=0.245$，观测个数=1140，银行家数=170

与第三节的估计结果类似，前期稳定的银行在当期依然比较稳定且在统计上显著。市场竞争程度 li 的回归系数表明，银行业的稳健性与市场竞争高度正相关，这说明本研究的数据集支持中小商业银行跨区域发展导致的市场竞争—稳定假说。

第六章　中小商业银行跨区域发展的效率效应

跨区域发展是一个经济地理空间的概念。商业银行跨区域扩张的历程表明，银行既可以集中在一个狭窄的地域范围内经营（如我国原城市信用合作社、农村信用合作社和美国的单元制银行），也可以在非常大的地理范围经营（如在一国的地理版图内乃至跨国经营和全球化经营）。跨区域发展既是商业银行业务经营的内在要求（扩大规模是中小商业银行适应市场竞争、提高市场地位的重要载体），也是监管政策和激励机制等多重因素深刻影响的结果。鉴于此，本章首先剖析中小商业银行跨区域发展扩张规模的动机；其次采用传统的财务指标法和随机前沿法（Stochastic Frontier Approach，SFA）定量估计中小商业银行的效率，并建立计量经济模型评估中小商业银行跨区域发展的效率效应，为政策制定者和中小商业银行的跨区域发展决策提供定量的参考依据。

第一节　跨区域发展改善中小商业银行效率的市场机制

一、商业银行的规模经济特性

区别于其他金融企业和非金融企业，商业银行的主要活动包括：提供交易结算账户、创造流动性并充当货币政策的传导渠道（Berger，Molyneux & Wilson，2015[390]）；通过收集信息、筛选和监督借款人等措施降低借贷双方因信息不对称导致的逆向选择和道德风险；进行支付清算（Bhatia et al.，2018[391]）。高效率的商业银行可促使存、贷双方的需求以更低成本实现，并可促进经济的发展。

从成本管理的角度来看，商业银行将小额的流动性存款转换为大额的低流动性贷款、提供交易结算账户、进行支付清算及借贷双方信息收集处理等业务活动，均具有显著的规模经济特性。例如，随着服务客户群体的增加，商业银行可以降低诸如账户服务、信息处理等经营活动的平均可变成本，从而增加商业银行的规模扩张动力。Murphy 和 Orgler（1982）[392]，Doukas 和 Switzer（1991）[393]，Zardkoohi 和 Kolari（1994）[394]等人对银行分支机构成本函数进行研究后发现，银行分支机构存在规模经济。例如，利润最大化的银行会通过增设分支机构降低银行成本，在为更多客户提供便利的同时可获得更多收益（Berger，Leusner & Mingo，1997）[395]。地方性银行进行一定水平的分支网络扩张可以降低成本无效率（Harimaya & Kondo，2016）[396]。高效率银行分支机构带来的好处会促使银行管理层复制分支机构的成功运营模式，设置更多分支机构、并购其他低效率银行，并将其转变为子公司或者分支机构。Flannery（1984）[397]为限制跨区域经营的美国单一银行的投入无效率和配置无效率且带来繁重的社会成本提供了经验证据，与那些没有分支机构设立限制的州相比，在限制设立分支机构的州中，小银行成本相对更高。Berger 等（2000）[498]对银行业地域一体化进行研究后表明，银行能利用规模经济的成本降低来提高效率，如银行总行向其国外附属机构输出优良的管理策略则可以提高组织绩效。

二、跨区域发展与竞争效率假说

商业银行业面临包括价格、业务范围、风险承担、资本和经营地域等大量管制措施。Flannery（1984）[397]，Jayaratne 和 Strahan（1998）[399]，Kroszner 和 Strahan（1999，2014）[21,400]对美国银行业的研究表明，限制设立分支机构保护小银行免于与更高效的银行组织进行竞争，分支机构管制措施倾向于降低效率。批评者强烈反对“限制商业银行运营地域范围”措施的原因是这种管制会导致成本上升、利润减少（Schranz，1993[401]；Hubbard & Palia，1995[402]）和较低的效率（Jayaratne & Strahan，1998[399]）。正如美国《1991年总统经济报告》（*Economic Report of the President of* 1991）中所指出：“限制州级分支机构的保护、限制多元化效率，这些限制是金融部门效率、利润、安全和稳健的障碍。因此，政府部门建议法律允许跨州经营和设立分支机构。”与美国放松跨区域设立分支机构管制措施以提升银行业效率的初衷一样，欧盟实施的金融自由化政策也期望消除竞争障碍以提升效率（De Carvalho，De Paula & Williams，2015）[403]。

按照“安逸生活假说”（Quiet Life Hypothesis），在缺乏竞争的市场中，垄断势力允许商业银行管理者以随意支出或降低努力程度等方式享受部分垄断租，从而导致市场的无效率。例如，Casu 和 Girardone（2009）[404]对欧洲商业银行的研究、Koetter 和 Vins（2008）[405]对德国商业银行的研究、Schaeck 和Čihák（2008，2014）[212,315]对欧洲国家和美国商业银行的研究、Coccorese 和 Pellecchia（2010）[406]对意大利商业银行的研究均支持“生活安逸假说”。

与之对立的是，源于“效率结构假说”（Efficient Structure Hypothesis，ESH，Demsetz，1973[221]）的“竞争效率假说”认为，增强市场竞争能导致商业银行的效率提升。① 市场竞争机制的重要作用是将资源从低效率银行再配置给高效率银行，实现市场的优胜劣汰，而跨区域发展显然是增强商业银行市场竞争的重要方式。Chen（2007）[407]，Dick 和 Lehnert（2010）[408]的研究认为，竞争确实可提高商业银行业的借款效率。Acharya，Imbs 和 Sturgess（2011）[409]的研究发现，放松分支机构的进入管制后确实存在部门层次的资源

① “效率结构假说认为，竞争良好的市场中，高效率商业银行的市场份额较高，进而利润也会相应较高，或者说银行的高利润是成本（或规模）效率产生的经济租而非市场势力带来的垄断租。

再配置效应。Marius Andrieş 和 Căpraru（2014）[295]对欧盟 27 国进行研究后认为“竞争效率假说”在统计上是显著的。

在经验层面，Stiroh 和 Strahan（2003）[208]检验了美国银行业放松管制措施后竞争提升的影响情况，发现由于竞争的再配置效应，资产从低效率银行转移给绩效更高的银行，使银行的相对绩效在放松跨区域管制后显著快速上升。Dick（2006）[257]认为，低效率银行被迫减少市场份额甚至退出市场，从而允许存活下来的银行可分享更大的市场，允许在全美范围内设置分支行的《1994 年里格尔-尼尔州际银行业务和分支机构效率法案》（*The Riegle-Neal Interstate Banking and Branching Efficiency Act of* 1994）导致银行利润效率的提高，这与 Demsetz 和 Strahan（1997）[305]，Berger 和 Mester（2003）[410]“美国银行业在 1990 年的生产成本下降和生产效率的提高”的论断一致。因此，解除区域设立分支机构的管制措施后，美国银行业的效率得以改善。

三、跨区域发展的其他考量

从风险管理的角度来看，在杠杆率给定的前提下，更大规模的商业银行意味着可用于缓冲不良贷款影响的资本和资产更多，因此中小商业银行有足够动力不断进行规模扩张，而设置分支机构是扩大规模的有效途径之一。绝大部分城市商业银行表现出规模不经济，这表明我国城市商业银行进行规模扩张并非为了追求规模经济（邹朋飞，2008）[411]，但这至少可为化解股份制改造后遗留下来的不良贷款起到重要作用。如果公共机构和商业银行相信“大而不倒”且或明或暗地得到政府金融安全网提供的隐性担保、补贴等保护时（Boyd & de Nicoló，2005）[209]，则中小商业银行更有动力进行规模扩张，以获得国家金融安全网的保护。

从监管政策层面来看，我国商业银行业长期实行比较严格的进入管制，不仅有较高的市场进入资本和技术壁垒，还存在较高制度壁垒，并对商业银行设置境外分支机构、上市等设置了与规模挂钩的监管措施。如《中国银监会中资商业银行行政许可事项实施办法》（中国银行业监督管理委员会令〔2015〕第2号，本办法在2017年进行了修改）规定，中资商业银行申请投资设立、参股或收购境外机构时，申请人前1年末资产余额应达到1000亿元人民币以上。商业银行在发放贷款时，不仅要满足贷存比不超过75%的资产负债比例管理规定，并且《中华人民共和国商业银行法》也规定，对同一借款人的贷款余额与商业银行资本余额的比例不得超过10%。政策的初衷是促使中小商业银行分散风险，并尽可能多地发挥服务中小微企业和服务地方经济发展的作用。贷款集中度这一资产负债比例管理规定的基础是，大数定律和资产组合理论。一方面，我国当前的产业布局日趋集中且区域性特征明显，对局限于狭窄地域空间运营的中小商业银行来说，企业数量有限且可能高度集中于某一行业，从而决定商业银行必须在不违背集中度监管指标、承担较高系统性风险、进行地域扩张分散系统性风险或违背集中度监管指标向大企业贷款等方面进行选择。博弈的结果是，促使地方政府和商业银行高管在银行上市、为大型项目提供贷款等方面的激励机制高度契合，从而进一步推动地方性中小商业银行为达到监管条件进行规模扩张（邹朋飞，2008）[413]。另一方面，我国金融机构的地域分布不平衡特征还比较明显，西部地区和欠发达地区银行业分支机构分布密度明显低于东部和发达地区。因此，地方政府为促进本地经济发展或谋求政绩而增设商业银行分支机构、为银行上市制定激励措施，这反映了鼓励银行进行地域扩张和规模扩张的需求较高。

在我国，大部分中小商业银行已经进行了股份制改造。从激励机制层面来看，大部分中小商业银行高管既有政府行政级别的激励，也有市场化的薪酬激励措施。除了不良贷款率等风险控制指标外，资产规模增长、向当地企业发放贷款也是银行高管薪酬合约中的重要考核指标，且其占据的比重非常高。通过增设分支机构做大存款规模和信贷规模，既可以完成规模考核指标，也可以借助规模扩张完成相应的风险考核指标，而规模指标和风险指标的强关联性可决定商业银行高管是否有强烈动机进行规模扩张以获得货币激励。

第二节　商业银行效率的估计方法

长期以来，效率变化是国内外学者高度关注的重点研究主题，是商业银行所有者制定高级管理人员薪酬等激励政策的重要考核指标之一，是银行业监管部门政策制定和政策评价的重要基础。现有经验研究已发展形成多种效率估计方法，本节对银行经验研究中常用的效率估计方法进行简要的回顾。效率估计方法包括传统财务绩效指标法、市场测度法和前沿函数法等。

一、传统财务绩效指标法

在已有经验研究中，杜邦财务绩效指标常被用作效率的代理变量，并通过主要的财务比率关系综合评估企业的财务状况和经营效率。例如，资产收益率（Retarn on Assets，ROA）和净资产收益率（Return on Equity，ROE）依然被广泛用作商业银行的效率代理变量，相关文献可参见 Jouida，Bouzgarrou 和 Hellara（2017）[412]，Cai、Xu 和 Zeng（2016）[413]，Lee、Hsieh 和 Yang（2013）[414]，Tan（2014）[281]，Dedu 和 Chitan（2013）[415]，Adams 和 Mehran（2011）[416]，Peni 和 Vähämaa（2012）[417]，Berger、Hasan 和 Zhou（2010）[177] 等人的研究。国内也有很多文献采用这种方法，可参见艾洪德和周继燕（201 5）[418]，张涤新和邓斌（2013）[419] 等人对银行绩效的研究。也有部分学者，如 Pathan 和 Faff（2013）[420] 使用平均资产收益率、平均股权收益率等的变形作为银行绩效的代理变量。在经验层面，Liang，Ching 和 Chan（2013）[269] 通过对在 2000—2007 年期间的 45 家欧洲跨国银行进行分析后发现，跨国经营的深度和宽度与银行的资产收益率正相关，跨国经营深度与银行的净资产收益率正相关。商业银行是主要以赚取利差为目的的特殊企业，因此净利差（Net Interest Margin，NIM）也常被用作银行效率的代理变量，如可参见 Cai，Xu 和 Zeng

(2016)[413]，Tan (2014)[281]，Pathan 和 Faff (2013)[420]等人的相关文献。而 Demirgüç-Kunt 和 Huizinga (1999)[365]，Amba 和 Almukharreq (2013)[421]等人则用边际利润评估商业银行的盈利能力。

财务绩效指标法的优势是比较容易获取相关数据，但通常也因为仅能反映短期的效率变化而招致批评，并被冠以传统的前缀。如 Haw 等 (2010)[422]、Dietrich 和 Wanzenried (2011)[367]指出，净资产收益率容易受资本结构的影响，即有较高水平权益比率（或较低杠杆率）的银行其资产收益率也较高，但净资产收益率较低，并且净资产收益率忽视了与较高杠杆及对杠杆管制有关的高风险。因此，净资产收益率可能不是盈利能力的一个良好代理指标。

二、市场测度法

市场测度法主要基于股票市场的反应间接评价企业的效率。如果市场是有效的，则企业的高效率就会在股票价格中得到充分反映，即表现为股票溢价。目前，被广泛用来评估企业效率的测度方法为 Tobin Q 值法。其定义为：Tobin Q=（市场价格×流通股股数+总资产-普通股账面价值）/总资产。如 Liang，Ching 和 Chan (2013)[269]的研究发现，跨国经营深度与银行 Tobin Q 值呈正相关关系。Adams 和 Mehran (2012)[423]对一个长达 34 年跨度的数据集进行研究后发现，董事会的独立性与利用 Tobin Q 衡量的绩效无关，但董事会规模与 Tobin Q 值正相关。另外，Peni 和 Vähämaa (2012)[417]，Jalal 和 Prezas (2012)[424]等人也采用 Tobin Q 值作为绩效的代理变量。

相对传统财务绩效指标法来说，市场测度法有更强的理论基础，但也存在一些缺陷。一方面，如市场测度法需要评估企业的市值，因此并不适用包含非上市银行的样本（Jouida，Bouzgarrou & Hellara，2017）[412]。另一方面，市场测度法对市场有效性前提的假设比较苛刻，效率可能只是导致股权溢价的一部分，Tobin Q 比率可能还反映了诸如并购、政策变化、内幕交易、非理性交易等行为。尽管 Beccalli，Casu 和 Girardone（2006）[425]在研究股票绩效的变化能否被营运效率解释时，认为银行股票价格的变化可以反映经营效率的变化，以及 Fu，Lin 和 Molyneux（2014）[426]对在 2003—2010 年期间的 14 个亚太国家的大样本进行研究后发现，股东利益与成本和利润效率的改善正相关，但 Liadaki 和 Gaganis（2010）[427]对在 2002—2006 年期间的 15 个欧盟国家共 171 家银行进行的研究后发现，利润效率对银行股票价格有正向且显著的影响，而成本效率的变化与股票收益率没有关系。

三、前沿函数法

因为传统财务绩效指标法仅能刻画短期效率的不足，所以自效率测度概念及现代经验方法提出以来（Farrell，1957[428]；Färe & Lovell，1978[429]），各国研究人员开始热衷于将这些方法应用于商业银行等金融机构的效率测度领域。归纳起来，效率估计的现代方法主要包括参数估计随机前沿分析法（SFA）、非参数估计的数据包络分析法（DEA）和半参数估计法等（Bhatia et al.，2018）[391]。其中，参数估计随机前沿分析法（SFA）和数据包络分析法（DEA）的效率估计值比较接近，但基于数学规划的 DEA 效率估计值偏低且较分散。Berger、Hunter 和 Timme（1993）[430]，Berger 和 Humphrey（1997）[305]，Berger 和 Mester（1997）[431]等研究人员对这些估计方法的优劣进行了中肯的比较和评价，Paradi 和 Zhu（2013）[432]，Bhatia 等（2018）[391]对商业银行效率估计的文献进行了系统的研究和综述。大量研究表明，规模和产品组合的低效率相对较小，导致银行成本的增加小于 5%，而 X-无效率导致银行成本增加 20%～25%（Berger，Leusner & Mingo，1997）[395]。Allen 和 Rai（1996）[433]对在 1988—1992 年期间的 15 个国家银行效率进行研究后表明，银行投入的 X-无效率普遍超过用规模经济和范围经济测度的产出无效率。

在已有经验文献中，通常采用超越对数函数（Trans-log Function）、广义超越对数函数（Box-Cox Function）及傅立叶柔性函数（Fourier Flexible Function）

等方法估计商业银行的前沿效率生产（或成本）函数。超越对数函数具有齐次性、可替代性和可分离性（Kumbhakar，Wang & Horncastle，2015）[434]等特点，因限制条件较少且对数据要求不高而最受青睐（徐传谌和齐树天，2007）[435]。因此，本书采用随机前沿函数 SFA 方法估计中小商业银行效率。

考虑一个三种投入、两种产出的商业银行超越对数成本前沿函数：

$$\ln C = \alpha + \beta_j \sum_{j=1}^{2} \ln y_j + \frac{1}{2}\beta_{jk} \sum_{j=1}^{2} \sum_{k=1}^{2} \ln y_j y_k + \frac{1}{2}\beta_{kl} \sum_{k=1}^{3} \sum_{l=1}^{3} \ln p_j p_k + \beta_{jl} \sum_{j=1}^{2} \sum_{l=1}^{3} \ln y_j p_l + u + \varepsilon \tag{6-1}$$

式中，C 为商业银行的总成本，y_j 为商业银行的第 j（$j=1$，2）种产出数量，p_k 为商业银行第 k（$k=1$，2，3）种投入要素的价格，β_j、β_{jk}、β_{kl}和 β_{jl}为待估计参数，ε 为假设为 $i.\ i.\ d.$ 的、服从标准正态分布 N（0，σ_v^2）且独立于误差成分 u 的随机误差项。

超越对数成本前沿函数估计方法的差异取决于是否对误差成分做出分布假设，如包括厚前沿方法（Thick Frontier Approach，TFA，Berger & Humphrey，1991）[436]在内的自由分布法（Distribution-Free Approach）不对误差成分 u 做出分布假设，但参数法需要先对误差成分 u 做出特定的分布假设，如半正态分布（Aigner，Lovell & Schmidt，1977）[437]、截尾正态分布（Truncated - Normal Distribution，Coelli，1996）[438]、指数分布（Meeusen & van den Broeck，1977）[439]和 Gamma 分布等，再采用极大似然法进行相关的参数估计。

在进行具体估计时，需对式(6 - 1) 施加如下对称性约束条件 $\beta_{jk} = \beta_{kj}$ 及价格齐次性约束条件：

$$\sum_j \beta_j = 1,\quad \sum_j \beta_{jk} = 0 \, \forall k,\quad \sum_j \beta_{ji} = 0 \tag{6-2}$$

施加价格齐次性约束条件的一个简单做法是，任意选择一种要素价格 $p_{j,i}$ 来正规化 y，且其他投入要素价格都除以 $p_{j,\ i}$。

在式（6-1）中，若假定待估计的效率项 u 服从截尾正态分布 $|N(0, \sigma_V^2)|$ 的 $i.\,i.\,d.$ 非负随机变量，则可将相对于成本前沿的相对效率定义为：

$$eff_i = E(C_i^* / U_i, \ X_i) / E(C_i^* / U_i = 0, \ X_i) \tag{6-3}$$

在成本函数的情形中，eff_i 介于［1，+∞］之间，eff_i 的估计值越大表示相对于最小成本生产过程中的无效率越多，则式（6-3）中的成本效率可被定义为 $\exp(u_i)$ 和 $\exp(-u_i)$（Coelli，1996）[438]。

式（6-1）中成本函数情形的一个副产品是通过求偏导数可以得出如下规模效率的计算公式：

$$Eff_{scale} = \frac{1}{\sum_{i=1}^{2} \partial \ln C / \partial \ln(q_i)}$$

$$= \frac{1}{\sum_{i=1}^{2} \left[\beta_i + 0.5 \sum_{k=1}^{2} \varphi_{ik} \ln(q_k) + \sum_{j=1}^{m} \delta_{ij} \ln(p_j)\right]} \tag{6-4}$$

估计超越对数前沿函数并计算规模效率并不是本研究的主要目的，本书更感兴趣的问题是跨区域发展是否会导致无效率提高。鉴于此，将式（6-3）定义的效率取倒数，令：

$$\exp(-\eta) = E(C_i^* \mid U_i = 0, \ X_i) / E(C_i^* \mid U_i, \ X_i) \tag{6-5}$$

在成本函数的情形中，与 Coelli（1996）[438]定义的效率刚好相反，由式（6-5）得到的值介于 0~1 之间，直观的解释是 $\exp(-\eta)$ 取值越大表示成本效率越高。基于如下近似转化，就可得到 Kumbhakar，Wang 和 Horncastle（2015）[434]定义的无效率项 η 的估计值：

$E(C_i^* \mid U_i = 0, \ X_i) / E(C_i^* \mid U_i, \ X_i) - 1 = \exp(-\eta) - 1 \approx \eta$，进而

$\eta = \ln[E(C_i^* \mid U_i = 0, \ X_i)] / \ln[E(C_i^* \mid U_i, \ X_i)]$，得到：

$$100 \times \eta = 100 \times \ln\left(\frac{E(C_i^* \mid U_i = O, \ X_i)}{E(C_i^* \mid U_i, \ X_i)}\right) \tag{6-6}$$

因为式（6-3）定义的效率 eff_i 是介于［1，+∞］之间的，则式(6-5)中的 η 是取值介于 0~1 之间的一个小数，则式（6-6）中的 $100 \times \eta$ 是由于技术无效率、X 无效率导致成本增加的百分比，或无效率导致实际成本超出最小成本的百分比。Leibenstein（1966）[440]的研究表明，在无效率 η 中，配置技术导致的成本无效率的占比很低，大部分无效率是因为信息不对称、委托代理

等问题造成的 X 无效率。因此，本书根据式（6-6）估计商业银行的 X 无效率。

第三节　跨区域发展对中小商业银行效率的影响

基于 Dunning 和 Rugman（1985）[267]提出“跨国公司比局限于一国地理范围内运营的公司有更高自由度”的观点，Allen 和 Pantzalis（1996）[244]提出了跨国公司经营宽度可提高母公司价值，而深度可成为价值提升障碍的假说。本书在此基础上提出另一个可检验的“跨区域经营宽度可提升银行绩效而跨区域经营深度可成为银行绩效提升障碍”的假设。

一、投入和产出的定义

估计式（6-1）时，需要确定投入和产出指标。已有研究中的投入—产出指标选择方法包括生产法、中介法和资产法。例如，Berger，Hunter 和 Timme（1993）[430]，迟国泰等（2005）[441]、徐传谌和齐树天（2007）[435]等人比较了上述三种指标的确定方法。相对来说，基于商业银行资产负债表来定义投入和产出的资产法，其数据可得性和可靠性较强，在实际研究中得到了广泛应用。①

在商业银行效率的已有研究中，对劳动力和实物资产这两种投入要素基本能达成共识，但对存款在商业银行生产过程中究竟是作为投入还是作为产出存在争议。例如，生产法将存款视为银行金融服务的产出，而中介法则将存款视为商业银行资金融通过程中的投入要素。相关研究结论有：徐传谌和

---

① 通常，生产法是基于银行交易或服务账户数量来定义产出，而忽略了不同账户对银行贡献的差异；中介法则以账户金额（如存贷款余额）测度商业银行产出，忽视了诸如投资收入的影响，两者均受制于数据可得性。

齐树天（2007）[435]及徐辉、李健和钟惠波（2012）[442]等人的研究将存款作为产出；Berger 和 Humphrey（1991）[436]等将存款利息支出作为投入，而将存款总量视为产出；迟国泰（2005）[442]等人的研究将可贷资金作为商业银行的投入；王聪和邹朋飞（2006）[443]以实证检验证明了存款在我国商业银行生产过程中主要起投入要素的作用。这里参照王聪和邹朋飞（2006）[443]的方法，将存款视为商业银行的投入要素。将存款价格定义为 p_1=存款利息支出/吸收存款；将劳动力投入价格（p_2）定义为员工费用支出除以总人数，但很多商业银行并不披露员工人数和员工费用支出数据。考虑到工资等员工费用包含在商业银行业务及管理费科目，且占据较大比例，这里用营业费用与总资产比率代替劳动力投入价格，即 P_2 = 营业费用/总资产；将实物资产价格（p_3）定义为固定资产折旧率。

为增加有效观测数量，可按以下方式进行数据处理：一是仅披露集团公司的固定资产折旧数据，而不披露母公司的固定资产折旧数据的商业银行，并以集团公司的固定资产折旧率代替母公司的固定资产折旧率。这样做的理由是，虽然母公司和集团公司的固定资产结构存在一定差异，但缺失固定资产折旧信息的商业银行其子公司资产占银行集团公司资产的比例并不高。因此，通过比对数据披露较充分的商业银行母公司和合并财务报表附注后发现，母公司和集团公司计算出的折旧率虽有不同但差异不大，如果用固定资产折旧率进行相关计算时均取自然对数，则固定资产折旧率差异的影响会非常小。

二是对仅披露集团公司业务及管理费中的员工费用而不披露母公司业务及管理费中的员工费用（薪酬和福利）的商业银行，本研究先计算集团公司业务及管理费中员工费用的占比，再按照相同的比例计算母公司业务及管理费中的员工费用。假设集团公司内部劳动力能自由流动，那么母公司与子公司间的员工薪酬和福利标准差异就会消失或仅有微小的差异。因此，合并财务报表和母公司财务报表业务及管理费中员工费用的占比差异就会较小，如果后续分析用到员工费用（薪酬和福利）数据时也取自然对数，忽略集团公司、母公司业务及管理费科目中员工费用占比的这种差异就是可行的。

三是按照前述两种方式进行数据补充后，仍有部分银行的固定资产折旧率、员工费用占比和员工人数存在缺失。因此，本研究仅对中间某个年份的缺失数据进行线性插值，对连续缺失 2 年（含）以上相应数据的，截去此前观测年份的数据，以尽可能降低采用线性插值对计量结果造成的影响。

这里将商业银行的产出定义为贷款及垫款（q_1），其他营利性资产（q_2）。其中，q_2 为存放央行款项、存放同业款项、拆出资金、交易性金融资产、衍生性金融资产、买入返售金融资产、可供出售金融资产、持有至到期投资、应收账款类投资和长期股权投资之和。商业银行的总成本（C）定义为利息支出、手续费及佣金支出与营业支出之和。商业银行的利润（P）定义为税前利润。效率估计模型中的变量描述性统计量如表 6-1 所示。

表 6-1　效率估计模型中的变量描述性统计量表

变量符号	变量名称	最小值	最大值	均值	标准差
$\ln C$	总成本	17. 974	26. 130	21. 706	1. 453
$\ln P$	税前利润	12. 720	25. 003	20. 611	1. 506
$\ln yq_1$	贷款及垫款	20. 224	28. 698	24. 230	1. 388
$\ln q_2$	营利性资产	19. 160	28. 859	23. 899	1. 671
$\ln p_1$	资产费用率	-5. 915	-2. 143	-3. 687	0. 466
$\ln p_2$	实物资本价格	-5. 627	-3. 000	-4. 148	0. 313
$\ln p_3$	存款价格	17. 128	-24. 722	20. 390	1. 353
观测样本期：2006—2017 年　　观测银行数：165 家　　观测样本数：1383 个					

二、成本和利润函数估计结果

本书采用 Stata14 软件编辑 do 文件，采用对数似然法估计式（6-1）中成本（利润）前沿函数的系数，并在估计过程中对式（6-1）施加了前述对称性约束条件和价格齐次性约束条件。超越对数成本（利润）前沿函数的参数估计结果如表 6-2 所示。表中有一部分估计系数在统计上不显著，但这是前沿函数估计方法允许的，关键是根据 $\gamma=\sigma_U^2/(\sigma_V^2+\sigma_U^2)$ 计算的 γ 值分别为 0.454 和 0.392①，说明成本前沿和效率前沿函数估计结果是可靠的。相对来说，成本无效率项占残差的比例略高于利润无效率项占残差的比例。鉴于样本数量较多，本研究不再逐一报告根据式（6-3）至式（6-6）计算的相应成本（利润）效率、规模效率及 X-无效率。相应效率估计值的描述性统计量如表 6-3 所示。由表 6-3 可知，无论是成本还是利润，样本银行均存在一定程度的无效率，虽然属于中小商业银行，但有一部分银行已表现出规模无效率，且因为无效率导致的成本增加为 4.6%左右。

表 6-2　超越对数成本（利润）前沿函数的参数估计结果

变量符号	成本前沿		利润前沿	
	系数估计值	Z 统计量	系数估计值	Z 统计量
常数 α	0.613	0.976	1.000	0.307
$\ln y_1$	0.556***	3.140	-2.062**	-2.116
$\ln y_2$	0.144	1.147	0.901	1.361
$\ln(p_1/p_3)$	0.400***	3.344	-0.282	-0.444
$\ln(p_2/p_3)$	0.228	1.018	-0.896	-0.748
$\ln^2 y_1$	0.313***	10.675	-0.341	-0.206
$\ln^2 y_2$	0.159***	13.338	0.152***	2.594
$\ln^2(p_1/p_3)$	0.212***	15.236	0.373***	4.765
$\ln^2(p_2/p_3)$	0.519***	8.300	-0.131	-0.375
$\ln y_1 * \ln y_2$	-0.0807***	-3.890	-0.148*	-1.262
$\ln(p_1/p_3) * \ln(p_2/p_3)$	0.220***	-9.030	-0.257**	-2.998
$\ln y_1 * \ln(p_1/p_3)$	0.0377**	2.332	0.202**	2.139
$\ln y_1 * \ln(p_2/p_3)$	0.194***	5.148	-0.461**	-2.130

① 当 $0<\gamma<1$ 时，成本函数的残差由非效率项和随机误差项组成；当 $\gamma=1$ 时，成本函数的残差几乎由非效率项解释；当 $\gamma=0$ 时，成本效率前沿不成立（Coelli，1996）。

续表

变量符号	成本前沿		利润前沿	
	系数估计值	Z 统计量	系数估计值	Z 统计量
$\ln y_2 * \ln(p_1/p_3)$	-0.0491***	-3.823	-0.070	-0.974
$\ln y_2 * \ln(p_2/p_3)$	0.120***	4.630	0.106	0.772
μ	1.065		10.120	
σ_U^2	2.928		1.647	
σ_V^2	3.527		2.552	
样本数 $n = 1383$	*Wald Chi*(14) = 16966.07 *Prob* > *Chi2* = 0.0000		*Wald Chi*(14) = 164.5 *Prob* > *Chi2* = 0.0000	

注：*** 表示在 1%的统计水平显著；** 表示在 5%的统计水平显著；* 表示在 10%的统计水平显著。

表 6-3 效率估计结果的描述性统计量

效率指标	观测数	最小值	最大值	均值	标准差
成本效率	1383 个	1.012	1.305	1.048	0.032
利润效率		0.488	0.945	0.702	0.105
规模效率		0.438	1.089	0.790	0.079
X-无效率		0.114	0.266	0.245	0.028
成本增加 η		0.114	0.234	0.046	0.029

三、跨区域发展对中小商业银行效率影响的评估

商业银行的效率不仅受跨区域发展宽度、深度的影响，还受到其他多重因素的影响。尽管被归于中小商业银行，但样本银行中股份制商业银行实际上规模已经很庞大，且样本银行间的规模差异也非常大，因为规模较大的商业银行除了在利率市场化后利用其市场势力获得定价优势，还可能得到“太大以至于不能倒”的金融安全网的庇护。由于在银行业中的市场地位是影响银行风险承担的重要变量，因此在估计跨区域发展指标对商业银行效率的影响时，本书选取商业银行资产规模的对数（*size*）作为控制变量。设定的计量模

型如式（6-7）所示：

$$\ln(eff_{it}) = \alpha + \beta_1\ln(\alpha Breadth\_\ p_{it}) + \beta_2\ln(Depth\_\ p_{it}) + \beta_3 Ratio\_\ p_{it} + \beta_4\ln(tnb_{it}) + \ln(size_{it}) + \varepsilon_{it} \quad (6-7)$$

式中，eff_{it} 即在第二节中估计的成本效率、利润效率、X 无效率和规模效率。相关模型设定检验结果显示，可以用于建立固定效应的混合数据回归模型，但部分变量在回归模型中不显著，本书去掉这些变量后中心估计模型系数。模型的回归结果如表 6-4 所示。

表 6-4 模型的回归结果

变量	(1)	(2)	(3)	(4)	(5)
	成本效率	X 无效率	规模效率	利润效率	η
ln（*breadth_ p*）	-0.0136***	-0.0110***	0.037***	-0.173***	-0.0123***
	(-3.397)	(-3.387)	-2.955	(-6.006)	(-2.730)
ln（*depth_ p*）	-0.0111***	-0.010***	0.0486***	-0.156***	-0.0103***
	(-3.783)	(-3.393)	-6.256	(-8.760)	(-3.708)
ration_ p	-	-	0.0012**	-0.001	0.001
	-	-	-2.143	(-0.221)	-0.029
ln（*size*）	0.00512***	0.0043***	-0.018***	0.109***	0.005***
	-2.976	-3.055	(-4.509)	(11.004)	-3.013
常数项	0.970***	-0.012	1.011***	-1.360***	-0.024
	-28.541	(-0.681)	-11.817	(-6.927)	(-0.772)
R^2	0.130	0.130	0.49	0.596	0.142

注：（）中为对应的 t 统计量，*** $p<0.01$，** $p<0.05$，* $p<0.1$。

回归结果显示，ln（*breadth_p*）和 ln（*depth_p*）的回归系数仅在模型（3）中为正，其余均为负号，说明跨省域扩张无论是宽度还是深度，都能为中小商业银行带来一定的规模效率改善。从效率的角度来看，跨省扩张并不利于中小商业银行的效率改善。从 *ration_p* 的回归系数来看，省外分支机构增加可为中小商业银行带来一定的规模效率，但也不利于利润效率的改善。ln（*size*）的回归系数则可以为中小商业银行带来成本效率、X 无效率的改善但回归系数比较小。尽管规模扩张可以为中小商业银行带来一定利润效率改善，却又出现规模不经济，这可能与中小商业银行普遍规模较小有关。除全国性股份制商业银行外，大部分跨省经营的中小商业银行被定位为服务中小企业，并进入新市场面对陌生的市场环境。因为受经营管理人才缺乏和软信息的约束，所以中小商业银行跨省经营的效率亟待提高。

第七章　中小商业银行跨区域发展的监管政策研究

商业银行经营地域管制始创于美国，并因在大萧条之后世界主要经济体都竞相仿效而臻于极致，但在金融自由化浪潮和金融国际化竞争的冲击下，欧美主要发达国家纷纷取消对商业银行跨区域扩张的“紧箍咒”。之后，欧美国家尤其是美国不乏重拾《格拉斯—斯蒂格尔法案》（*Glass-steagall Act*）的论调，并主张再次设置金融分业经营、风险隔离的“防火墙”，但极少有人再主张限制商业银行跨区域经营。事实证明，美国银行业分业经营的“防火墙”最终未能重新建立起来。本章首先对商业银行经营地域管制制度的演变进行国际比较，总结商业银行跨区域经营管制的经验教训；其次分析“次贷危机”以来商业银行监管的国际趋势；最后提出优化我国中小商业银行跨区域发展监管的政策建议。

第一节　欧美商业银行经营地域范围管制的嬗变

一、美国商业银行经营地域管制变迁

美国对商业银行跨地域经营和分支机构设立的管制可追溯到其殖民地时期（Kroszner & Strahan，2014；Kroszner，2008）[400,444]。美国独立战争结束后，1788 年宪法取缔了州政府进出口关税征收权和发钞权，以解决货币无序

发行带来的一系列问题，而公共财政紧张的各州政府发现特许银行可弥补财政缺口的价值，因此从银行投资获得的收入及税收收入很快成为各州主要的财政收入来源（Sylla，Legler & Wallis，1987）[445]。由于不能跨州征税，因此各州政府竞相采取措施禁止外州银行进入自己的辖区版图（实际上禁止了银行的跨州经营），如通过立法机关限制州内银行进行扩张，州政府发放牌照时将银行限定在特定的地理范围内，以通过限制分支机构抽取银行局部地区特许权垄断带来的租金，甚至有些州通过“单一银行”（Unit Bank）法案禁止银行设立任何形式的分支机构（Kroszner & Strahan，2014；Kroszner，2008）[400,444]。

但州政府的这种“努力”不能阻止联邦银行的跨区域经营行为。例如，在创建国家银行体系的过程中，时任财政部长汉密尔顿就努力促使美国国会建立了美国第一银行（The First Bank of the United Stated，1791—1811），并且美国第一银行成立后不久就成功地运作了分支网络，引起其他银行群起仿效。为稳定货币体系及应对战争带来的巨额债务，时任美国总统麦迪逊向国会提议组建的美国第二银行（The Second Bank of the United States，1816-1813）在1817年开业后也开设了18家分支机构，截至1860年已在12个州拥有222个分支银行（Rothbard，2002[446]；Giedeman，2005[147]）。

美国第一银行和第二银行均以中央银行和商业银行的双重身份与各州授权的银行开展竞争，并招致人们对其身份合法性的质疑，最终这两家银行都未能避免“短命”的结局。在杰克逊总统及其追随者的强大信念和努力行动下，联邦银行体系暂时退出历史舞台，此后美国进入自由银行时期（1832—1836）。根据美国1837年的《自由银行法案》，一方面当时的州银行重获发钞权，各州的法令转而鼓励设立银行及分支机构，也承认其他州设立的银行。另一方面，“任何满足最低标准的团体和个人均可申请经营银行，最低资本金一般要求仅为10万美元”，导致进入市场的资本壁垒大为降低，联邦政府也极少干预，这些都为商业银行跨州经营提供了便利。但这种极端自由的发展导致了1837年银行大量破产的金融恐慌。

金融恐慌复苏之后，由各州通过立法管理银行业的混乱局面依然持续到1863年。在1864年，美国国会颁布的《联邦银行法》又掀起了反对银行设立分支机构的浪潮。由于当时的货币监理署（office of the Comptroller of the Currency）将“未明确地允许联邦银行建立分支机构”解释为默认的禁止，因此州银行允许保有已经设立的分支机构，获得联邦许可的少数联邦银行也允许运营分支机构，但不允许设立新的分支机构。此外，《联邦银行法》还确立了银行的联邦特许权，推行适用于州银行和联邦银行的统一标准，并通过向州银行发行本票课税迫使许多州银行停止发行本票，因此州银行再次丧失了发钞权。由于支票转移的存款信贷承担了更多的货币功能，因此联邦银行与州银行之间虽然竞争激烈，但并未实现以联邦银行取代州银行的立法意图，州特许银行依然蓬勃发展，最终形成了联邦银行与州银行并存的双重银行体系并延续至19世纪末。

虽然双重银行体系已经既成事实，但联邦特许银行设立分支机构的权利依然备受质疑。例如，1913年的《联邦储备法案》（*The Federal Reserve Act*）就不承认联邦特许银行的这种权利。出于对联邦特许银行无法与允许设立分支机构的州特许银行处于同等竞争地位的考虑，货币监理署于1922年允许联邦特许的银行开设同城机构，但此举遭到了单一银行立法的州特别是土地高度集中的州的银行业反对。截至1924年，已有9个州的立法机构禁止银行设立分支机构（Rajan & Ramcharan，2016）[447]。

为解决双重银行体系内联邦特许银行与州特许银行之间的竞争不平等问题，美国国会于1927年通过了《麦克法登法案》（*McFadden Act*）。该法案通过授予联邦特许银行无固定经营期限的许可，使其能够与州特许银行竞争信托业务，扩大投资许可范围只是解决了部分双重银行体系的竞争不公平问题。针对联邦特许银行设立分支机构法律条款含糊不清的问题，这一法案通过“严格限制美联储成员银行开设和维持州外分支机构的权利，即使联邦特许银行也不例外”加以解决，此后爆发的大萧条让这一法案维持到20世纪70年代早期。在当时，除了1个州放松了州内分支机构管制外，其余的州都限制州内设立分支机构且所有的州都禁止跨州分支机构，部分州对商业银行设立分支机构的限制甚至超过了100年。

在通过后的几十年中，《麦克法登法案》得到了比较严格的执行。美国的商业银行曾试图通过银行控股公司绕过跨区域经营和分支机构设立的监管，但国会于1956年通过了《道格拉斯银行控股公司修正法案》（The Douglas Amendment to Bank Holding Company Act）。根据该法案，在实施该修正法案的州，银行被限制在州内开设分支机构，也限制在总部以外的州并购银行，除非被并购银行所在州允许这种并购（事实上没有哪个州允许这种并购）。所以该修正法案依然比较有效地阻止了商业银行绕过法律监管的行为（Rajan & Ramcharan，2016）[447]，虽然在短期内无法满足那些期盼跨区域经营和设立分支机构的商业银行的强烈诉求，但已经没有《麦克法登法案》要求得那么严格了，这也为后来的管制制度放松埋下了伏笔。

尽管美国监管法律已相当严格，但依然给银行跨区域经营和业务多元化留下了可以利用的缺口和空间。例如，一些银行因不满足监管法律对银行或银行控股公司定义的方式，利用并购或设立子公司的方式在不同的州开展多元化经营（Omarova & Tahyar，2011）[448]。诚如Kroszner和Strahan（1999）[21]、Berger和De Young（2006）[23]等指出的那样，技术进步和金融创新既可不断降低地方性银行的垄断能力，又可不断削弱利益集团继续维持经营地域范围和分支机构管制等制度性壁垒的利益。例如，ATM的发明和普及弱化了银行与客户在地理位置上的联系，相关的法律并不将ATM视为银行分支机构，而可开支票的货币市场共同基金（Checkable Money Market Mutual Funds）有助于银行利用电信技术的便利性来弱化地方性银行的垄断，因此通信技术的发展进步可降低使用远距离银行的成本（Berger & De Young2006[23]；Beck、Levine & Levkov，2007[449]；Kroszner & Strahan，1999，2014）[21,400]。

在金融自由化浪潮的冲击和美国银行业及其代理人持续的强力游说下，美国终于在20世纪70年代末迈出了放松商业银行跨区域经营和设立分支机构监管制度的步伐。其变革主要有三种形式：一是对多银行持股公司

（Mutiplebank Holding Companies，MBHCs）的许可，但每家银行都必须独立运营且不能被整合成单一的网络，即使是后台业务也不能合并在一起。二是对通过并购设立分支机构的许可。如果得到州政府许可，MBHCs 就可以将子公司银行转成同一银行的分支结构以将其整合为统一的分支网络。三是允许银行在州版图内开设分支结构（Kroszner & Strahan，1999）[21]。在 1975 年，仅有 14 个州允许州内银行设立分支机构，而到了 1992 年，除夏威夷以外的其他州都通过了允许银行设立分支机构的互惠法案。1970—1994 年共有 38 个州解除了对银行设立分支结构的管制（Yildirim & Mohanty，2010[450]；Kroszner，2008[444]；Kroszner & Strahan，1999，2014[21,400]）。最终，《1994 年里格尔—尼尔跨州银行业务与分支机构效率法案》（*The Riegle-Neal Interstate Banking and Branching Efficiency Act of* 1994）取代了 1927 年颁布的《麦克法登法案》，允许银行、控股银行在任何州进行跨区域经营。IBBEA 在 1997 年生效后，终结了美国 19 世纪以来对商业银行经营地域范围和分支机构的管制历史（Kroszner & Strahan，2014）[400]。

二、欧盟国家商业银行的经营地域管制变迁

《麦克法登法案》和大萧条后美国开出的另一剂药方——《格拉斯—斯蒂格尔法案》曾被许多国家争相仿效，并在很长一段时期内为全球金融监管提供了基本的框架。毫无例外地，大萧条对欧洲经济也造成了巨大冲击，欧洲资本主义国家在大萧条后也普遍对商业银行施行跨区域经营、设立分支机构和分业经营等管制措施，但因大萧条造成的影响及各国国情各不相同，所以对商业银行的经营地域和设立分支机构及分业经营的管制也各异。如第二次世界大战后的法国财政部集中控制了金融部门分支网络，并将储蓄和存款用于需要优先发展的产业（Bertrand et al.，2007）[152]。再如，德国颁布的《1934 年银行业法案》（*the* 1934 *Banking Act*）也对银行的经营地域、分支机构设置等进行了管制，但区别于美国和英国，直到 20 世纪 80 年代才开始实

施强制的资本需求（Manadatory Capital Requirements），德国对银行的资本管制可追溯到19世纪末对抵押银行的股本金要求。因此在某种程度上说，德国更注重银行的资本管制。此后，尽管在希特勒纳粹政府支持下德国银行业于1937年达成了关于利率、手续费和广告等方面的卡特尔协议，第二次世界大战结束后同盟国军事管理机构也重新拾起了《1934年银行业法案》，却仍按照美国模式对德国金融业进行监管（Fischer & Pfeil，2003）[451]。

相对美国独立战争胜利后建立的统一市场和部分开国元勋对垄断的天生担忧，进而主张限制商业银行跨区域经营、设立分支机构不同，历经多次战争的欧洲像一盘很难被捏起来的散沙。所以欧洲国家更多的是考虑如何实现统一梦想以在国际竞争中恢复昔日的辉煌，而一体化在欧盟金融管制制度变迁过程中是非常重要的因素。1977年，欧共体理事会通过了《第一银行指令》（*The First Banking Directive*）。该指令制定的法律条款大致可归结为：①关于消除成员国间银行提供服务壁垒的条款。②信贷机构在其他成员国自由建立分支机构的条款。③批准信贷机构需要的统一规则。④监管标准的统一规则。⑤非成员国信贷机构的统一对待。而1989年的《第二银行指令》（*The Second Banking Directive*）则进一步放松了金融服务部门管制，如消除自由建立分支机构剩下的壁垒和承认成员国间完全自由提供金融服务，并规定1992年底为消除各种壁垒的最后期限（Gruson & Nikowitz，1988）[452]。可以说，《第一银行指令》已基本上解除了提供金融服务的壁垒及成员国之间建立跨国分支机构的壁垒，并对银行业牌照发放制定了统一规则，也为建立欧盟范围内的统一监管做出了安排（Goddard，2007）[453]。在《欧盟金融服务行动计划1999—2004》（*The European Union's Financial Service Action Plan from* 1999 *to* 2004）实施后，越来越多的欧盟成员国商业银行将经营行为扩张到了母国之外（Liang，Ching & Chan，2013）[269]。

欧盟放松或取消银行业的管制行动有先有后，如德国早在1958年就取消了分支机构管制，银行可以自由地在德国任何地方开设分支机构且无须通过公众需求测试（Fischer & Pfeil，2003）[451]，西班牙也在1989年后允许大部分储蓄银行向注册地之外扩张（Alamá & Tortosa-Ausin, 2012[454]; Lozano-Vivas, Meléndez-Jiménez & Morales, 2011[455]）。在《第一银行指令》通过后，欧盟银行业经历了一段时期的管制放松，在成员国层面，监管者将市场结构越来越多地交由市场势力决定，银行可自由地在所有成员国内竞争以获得客户，使每个国家都致力于消除金融壁垒以建立完全一体化的市场（Cerasi, Chizzolini & Ivaldi, 2002）[456]。

三、跨区域经营管制制度变迁的国际经验

美国商业银行经营地域管制制度的变迁是一个联邦政府、州政府、银行监管当局及商业银行等多主体参与的反复动态博弈过程。在金融管制史上，美国的商业银行经营地域管制制度的变迁最具有代表性，其次是寻求一体化之路的欧盟。我国恢复商业银行业务至今，对中小商业银行经营地域的管制也经历了自由发展—管制—放松—再管制的动态过程，尽管经营地域管制制度变迁的历史背景、驱动因素乃至产生的影响各异（欧阳青东、彭洁和陈雨花，2012）[457]，但它们又有异曲同工之处，如美国和欧盟最后都取消了商业银行经营地域管制，它们的历史经验对依然实施商业银行跨区域和设立分支机构并进行管制的发展中大国来说颇具借鉴价值。

1. 商业银行经营地域管制导致的市场分割

美国早期银行跨区域经营及管制制度的演变与“战时、战后”政府的财政收支密不可分。在独立战争时期，为了筹集资金，州政府除通过对银行投资获取利润外，还可以抽取铸币税和部分特许经营收益。所以州法律普遍鼓励银行跨区域经营，这样联邦政府也可通过美国第一银行和第二银行跨区域经营为巨大的战争开支广开财路。当内战结束后，州政府为弥补发钞权被剥夺和征税权受限造成的财政收支缺口，又普遍立法限制商业银行跨区域经营。此后，美国银行跨区域经营监管制度的反复衍变则主要取决于金融运行是否出现问题。例如，一旦出现银行恐慌或金融危机时，监管当局就限制跨区域

经营，而在危机恢复之后，又开始放松银行跨区域经营管制，这几乎成为所有金融监管难以避免的轮回。

严格的经营地域和分支机构管制为大萧条后的美国银行业带来了几十年的相对稳定，但也产生了突出的市场分割问题，并且分割的银行体系（Vander Vennet，2002）[458]将商业银行业务限制在狭窄的地域范围内运营，导致因与没有地域限制的银行客户不匹配而提高了交易成本。贷款是小企业重要的资金来源，社区银行及小型、单一市场和地方性中小商业银行通常会更好地与信息不透明的小企业形成牢固的关系，因而银行可从这种稳定关系中抽取借以设定合同条款、做出信贷决策的专用信息并抽取信息租，小企业也会受益于贷款可得性条款和信贷条件（Berger，Goulding & Rice，2014）[153]。姑且不考虑银行陷入财务困境或破产提前收回服务的可能性，但拘囿于狭窄地域范围的中小商业银行很难追随客户地域扩张的步伐，当规模变得更大时，一旦耗尽了从单一中小商业银行获得的资金后，企业将不得不寻求更远距离和更大规模的融资，从而产生融资转换成本。Giedeman（2005）[147]分析了经营地域范围和分支机构严格管制时期美国的银行与企业的融资关系，通过多家银行进行贷款依然可以满足融资需求但会增加交易成本，而限制分支机构网络则阻碍了美国20世纪早期大工业企业的发展。

从全球化这一更加开放的视野可以更好地理解因限制经营地域范围和分支机构而导致市场分割产生的另一个问题——商业银行的国际竞争力。商业银行经营地域范围和分支机构受限的中小商业银行很难挖掘规模经济，这迫使经营地域范围和分支机构受限的美国商业银行在20世纪五六十年代走向国际化道路，也是美国《1994年里格尔—尼尔跨州银行业务与分支机构效率法案》和《1999年金融服务现代化法案》出台的一个重要考虑。尽管不像美国银行体系分割得那样严重，但欧盟成员国的国内市场规模不大，取消经营地域范围和分支机构管制措施可以消除成员国之间的市场壁垒。因此，建立一体化银行市场体系成为欧盟《1989年第二银行指令》的必然选择。

在过去的40多年中，不同于美国早期单一银行组成的分割市场体系，我国银行体系主要由覆盖全国城市的大型商业银行、股份制商业银行和区域性城市商业银行、农村商业银行等组成，但同样存在市场分割问题。监管部门“大银行和股份制银行服务大型企业、城市商业银行服务地方企业，而农村商业银行主要服务三农”的市场定位从另一个侧面反映了我国银行市场的分割性。从长期和动态的视角来看，中小商业银行跨区域设立分支机构的监管约束与地方性中小企业的经营规模、经营地域范围存在矛盾，人为分割市场的必然结果是提高地方性企业发展过程中的信贷交易成本。在全球化、金融自由化、技术进步和金融创新快速发展的背景下（Berger & DeYoung，2006[23]；Beck，Levine & Levkov，2010[459]；Kroszner，2008[444]；Kroszner & Strahan，1999[21]，2014[400]），限制中小商业银行经营地域范围同样会阻碍地方性非金融企业发展。

2. 地域范围扩张和分支机构稳定银行业的市场机制

设立分支机构被管制理论文献视为可提升银行体系稳定性的重要方式之一。如 Friedman 和 Schwartz（1963）[339]认为，缺乏分支机构提高了美国大萧条时期的银行恐慌程度。Grossman（1994）[460]在对大萧条时期 25 个国家的比较后发现，有大量分支网络的国家更少经历银行危机。Wheelock（1995）[463]，Mitchener（2005）[462]等研究发现，允许设立分支银行的州破产率更低。分支机构促进银行业稳定性提升的一个重要机制是分支机构资产多元化、拓宽存款基础。《1994 年里格尔—尼尔跨州银行业务与分支机构效率法案》的主要动机是允许银行进行地理风险分散（Aguirregabiria，Clark & Wang，2016）[178]。分支机构促进银行业稳定的另一个重要机制是市场竞争（Boyd & De Nicoló，2005）[209]。银行理论和经验文献长期将竞争视为威胁银行业稳定的因素，竞争对银行业稳定性的促进作用在过去的 10 余年中才开始被学术界认识到。分支机构扩张不仅可改变竞争环境，更重要的是竞争会不断清除弱的、无效率的银行（Berger，Demsetz & Strahan，1999）[240]，而分支机构扩张产生的竞争威胁会产生外部性，促使低效率银行去改善经营并提高效率（Carlson & Mitchener，2006，2009[341,463]）。降低竞争壁垒最初可能带来一些不稳定性，但从长期来看，放松管制有增强银行业稳定性的效果。

从经营地域范围的监管实践来看，从宽松的管制向严厉的跨区域管制转变几乎都是在金融运行特别是危机出现之后。虽然大萧条后实行严格分支机构管制的几十年中，美国银行业的银行破产数量很少，表现得非常稳定，但20世纪80年代“储贷机构危机”爆发后，美国监管当局更倾向于相信“放松经营地域范围和分支机构管制可以增强银行业稳定性”的观点，不仅没有将“储贷机构危机”归因于20世纪70年代肇始的银行业经营地域范围管制放松而恢复《麦克法登法案》的严格管制，反而在“储贷机构危机”得到控制后于1994年通过了《里格尔—尼尔跨州银行业务与分支机构效率法案》，彻底取消了银行经营地域范围和分支机构的管制。此后，美国银行业相对稳定的10年部分说明了“放松经营地域范围和分支机构管制可以增强银行业稳定性”观点的正确性。即使随后又发生影响更为深远的“次贷危机”，并且奥巴马政府签署了严格监管的《多德—弗兰克华尔街改革和消费者金融保护法》(*Dodd Frank Wall Street Reform and Consumer Protection Act*)（以下简称《多德—弗兰克法案》），但也未触及银行经营地域范围和分支机构管制。另外，欧盟也因深受“次贷危机”影响而爆发主权债务危机，但欧盟监管当局也未考虑恢复银行经营地域范围和分支机构管制。因此，从美国和欧盟的监管实践来看，放松或取消银行经营地域范围和分支机构管制似乎已成为不可逆的历史。

3. 对我国中小商业银行跨区域发展管制的启示

从20世纪初到20世纪70年代，美国银行经营地域范围和分支机构管制具有典型的私人利益管制理论特征，有组织的经济集团有强烈动机游说政府维持管制状态，使州内小银行成为管制制度的主要受益者。20世纪70年代的ATM、货币市场共同基金及其他技术创新等降低了运输和通信成本，导致利益集团努力维持地域管制的激励（Peltzman，1976）[466]不断下降，最终导致经营地域范围和分支机构管制的瓦解。

不同于欧美，我国在加入WTO前后一段时期内对外资银行的经营地域范围管制主要是对中资商业银行的过渡性保护，随着加入WTO组织时做出的相关承诺逐渐兑现，外资商业银行已经获得和中资中小商业银行几乎一样的经营地域范围和分支机构竞争条件。中小商业银行无论是经营规模、经营效率还是在与大中型企业客户的关系上，都很难与早已实现全国范围覆盖的大型商业银行相比。从我国放松银行地域管制后中小商业银行的市场份额不降反升的趋势可以看出，中小商业银行是放松经营地域范围管制的受益者。因所有者缺位和历史发展起点不同，大型商业银行的市场份额占优并非完全是银行主动寻求，而是受政府强制力获得租金的利益动机驱使。从股权结构和激励机制来看，在中小商业银行中，地方政府是城商行最大的股东，城市商业银行的信贷行为（钱先航、曹廷求和李维安，2011）[465]和跨区域的形式表明，地方政府在城市商业银行的快速跨区域扩张中起着推波助澜的作用，但我国地方政府没有和美国州政府类似的银行监管和立法权。因此，我国无论是实施银行跨区域经营管制还是放松银行跨区域管制，主要是中央金融监管当局审时度势权衡的结果。

放松经营地域范围管制给银行提供了存、贷款地理多元化，进而降低流动性风险、贷款组合信用风险的可能，因此放松管制可以使处于规模报酬递增阶段的小银行继续扩大规模直至在最优规模上运行。尽管低效率银行的市场份额不断降低甚至退出市场，竞争再配置效应将资源转移到更高效的银行，银行业的整体稳定性得到提升，但我国银行业的市场竞争机制并不健全，在扭曲的激励条件下，竞争可导致中小商业银行过多地承担风险。因此，中小商业银行需要尽快改变在风险管理技术、风险管理水平上的滞后状态，从根本上改变与大型商业银行雷同的发展战略和业务模式。

第二节 “次贷危机”后银行监管趋势

一、改革监管架构，突出宏观审慎与微观审慎相结合

虽然在十年前爆发的“次贷危机”中美国破产银行数量要远少于“储贷机构危机”和“大萧条”，但对全球经济和金融的巨大破坏性至今让人唏嘘不已。危机暴露的发达经济体银行体系和国际监管存在的重大缺陷、漏洞促使研究人员、金融监管机构和金融管理者深刻反思危机的成因、影响和对策，进而对银行全球监管产生了全面深远的影响。

按照G20领导人承诺和设定的改革方向，巴塞尔委员会（The Basel Committee on Banking Supervision，BCBS）和金融稳定理事会（Financial Stability Board，FSB）等国际金融组织积极推进金融国际监管改革，希望通过重构金融监管框架和机制，防范金融危机的再次发生，并最大限度地降低金融危机的负面冲击和破坏性（王兆星，2016a）[466]。在银行全球监管的治理架构方面，危机不仅促成了20国集团（G20）这一国际经济合作论坛，还取代了8国集团（G8）成为全球治理的新平台，金融稳定论坛（Financial Stability Forum，FSF）更名为金融稳定理事会后成为全球金融监管制度制定和协调机构（胡再勇，2014）[467]，也催生了欧洲稳定机制（European Stability Mechanisim，ESM）和金砖国家应急储备安排（BRICS Contingent Reserve Arrangement，BRICS-CRA）等金融救助机制（陈奉先，2015）[470]。①

随着微观审慎向宏观审慎与微观审慎相结合的银行监管理念的转变，很

① 2011年3月，欧洲峰会批准建立旨在为欧盟成员国提供金融救助的ESM，由800亿欧元现金和6200亿欧元通知即缴资本组成，ESM于2012年10月正式生效。为应对短期国际收支压力确保金融稳定，2014年7月金砖国家领导人在巴西发表的《福塔莱萨宣言》中提出成立1000亿美元的应急储备安排（CRA）。

多国家都在“次贷危机”后纷纷进行金融监管架构改革。如美国通过《多德—弗兰克法案》重塑了监管架构。在保持联邦和州政府双层监管的格局下，美国联邦政府层面新设了由财政部长任主席的“金融稳定监管委员会”（Financial Stability Oversight Council，FSOC），负责监测和处理威胁金融稳定的系统性风险，财政部内部新设了联邦保险办公室以填补联邦层面的保险监管机构真空。为加强系统性风险防范，美联储不仅对金融控股公司的不同业务和子公司进行综合监管，还负责对包含银行、证券和保险在内的全部系统重要性金融机构和系统重要性金融基础设施进行监管。在美联储负责联储会员银行和银行控股公司监管、货币监管署负责监管联邦注册的国民银行及外国分支机构监管的基础上，美联储内部新设立了“消费者金融保护局”（Consumer Financial Protection Bureau，CFPB），负责监管提供消费者金融产品及服务的银行和非银行机构，美联储的银行监管主体地位进一步得到提升。

在实行单一货币的欧盟，在危机中缺乏统一的宏观监管手段，各成员国金融监管各行其是，导致欧盟应对金融风险蔓延时反应迟钝，缺乏有效应对手段。针对欧盟各成员国在国际金融风险冲击暴露的上述突出问题，欧洲议会于 2010 年 9 月批准了《泛欧金融监管改革法案》（*Pan-European Financial Regulatory Reform Bill*），决定重构欧盟监管机构以替换监管各类金融机构的委员会，创设欧洲系统性风险管理委员会（European Systemic Risk Board，ESRB），设立超越成员国监管机构的欧洲银行监管局（European Banking Authority，EBA）、欧洲证券与市场监管局（European Securities and Markets Authority，ESA）和欧洲保险与雇员养老金监管局（European Insurance and Occupational Pensions Authority，EIOPA）。其中，ESRB 负责欧盟金融系统的宏观审慎监管以防止和减少系统性风险，范围覆盖银行、保险公司、资产管理公司、影子银行、金融市场基础设施及其他金融机构和市场。作为新的欧洲金融监管体系（European System of Financial Supervision，ESFS）的一部分，EBA 负责从微观层面对欧洲银行业进行有效和一致的审慎监管。三个监管局负责监督成员国遵守相关法规，可以向不执行欧盟金融监管法规的成员国监管机构下达指令限期改正，在指令得不到执行的情形下可以超越成员国监管机构直接对违规金融机构执法，被市场解读为“超级监管机构”（张璇，2011）[469]。

英国在“次贷危机”爆发后也进行了金融监管框架的重构。英格兰银行负责金融系统安全的维护和监管协调，不仅拥有了问题机构的处置权，还承接了原金融服务管理局分离出来的金融监管职能，其内设机构即金融政策委员会（Financial Policy Committee，FPC）负责宏观审慎监管与政策协调。原来的金融市场统一监管机构——金融服务监管局这一独立的非政府组织则被拆分为审慎监管局（Prudential Regulation Authority，PRA）和金融行为监管局（Financial Conduct Authority，陈云贤，2017）[470]。作为英格兰银行内设机构的 PRA，负责系统重要性金融机构的微观审慎监管，而独立于英格兰银行的 FCA 则主要负责消费者保护、市场运转和金融机构行为的监管。

我国政府也高度重视金融风险防范和金融体制改革。习近平总书记出席 2017 年召开的第五次金融工作会议时强调，“金融是国家重要的核心竞争力，金融安全是国家安全的重要组成部分。要紧紧围绕服务实体经济、防控金融风险和深化金融改革三项重要任务，创新和完善金融调控，健全现代金融企业制度，完善金融市场体系，推进构建现代金融监管框架，加快转变金融发展方式，健全金融法治，保障国家金融安全，促进经济和金融良性循环和健康发展”。党的十九大报告也对未来一段时期的金融改革提出了具体要求。

根据党中央和国务院的统一部署，我国对中国人民银行、原中国银行业监督管理委员会、中国证券监督管理委员会和原中国保险业监督管理委员会组成的“一行三会”监管架构进行了改革。在 2017 年 11 月，国务院成立了金融稳定发展委员会，旨在强化人民银行宏观审慎管理和系统性风险防范职责，强化金融监管部门职责，确保金融安全与稳定发展。2018 年 4 月，根据国务院机构改革方案，原中国银行业监督管理委员会和原中国保险监督管理委员会进行职责整合后，组建了中国银行保险监督管理委员会，负责依法依规统一监督管理银行和保险业，维护银行保险业合法稳健运行，防范和化解金融风险，保护消费者合法权益，维护金融稳定。

二、改革监管规则，由过程监管转向规则监管

“次贷危机”爆发后，FSB 和巴塞尔委员会等国际金融组织积极推进银行国际监管规则，监管理念从危机前的过程监管转向危机后的规则监管。巴塞尔委员会在《巴塞尔协议Ⅲ》框架下推出了商业银行资本充足率、杠杆率、流动性风险等系列监管新规，FSB 出台了全球系统重要性金融机构监管框架和总损失吸收能力要求、影子银行监测体系和监管安排等系列监管新标准（王兆星，2016a，2016b）[466,471]。

“次贷危机”爆发后，巴塞尔委员会及时行动，在延续《巴塞尔协议Ⅱ》三大支柱的基础上，于 2010 年 12 月发布了《巴塞尔协议Ⅲ》，进一步强化了第一支柱“最低资本要求”中资本质量和数量的要求，以扩大风险覆盖范围，完善宏观审慎资本层级，扩大风险监管指标和工具范围，建立统一的流动性监管制度，引入短期和中长期流动性监管指标（流动性覆盖率和净稳定资金比例）和杠杆率监管指标，并持续对《巴塞尔协议Ⅲ》进行了补充和完善。为解决金融机构“太大以至于不能倒”的道德风险问题，巴塞尔委员会在 2011 年 11 月发布的《全球系统重要性银行：评估方法和更高损失吸收能力要求》中提出了全球系统重要性银行定量与定性相结合的评估方法，并根据评估结果分档附加资本。2014 年 1 月，巴塞尔委员会在《巴塞尔协议Ⅲ：杠杆率框架和披露要求》中对衍生品和融资融券敞口计量方法进行了统一，允许满足条件下的净额结算，并明确表外项目转换系数，同时将杠杆率改为强制性监管指标。2014 年 3 月，由巴塞尔委员会发布的《衡量交易对手信用风险敞口的标准化方法》中对交易对手风险敞口计量方法进行了统一，将违约风险敞口的计量方法由之前的现期暴露法、标准法及内部模型法修改为新标准法及内部模型法。2017 年3 月，由巴塞尔委员会发布的《第三支柱信息披露：

整合和强化框架》中统一了信息披露模板要求，细化风险资产计量的信息披露，引入银行关键审慎指标“数据仪表盘”等，进一步提升信息披露数据的透明度和可比性。2017 年 12 月，巴塞尔委员会通过了旨在强化国际银行监管的《巴塞尔协议Ⅲ》最终版，并计划于 2022 年开始实施（孙若鹏，2018）[472]。

针对“简单性、可比性和风险敏感度”方面存在的问题（王兆星，2016b）[471]，《巴塞尔协议Ⅲ》最终版主要通过重新划分资产类别、嵌入风险驱动因子、细化风险权重来保持监管架构的风险敏感度，通过限制内部模型使用、降低风险资产计量的复杂性来确保监管规则的简单性、易操作性和可理解性，通过调整模型法资本计量底线的要求来确保不同国家、银行和时点计量结果的可比性，并对全球系统重要性银行提出了最低杠杆率要求来降低模型套利空间，从而有效提高了对第一支柱的最低资本要求，强化了国际银行监管的权威性（孙若鹏，2018）[472]。

三、美国金融“严监管” 转向“去监管”

“次贷危机”爆发后，针对金融监管中存在的问题和漏洞，美国政府采取了一系列措施。例如，在 2010 年 7 月奥巴马总统正式签署金融监管改革法案——《多德—弗兰克法案》。该法案不仅通过成立应对系统性风险的金融稳定监管委员会（FSOC）和保护消费者权益的消费者金融保护局（CFPB）等机构完善金融监管框架，也从强化宏观审慎监管、提高监管标准，建立自救处置机制、加强影子银行监管、改革证券市场及加强消费者保护等方面推进金融监管改革。

在应对系统重要性风险方面，《多德—弗兰克法案》授权 FSOC 对系统重要性金融机构提出更高的资本充足率、杠杆率限制、流动性和风险管理等要求和标准。FSOC 有“先发制人”的监管授权，即为了防范系统性风险，FSOC 在 2/3 多数通过后即可批准美联储对大型金融机构强制分拆重组或进行资产剥离。

在应对“太大以至于不能倒”方面，《多德—弗兰克法案》通过将非银行系统重要性金融机构统一授权给美联储监管来建立新的系统风险监管框架，且引入《沃尔克法则》（*Volcker Rule*）限制银行和控股公司从事自营性交易，限制银行拥有或投资私募股权基金、对冲基金（投资总额不得超过银行一级资本的3%），并禁止银行利用做空或做多的金融产品销售给客户来防止利益冲突。①

《多德—弗兰克法案》被视为美国大萧条以来最全面、最严格的金融监管法案，既有利于保护消费者和纳税人，也有利于金融稳定，这无疑对美国金融业回归传统、提升效率和经济金融体系的重新恢复起到了重要作用。但该法案也因条款复杂、高资本和流动性监管要求、频繁的现场合规检查和定期压力测试等造成金融机构的监管合规成本显著升高而招致批评。② 在美国，主张充分发挥市场作用是美国共和党重要的执政纲领，因此特朗普在参加总统竞选的过程中一再表示如果当选将废除《多德—弗兰克法案》，于是2017年在其上任后很快就签署了新行政令，推行美国政府有史以来最大规模削减现有监管的举措，提出了改革美国金融监管的七项核心原则，并要求财政部做出评估，为其金融“去监管”铺路（宋湘燕和袁春旺，2018[473]；杨明，2018[474]）。

2017年，美国众议院金融服务委员会提出了《金融选择法》（*the Financial Choice Act*）草案，提出撤销《沃尔克法则》，涉及废除《多德—弗兰克法案》中系统重要性银行“生前遗嘱”、取消华尔街从业人员奖金限额等多项核心政策内容的修改。因参议院的强力反对，特朗普政府转而寻求其他推动“去监管”的突破口。2017年11月，美国参议院共和党人 Mike Crapo 提

① 中国银行业监督管理委员会．后美国金融监管改革进程．2015年7月31日．http://www.cbrc.gov.cn/chinese/home/docView/153CEFE906934C788BD7823891AED2A0.html.

② 美国行动论坛（American Action Forum）研究指出，自《多德—弗兰克法案》生效以来，银行的监管合规成本增加了约360亿美元。

出的《经济增长、放松监管和消费者保护法案》（*Economic Growth*，*Regulatory Relief*，*and Consumer Protection Act*，EGRRCPA）草案最终获得参众两院通过，而后由特朗普于 2018 年 5 月正式签署该法案。2018 年 4 月，美国众议院还通过《沃尔克法则监管协调法》提出由金融监管机构对《沃尔克法则》进行修改。2018 年5 月30 日，美联储发布的《沃尔克法则》简化提案也得到了广泛的认同。

“去监管”法案主要在以下几个方面放松了美国银行业的监管标准，再次开启了美国金融“去监管”之门：一是提高了系统重要性金融机构的门槛。“去监管”法案第 401 款将系统重要性金融机构的资产认定标准从 500 亿美元提高到 2500 亿美元。资产规模低于 2500 亿美元的银行既不必参加美联储每年组织的压力测试，也不必向美联储报批有关破产后如何清算的“生前遗嘱”。但也授予美联储更多自由裁量权，如决定资产规模在 1000 亿美元以上（含）银行是否需要采取审慎监管标准。美国系统重要性银行数量从原来的 38 家骤减到 12 家。① 二是降低了社区银行的资本监管要求。“去监管”法案修改了合格社区银行的认定标准，符合标准且资产规模在 100 亿美元以下的社区银行适用于一般性杠杆率和资本监管要求。三是放松了《沃尔克规则》的适用范围，对资产在 100 亿美元以下且交易性资产和负债低于 5%的社区银行可以豁免执行该规则。四是降低了信息披露要求，资产规模在 50 亿美元以下的小型商业银行的财务报告披露的内容被简化，住房抵押贷款年发放少于 500 笔的银行免予向监管机构报告借款人信息，但在贷款歧视测试中表现欠佳的银行不包括在内。另外，放松监管也扩大了小额发行豁免注册的适用范围，以减轻发行人公开发行前的信息披露成本。五是降低了住房抵押贷款监管要求，即资产规模在 100 亿美元以下的银行审核借款人住房抵押贷款偿付能力的监管要求；若该类银行年贷款笔数在 1000 笔以下且贷款对象为农村或经济欠发达地区的，还将免除住房抵押贷款强制性托管的要求。六是推动网上银

① 2018 年一季度末，资产规模在 500 亿~2500 亿美元的银行（子行）有 30 家，占美国银行业总资产的 21.4%。100 亿美元以下的银行共有 5123 家。

行的便利化，加强消费者保护。如消费者可以通过提供身份证、驾照扫描件或电子图片的方式在网上银行申请开立账户或获取服务（宋湘燕和袁春旺，2018[473]；杨明，2018[474]）。

第三节　对我国商业银行监管改革的启示

在过去的10年中，为有效维护我国金融业利益，金融监管部门通过多种形式参与巴塞尔委员会和金融稳定理事会等工作（如参与国际金融监管标准和制度的制定等），并借鉴巴塞尔委员会和金融稳定理事会等发布的监管文件，不断完善我国银行监管组织框架、监管制度和监管规则。例如，为推动资本充足率监管、提升我国商业银行的风险管理能力、增强银行体系稳定性和提升国际竞争力，原中国银行业监督管理委员会在我国加入巴塞尔委员会之前，即2004年，就借鉴1988年由巴塞尔委员会通过的《关于统一国际银行的资本计算和资本标准的报告》（简称《资本协议》）发布了资本监管的中国标准（第一版）——《商业银行资本充足率管理办法》，并于2006年（在《巴塞尔协议Ⅱ》发布后）进行了修订。我国在2009年加入巴塞尔委员会和金融稳定理事会，并于2010年《巴塞尔协议Ⅲ》发布后及时发布了《商业银行资本管理办法（试行）》（中国银行业监督管理委员会令〔2012〕第1号），要求商业银行在2018年底前达到规定的资本充足率监管要求。在此基础上，原中国银行业监督管理委员会又陆续发布和修订了《商业银行杠杆率管理办法（修订）》（中国银行业监督管理委员会令〔2015〕第1号）、《商业银行流动性风险管理办法》（中国银行保险监督管理委员会令〔2018〕第3号）等有关内部评级法、流动性风险、流动性覆盖率等方面的监管制度。

结合我国金融发展、金融监管现状和经济发展的需要，我国在未来一段时期内将会进行金融监管的改革，因此分析当前银行国际监管规则发展趋势会对我国金融监管改革具有借鉴意义。

一是银行监管体制改革要适应防范和化解系统性金融风险的需要。一方面，由于我国商业银行较早实施资本充足率管理，经过前期化解国有商业银行不良资产、上市和城市商业银行、农村商业银行的股份制改造等多种金融改革措施，特别是前期我国长期保持高速经济增长速度，即使近几年经济增长速度有所放缓，但仍有比较高的经济增长速度为商业银行发展带来良好机遇，因此我国商业银行的整体资本充足率较高。但不容置疑的是，仍有少部分中小商业银行尚未达到监管最低要求。根据本书收集的数据可知，截至2017年底，我国大部分商业银行资本充足率已经达到了资本充足率的监管要求，但受制于自身资本补充能力和外部资本补充渠道的限制，仍有一少部分商业银行存在差距。如吉林银行、晋城银行、九江银行、天津银行、营口银行、广发银行和贵阳农商行的资本充足率介于10%~10.8之间，有10余家中小商业银行的核心一级资本充足率低于8.5%的监管要求，贵阳农商行的资本充足率仅有0.91%，核心一级资本充足率为-1.41%。

另一方面，从系统重要性金融机构的资本管理来看，在FSB发布的2018年29家全球系统重要性银行（G-SIBs）中，中国农业银行和中国建设银行被认定为全球系统性银行最低组别，适用11.5%的资本充足率要求，额外资本缓冲比其他银行高1%；中国银行和中国工商银行被认定为第2组别，额外资本缓冲比其他银行高1.5%。交通银行、兴业银行、浦发银行、中信银行和招商银行也进入全球系统重要性银行排名第31~50名。尽管中国人民银行在《中国金融稳定报告（2018）》中提出将“研究制定国内系统重要性金融机构（D-SIFIs）评估监管和处置框架，规定其评估方法和流程，提出特别监管要求，施加审慎监管要求，并建立D-SIFIs特别处置机制”，央行、银保监会、证监会（一行两会）也于2018年11月27日联合印发了《关于完善系统重要性金融机构监管的指导意见》（银发〔2018〕301号），明确了国内系统重要性金融机构的定义、范围、流程和总体方法，但并未公布具体名单。因此，我国银行监管体制改革应该适当强化全球和国内系统重要性银行的损失吸收能力和风险抵御能力，以防范和化解系统性金融风险。

二是银行监管体制改革要适应和服务实体经济发展的需要。在过去几年中，随着宏观经济形势下行压力的逐渐加大，本应逆周期行事的商业银行却因资产荒出现惜贷、资金在金融体系内空转等脱实向虚的问题。据中国人民银行初步统计结果显示，2018 年全社会融资规模存量达 200.75 万亿元，同比增长 9.8%。其中，对实体经济发放的人民币贷款余额为 134.69 万亿元，同比增长 13.2%；占同期社会融资规模存量的 67.1%，同比仅增加了 2 个百分点。对实体经济发放的外币贷款折合人民币余额为 2.21 万亿元，同比下降了 10.7%。① 因此，我国金融监管体制改革应适应和服务于实体经济发展的需要。

三是银行监管体制改革要适应我国金融发展战略和国际竞争力的需要。当前，我国已经建立了“一委一行两会”金融监管架构（包括国务院金融稳定发展委员会、中国人民银行、中国银行保险监督管理委员会和中国证监会），下一步应在稳妥推进国际银行监管规则落地、补齐监管短板的同时，要充分考虑美国“去监管”可能产生的外溢效应，充分评估国际监管政策“去监管”博弈的“囚徒困境”可能带来的不利影响，抓住国际金融监管标准趋缓的机遇期稳步推进金融业的开放合作，并权衡好防范化解金融风险与维护金融业国际竞争力的关系（宋湘燕和袁春旺，2018[473]；钟震等，2018[475]）。

四是银行监管体制改革应权衡中小商业银行风险控制与监管成本。从 2010 年的《巴塞尔协议Ⅲ》到最终版都突出强调解决“太大以至于不能倒”的问题，但美国的“去监管”改革“放小”思路颇值得我国监管体制改革借鉴（宋春燕和袁春旺，2018）[477]。中小企业是我国国民经济发展和就业的主力，而中小商业银行是我国广大中小企业最主要的融资中介。从我国对银行业的监督检查情况来看，我国对金融机构的合规检查日趋严格。例如，2003 年，原中国银行业监督管理委员会现场检查平均机构覆盖率为 28%，处罚违规银行业金融机构 1512 家，查处违规金额 1768 亿元，取消 257 名高级管理人

① 数据来源：中国人民银行官网 . http://www.gov.cn/xinwen/2019-01/15/content_5358091.htm。

员的任职资格；2014 年，原中国银行业监督管理委员会现场检查平均机构覆盖率为 15%，处罚违规银行业金融机构 2157 家，查处违规金额 5. 10 万亿元，取消 22 名高级管理人员的任职资格；2015 年，原中国银行业监督管理委员会累计检查金融机构 2. 8 万家，对机构罚没总金额 5. 3 亿元，取消 68 名高级管理人员的任职资格，采取审慎监管措施 3207 项，责成被查机构处理人员 5. 6 万人；2017 年，原中国银行业监督管理委员会累计检查金融机构 1. 9 万家，对机构罚没总金额已高达 29. 3 亿元，取消 176 名高级管理人员的任职资格，采取审慎监管措施 5625 次，责成被查机构处理人员 4. 2 万人。① 这既暴露了我国商业银行经营管理在合法合规方面存在诸多问题，同时也反映了我国商业银行的监管成本开始逐年上升。因此，我国金融体制改革应要求广大中小商业银行在今后的经营管理过程中加强合法合规经营，在监管政策的制定和实施过程中也要权衡中小商业银行的风险和监管成本。

五是强化市场约束机制。尽管我国金融监管架构已经搭就，并在资本监管和监督检查方面堪称日益严格和严厉，但市场约束机制依然处于相对弱化的地位，难以形成“用脚投票”的市场机制，从而弱化了消费者权益保护。2007 年发布的《商业银行信息披露办法》仅对总资产低于 10 亿元或存款余额低于 5 亿元的商业银行进行了适当信息披露豁免，除对上市商业银行要求半年度或季度信息披露有强制要求外，对大部分商业银行都不强制要求半年度或季度信息披露。因此，可以借鉴美国市场约束机制的信息披露规定，根据商业银行在银行体系中的重要性，强制要求符合条件的商业银行按月度、季度、半年和年度进行信息披露，但仅对中小商业银行豁免月度、季度或半年的信息披露。

六是转变银行监管内容和方式。当前，国际金融监管趋势已逐渐由过程监管转向规则监管，由直接的行为监管为主转向间接的功能监管。自 20 世纪 70~90 年代放松或取消商业银行经营地域范围和分支机构管制以来，欧美等

① 数据来源：原中国银行业监督管理委员会年报。

发达经济体已几乎不涉及银行经营地域范围和分支机构市场准入的管制，但我国监管部门依然非常注重业务经营范围、市场准入条件等方面的监管，也比较注重对整个金融市场的严格准入，而在市场退出机制的建设和执行方面重视不够，忽视了分支机构进出市场机制的调节作用。自2011年重新收紧城市商业银行和农村商业银行跨省设立分支机构监管政策后，尽管分别于2013年、2015年、2017年及2018年8月重新公布的《中国银保监会中资商业银行行政许可事项实施办法》（中国银行保险监督管理委员会令〔2018〕第5号）中都明确了中资商业银行设立境内分支机构的基本条件①、申请和审批程序②，且第五次金融工作会议明确提出要健全金融法治，但中小商业银行经营地域范围和设立分支机构的管制依然难以突破。

① 《中国银行保监会中资商业银行行政许可事项实施办法》第二十条规定，中资商业银行设立分行的条件包括：具有良好的公司治理结构；风险管理和内部控制健全有效；主要审慎监管指标符合监管要求；具有拨付营运资金的能力；具有完善、合规的信息科技系统和信息安全体系，具有标准化的数据管理体系，具备保障业务连续有效安全运行的技术与措施；监管评级良好；最近2年无严重违法违规行为和因内部管理问题导致的重大案件以及银保监会规章规定的其他审慎性条件。

② 《中国银行保监会中资商业银行行政许可事项实施办法》第二十二条规定，国有商业银行、邮政储蓄银行、股份制商业银行的一级分行、分行级专营机构筹建申请由其总行向银保监会提交，银保监会受理、审查并决定，其二级分行筹建申请由其一级分行向拟设地省级派出机构提交，省级派出机构受理、审查并决定。城市商业银行分行筹建申请由其总行向拟设地省级派出机构提交，省级派出机构受理、审查并决定。

第八章　主要结论与对策建议

第一节　主要结论

本书针对我国中小商业银行跨区域发展问题，借鉴大量已有研究成果，以金融发展理论、金融宽化理论和现代产业组织理论为基础，提出了一个将监管制度内生于市场结构—行为—绩效的分析框架。在回顾我国中小商业银行跨区域经营和分支机构管制制度变迁之后，采用虚拟赋值法、跨区域宽度和深度指标法等方法衡量我国商业银行跨区域发展过程和状态，采用 Lerner 指数法、PRH 统计量法和 Boone 指数法衡量我国商业银行业的市场竞争，采用传统财务指标法和 Z-评分等风险测度方法衡量我国中小商业银行风险，采用随机前沿函数法（SFA）等衡量我国中小商业银行效率。通过建立计量模型检验中小商业银行跨区域发展与市场竞争、中小商业银行风险、商业银行业稳定性及中小商业银行效率之间的定量关系，定量评估我国中小商业银行跨区域发展过程中的若干经济效应，并分析了当前国际银行监管的发展动态。本书的主要结论如下。

一、中小商业银行跨区域发展的差别待遇

监管部门在 2006 年放开中小商业银行跨省扩张政策后，全国性股份制商业银行和城市商业银行等中小商业银行迅速做出了反应，股份制商业银行在全国范围加快了分支机构网络的布局，城市商业银行也在上海银行、北京银

行等的引领下开始大举扩张，甚至部分组建较早的农村商业银行也开始踏上跨省域经营的发展之路。而监管政策在 2011 年又再次趋于收紧，且主要针对城市商业银行和农村商业银行的跨省域扩张，但对这些中小商业银行省级行政区划内的跨地市扩张限制并不严格，而股份制商业银行跨区域发展和分支机构管制要宽松得多。当前的监管政策对不同类型中小商业银行跨区域发展和设立分支机构存在事实上的不对称和差别待遇，不利于营造和形成公平的市场竞争环境。

二、中小商业银行跨区域发展与市场竞争

无论是用传统的结构化方法还是新经验产业组织理论的 Lerner 指数法，是用 PRH 统计量还是 Boone 指数衡量我国商业银行业的市场竞争，都随着中小商业银行跨区域发展而日趋激烈，但我国商业银行业竞争依然存在较大空间，来自非商业银行外部的竞争加大了商业银行的市场竞争压力。区别于美国因放松银行经营地域和分支机构管制而损害受保护的地方性小银行，中小商业银行是我国放松经营地域范围和分支机构管制的受益者，全国性股份制商业银行成为最大的受益者，其次是城市商业银行和农村商业银行等中小商业银行。

三、跨区域发展与中小商业银行风险及银行业稳定性

在 Allen 和 Pantzalis（1996）[244]“国际化宽度可提升银行价值、深度可阻碍银行价值提升”的基础上，本书提出了“中小商业银行跨区域发展宽度有利于降低风险，深度不利于降低风险”的可检验假设。在控制了资产规模、资产结构等银行微观特征、中观产业发展及宏观经济增长等影响因素，以及跨区域深度公司治理等因素后，并对中小商业银行风险与跨区域发展指标进行计量分析，表明中小商业银行不良贷款率、资产收益率的波动率与跨区域发展宽度负相关，但与跨区域发展深度正相关。这意味着跨区域发展特别是

跨省设立分支机构有助于我国中小商业银行降低风险，但跨区域发展深度的影响则相反，这与本书所提出的假设相吻合。股份制商业银行似乎是我国放松经营地域范围和分支机构管制的赢家，但股份制商业银行近年的风险反而高出城市商业银行，陷入“赢者的诅咒”窠臼，而农村商业银行则由于组建时间和跨区域经营时间都不长，其跨区域发展的风险分散效应尚不理想。

传统的理论、经验研究和金融监管者对市场竞争普遍“爱恨交加”，既想通过竞争提高银行业效率和促进其发展，又担心竞争会影响银行业的稳定。对银行业稳定性（用Z-评分的自然对数衡量）与市场竞争程度（用Lerner指数衡量）的定量分析表明，在2006—2017年期间，我国商业银行表现出“竞争—稳定”特征，进行分银行类型（股份制商业银行、城市商业银行和农村商业银行）稳健性回归检验后依然有预期的符号。

四、跨区域扩张与中小商业银行效率的评估

本书采用随机前沿函数分析法（SFA）测度我国中小商业银行的成本效率、利润效率、规模效率和X-效率，并建立效率指标和跨区域发展指标之间的计量经济模型，评估跨区域发展与中小商业银行效率之间的定量关系。结果表明，跨区域发展宽度有助于中小商业银行发掘规模效率和获得利润，但并未改善成本效率。这可能因为组织层面的不经济、委托代理问题、受制于管理能力等造成了显著的X-效率损失。

五、“次贷危机” 后银行监管的趋势与经验借鉴

发生在10年前但其影响依然余威尚存的“次贷危机”促使国际金融组织和各国监管机构空前团结起来，从而催生了诸多监管改革成果。除了金融监管组织架构的优化外，巴塞尔委员会、金融稳定理事会在监管规则制定上的贡献尤其可圈可点，无论是2010年《巴塞尔协议Ⅲ》还是最终版的《巴塞尔协议Ⅲ》，均将宏观审慎监管与微观审慎监管相结合，并在突出防范系统重要

性金融机构可能带来的负面影响方面采用了大量篇幅进行叙述。尽管国际金融组织和大部分国家的监管部门都赞同《巴塞尔协议Ⅲ》最终版，因其具有简单性、可比性和风险敏感性，有助于营造公平的国际、国内竞争环境，但美国率先通过“去监管”改革，为未来看似公平的银行国际监管竞争撕开了一道不协调的“口子”。因此，在未来我国银行监管体制改革过程中，至少应在以下四个方面进行借鉴和深思：银行监管体制改革要适应防范和化解系统性金融风险的需要；要适应和服务实体经济发展的需要；要适应我国金融发展战略和国际竞争力的需要；要权衡中小商业银行风险控制与监管成本，强化市场约束机制及转变银行监管内容和方式。

第二节　政策建议

在本书建立的修正分析框架中，将保护性政策、审慎监管政策和竞争政策等公共政策视为内生于银行业市场结构、市场行为和绩效框架中，公共政策的制定、调整和优化可以基于对市场行为、绩效和银行风险的考量及权衡。

一、中小商业银行跨区域发展监管的宏观政策建议

我国放松或取消中小商业银行跨区域发展和分支机构设立管制首先取决于我国银行业的风险高低。在监管政策改革上，一是在宏观审慎监管架构的基础上，重点稳妥地推进《巴塞尔协议Ⅲ》资本监管规则和国内系统重要性金融机构资本监管，并以此为契机尽快补齐监管短板和监管真空，提高监管效能，敦促中小商业银行建立完善风险管理治理架构，提高商业银行全面风险管理能力。

二是积极探索商业银行特别是中小商业银行资本工具创新，不断拓展资本工具发行渠道、增加资本工具种类、扩大投资主体范围，改进资本工具发

行审批流程和制度，营造有利于商业银行资本工具创新的外部环境，强化商业银行资本补充的“造血”机能，充分发挥境内外金融市场优势和资源，提高中小商业银行资本补充能力，提升中小商业银行应对外部冲击的能力。

三是营造公平竞争的市场环境。最终版《巴塞尔协议Ⅲ》通过监管规则的可比性解决不同国家之间、不同银行之间在监管上的不公平。当前，发达经济体的金融监管已很少涉及经营地域范围和设立分支机构管制，放松或取消经营地域范围和设立分支机构管制既是国际金融监管的大趋势，也是公平竞争环境的重要表现。短期内，经营地域范围和设立分支机构监管政策既要考虑特定地域范围内的发展问题，更要有全国统一的银行业市场的大局观。从长期来看，取消这种管制也是我国落实最终版《巴塞尔协议Ⅲ》监管规则可比性的重要内容，而从对外开放的金融发展战略来看，取消这种管制也是提升我国中小商业银行国际竞争力的重要途径。

四是宏观审慎监管可充分调动商业银行资本工具创新的积极性和主动性。在推动我国金融业对外开放发展战略的过程中，应综合权衡金融风险防范和监管成本，既要“抓大”，也要借鉴美国“去监管”改革的“放小”措施，并通过释放中小商业银行市场活力，解决中小微企业的“融资难”和“融资贵”这一老大难问题，以推动金融支持实体经济发展的主题。

二、中小商业银行跨区域发展监管的中观政策建议

在中观产业层面，要不断强化金融市场基础设施建设，修正银行的市场失灵。中观层面的改革措施主要包括以下几个方面：

一是改革国家会计准则，建立单一的、高质量的会计制度。当前，我国对从 2007 年开始实行的《金融企业会计准则》虽然经过补充和完善与国际会计准则不断接近，但仍有较大差距。中小商业银行大部分按照《金融企业会计准则》进行会计核算和信息披露，也有一小部分中小商业银行按照上市公司标准进行会计处理和信息披露，部分在港交所上市的中小商业银行则按照

港交所国际会计准则进行会计处理和信息披露。一方面，监管要求的差异造成会计计量、会计科目、会计结果存在差异，可比性差。因此，要尽快推进会计准则的国际化步伐。另一方面，要严格外部审计机构审计纪律，确保银行会计核算的科学性和准确性。

二是要扩大金融监管范围。将不受监管约束或仅受有限约束的准金融机构（“影子银行体系”），如对冲基金、私人资金池、按揭贷款公司、结构化投资实体、货币市场基金等纳入金融监管框架。当前，我国互联网金融发展迅速，但这些互联网金融机构普遍游离于监管范围之外。因此，应尽快制定监管规则，填补监管真空，将准银行机构纳入监管约束范围。

三是加强外部评级机构监管，减少利益冲突，降低金融监管及金融机构对外部评级的依赖程度；改革场外衍生品市场，推动场外交易合约标准化，鼓励通过中央交易对手进行交易；提高不同金融部门监管标准的一致性，缩小不同金融市场之间监管套利的空间；改革金融交易的支付清算体系，降低风险传染性。

三、中小商业银行跨区域发展监管的微观政策建议

一是稳步推进资本充足率监管制度，提升银行体系吸收损失的能力。通过杠杆率监管，约束银行体系的杠杆效应，缓解去杠杆化的负面影响。严格量化的流动性监管标准，增强单家银行应对短期流动性冲击的能力，降低资产负债期限错配程度。

二是提升中小商业银行的风险管理能力。尽快推动中小商业银行建立全面风险管理架构；完善商业银行法人治理结构，提升银行高管和专业人员在银行风险管理方面的能力建设，充分发挥风险管理委员会等专业委员会在银行风险管控中的作用。建立完善风险管理内部控制制度，发挥内部审计和外部审计的风险管理职能。改革金融机构公司治理监管规则，引导金融机构建立集团层面的风险治理架构。提高中小商业银行的透明度要求，增强市场约

束等。要加强公司自身治理能力建设，强化“三会一层”的权力制衡机制建设。同时优化组织机构，强化信息化建设，加强授权管理，降低因组织不经济导致 X 无效率的影响。

三是加强商业银行分支机构风险管控。加强分支机构授权管理，强化总行统一财务管理和资金调拨的作用。优化分支机构薪酬激励约束机制，推动高管人员、分支机构建立稳健的薪酬机制，以确保薪酬发放的数量、期限与所承担的风险暴露及风险存续期更加一致。中小商业银行应积极进行物理网点优化转型，推动手机银行、网上银行等移动互联渠道建设。调整人员结构，在降低成本的同时提升服务能力，提升员工在风险控制和新金融业务等方面的能力。

四是加强中小商业银行人才队伍建设，克服跨区域发展过程中的人才资源短板，以确保银行市场竞争活力。

四、后续研究

虽然本书在前述几个方面都做了一些有益的尝试和探索，总结出了一些有价值的结论，但限于理论功底不足和研究能力欠缺，挂一漏万，依然存在很多不足之处。如对跨区域发展的定量测度未采用能反映更多信息的距离指数法；在定量评估跨区域扩张、商业银行效率、商业银行业市场竞争和商业银行风险时，也未能提出更有创新性的方法；在评估跨区域发展与效率、市场竞争和风险之间的定量关系时，计量模型设定相对比较简单。由于认知和数据资料的限制，这些模型或许还存在诸如模型设定问题、检验方法的恰当性问题等。这些问题只能留到后续研究再行解决。

重要的是，受数据可得性的限制，本书未能就中小商业银行跨区域发展对诸如中小企业融资、对区域宏观经济发展等进行研究，也未对国际化这一更大范围的跨区域扩张及中小商业银行通过设立或控股村镇银行跨区域扩张进行分析，未考虑设立或控股其他非银行金融机构所产生的协同和交叉销售等带来的影响。这些研究内容很有价值，如果进一步对这些问题深入研究，不仅可以加深对我国中小商业银行跨区域发展的理解，也可以提出更有洞见的政策建议。笔者也非常期望后续能进一步推进这些有价值的主题的研究工作。

参考文献

［1］KING R G，LEVINE R. Finance，Entrepreneurship and Growth：Theory and Evidence［J］. Journal of Monetary Economics，1993a，32（3）：513-542.

［2］KING R G，LEVINE R. Finance and Growth：Schumpeter Might Be Right［J］. The Quarterly Journal of Economics，1993b，108（3）：717-737.

［3］BECK T，LEVINE R，LOAYZA N. Finance and the Sources of Growth［J］. Journal of Financial Economics，2000，58（1-2）：261-300.

［4］白钦先，谭庆华. 论金融功能演进与金融发展［J］. 金融研究，2006（7）：41-52.

［5］李杨. 中国金融改革开放 30 年：历程、成就和进一步发展［J］. 财贸经济，2008（11）：38-52.

［6］曹远征. 大国大金融：中国金融体制改革 40 年［M］. 广州：广东经济出版社，2018.

［7］吴晓求. 改革开放四十年：中国金融的变革与发展［J］. 经济理论与经济管理，2018（11）：5-30.

［8］谢平，王素珍，闫伟. 存款保险的理论研究与国际比较［J］. 金融研究，2001（5）：1-12.

［9］钱小安. 存款保险的道德风险、约束条件与制度设计［J］. 金融研究，2004（8）：21-27.

［10］刘澜飚，沈鑫，郭步超. 互联网金融发展及其对传统金融模式的影响探讨［J］. 经济学动态，2013（8）：73-83.

［11］ECONOMIDES N. Network Economics with Application to Finance［J］.

Financial Markets, Institutions & Instruments, 1993, 2 (5): 89-97.

[12] ECONOMIDES N. The Impact of the Internet on Financial Markets [J]. Journal of Financial Transformation, 2001, 1 (1): 8-13.

[13] 谢平,邹传伟. 互联网金融模式研究 [J]. 金融研究, 2012 (12): 11-22.

[14] WILLIAMS J L, JACOBSEN M P. The Business of Banking: Looking to the Future [J]. The Business Lawyer, 1995, 50 (3): 783-816.

[15] MISHKIN F S, STRAHAN P E. What Will Technology Do to Financial Structure? [M]. Cambridge: National Bureau of Economic Research, 1999.

[16] 宋旺,钟正生. 中国金融脱媒度量及国际比较 [J]. 当代经济科学, 2010, 32 (2): 26-37.

[17] 陈钢,郑良琳. 后金融危机时代我国金融脱媒现象探析 [J]. 上海金融, 2012 (11): 104-107.

[18] 宫晓林. 互联网金融模式及对传统银行业的影响 [J]. 南方金融, 2013 (5): 86-88.

[19] 梁彩红. 金融脱媒研究文献综述 [J]. 重庆工商大学学报 (社会科学版), 2014, 31 (3): 69-74.

[20] 王达. 美国互联网金融的发展及中美互联网金融的比较: 基于网络经济学视角的研究与思考 [J]. 国际金融研究, 2014 (12): 47-57.

[21] KROSZNER R S, STRAHAN P E. What Drives Deregulation? Economics and Politics of the Relaxation of Bank Branching Restrictions [J]. The Quarterly Journal of Economics, 1999, 114 (4): 1437-1467.

[22] ALLEN F, MCANDREWS J, STRAHAN P E. Finance: An Introduction [J]. Journal of Financial Services Research, 2002, 22 (1-2): 5-27.

[23] BERGER A N, DEYOUNG R. Technological Progress and the Geographic Expansion of the Banking Industry [J]. Journal of Money Credit and

Banking, 2006, 38 (6): 1483-1513.

[24] SMITH A. The Wealth of Nations: An Inquiry into the Nature and Causes of the Wealth of Nations [M]. Harriman House Limited, 1776.

[25] ARROW K J. The Role of Securities in the Optimal Allocation of Risk-Bearing [J]. The Review of Economic Studies, 1964, 31 (2): 91-96.

[26] DEBREU G. Theory of Value: An Axiomatic Analysis of Economic Equilibrium [M]. Hew Haven: Yale University Press, 1959.

[27] ROBINSON J. The Rate of Interest and Other Essays. [M] London: MacMi-llan, 1952.

[28] LUCAS JR R E. On the Mechanics of Economic Development [J]. Journal of Monetary Economics, 1988, 22 (1): 3-42.

[29] STEIN J C. Takeover Threats and Managerial Myopia [J]. Journal of Political Economy, 1988, 96 (1): 61-80.

[30] CHANDAVARKAR A. Of Finance and Development: Neglected and Unsettled Questions [J]. World Development, 1992, 20 (1): 133-142.

[31] SCHUMPETER J A. The Theory of Economic Development: An Inquiry into Profits, Capital, Credit, Interest, and the Business Cycle [M]. Massachuse tts: Harv ard University Press, 1912.

[32] GURLEY J G, SHAW E S. Financial Aspects of Economic Development [J]. The American Economic Review, 1955, 45 (4): 515-538.

[33] GURLEY J G, SHAW E S. Financial Intermediaries and the Saving-Investment Process [J]. The Journal of Finance, 1956, 11 (2): 257-276.

[34] GURLEY J G, SHAW E S. The Growth of Debt and Money in the United States, 1800 - 1950: A Suggested Interpretation [J]. The Review of Economics and Statistics, 1957, 39 (3): 250-262.

[35] GURLEY J G, SHAW E S. Money in a Theory of Finance [M]. Washington

D. C. : The Brookings Institution, 1960.

[36] GOLDSMITH R W. Financial Structure and Development [M]. New Haven: Yale University Press, 1969.

[37] SHAW E S. Financial Deepening in Economic Development [M]. New York: Oxford University Press, 1973.

[38] MCKINNON R I. Money and Capital in Economic Development [M]. Washington D. C. : Brookings Institution Press, 1973.

[39] HELLMANN T, MURDOCK K, STIGLITZ J E. Financial Restraint: Toward a New Paradigm [M] //The Role of Government in East Asian Economic Development: Comparative Institutional Analysis. Oxford: Oxford University Press, 1997: 163-207.

[40] LEVINE R. Financial Development and Economic Growth: Views and Agenda [J]. Journal of Economic Literature, 1997, 35 (2): 688-726.

[41] ZINGALES L. Presidential Address: Does Finance Benefit Society? [J]. The Journal of Finance, 2015, 70 (4): 1327-1363.

[42] AZARIADIS C, BUCCI A. On "Finance and Economic Growth in the Aftermath of the Crisis" [J]. Journal of Macroeconomics, 2019 (62): 1-4.

[43] DIAMOND D W. Financial Intermediation and Delegated Monitoring [J]. The Review of Economic Studies, 1984, 51 (3): 393-414.

[44] BENCIVENGA V R, SMITH B D. Financial Intermediation and Endogenous Growth [J]. The Review of Economic Studies, 1991, 58 (2): 195-209.

[45] BOOT A W, THAKOR A V. Financial System Architecture [J]. The Review of Financial Studies, 1997, 10 (3): 693-733.

[46] GREENWOOD J, SMITH B D. Financial Markets in Development and the Development of Financial Markets [J]. Journal of Economic Dynamics and Control, 1997, 21 (1): 145-181.

[47] ERGUNGOR O E. Bank Branch Presence and Access to Credit in Low-to Moderate-Imcome Neighborhoods [J]. Journal of Money, Credit and Banking, 2010, 42 (7): 1321-1349.

[48] DEMIRGÜÇ-KUNT A, LEVINE R. Financial Structure and Economic Growth: A Cross-Country Comparison of Banks, Markets, and Development [M]. Massachu setts: MIT Press, 2004.

[49] HARROD R F. An Essay in Dynamic Theory [J]. The Economic Journal, 1939, 49 (193): 14-33.

[50] DOMAR E D. Capital Expansion, Rate of Growth, and Employment [J]. Econometrica, 1946, 14 (2): 137-147.

[51] SOLOW R M. A Contribution to the Theory of Economic Growth [J]. The Quarterly Journal of Economics, 1956, 70 (1): 65-94.

[52] 陈野华. 西方货币金融学说的新发展 [M]. 成都: 西南财经大学出版社, 2001.

[53] PATRICK H T. Financial Development and Economic Growth in Underdeveloped Countries [J]. Economic Development and Cultural Change, 1966, 14 (2): 174-189.

[54] 周骏. 金融发展与经济增长关系研究综述 [J]. 首都经济贸易大学学报, 2009 (2): 98-106.

[55] DEMIRGÜÇ-KUNT A, DETRAGIACHE E. Financial Liberalization and Financial Fragility [M]. Washingtor D. C.: The World Bank, 1998: 1-38.

[56] DIAZ-ALEJANDRO C. Good-Bye Financial Repression, Hello Financial Crash [J]. Journal of Development Economics, 1985, 19 (1): 1-24.

[57] MCKINNON R I. Financial Control in the Transition from Classical Socialism to a Market Economy [J]. The Journal of Economic Perspectives, 1991, 5 (4): 107-122.

[58] MCKINNON R. I. The Order of Economic Liberalization: Financial Control in the Transition to a Market Economy [M]. 2ed. Maryland: John Hopkins University Press, 1993.

[59] 向文华. 金融自由化与金融风险相关性研究 [M]. 北京: 中央编译出版社, 2005.

[60] STIGLITZ J E. The Role of the State in Financial Markets [J]. The World Bank Economic Review, 1993, 7 (suppl_ 1): 19-52.

[61] HELLMANN T, MURDOCK K, STIGLITZ J E. Deposit Mobilization through Financial Restraint [M] //Financial Development and Economic Growth. London: Routledge, 1996: 219-246.

[62] HELLMANN T, MURDOCK K, STIGLITZ J. Financial Restraint and the Market Enhancing View [M] //The Institutional Foundations of East Asian Economic Development. New York: Palgrave Macmillan, London, 1998: 255-284.

[63] KAPUR B K. Alternative Stabilization Policies for Less-Developed Economies [J]. The Journal of Political Economy, 1976, 84 (4): 777-795.

[64] GALBIS V. Financial Intermediation and Economic Growth in Less - Developed Countries: A Theoretical Approach [J]. The Journal of Development Studies, 1977, 13 (2): 58-72.

[65] FRY M J. Money and Capital or Financial Deepening in Economic Development? [J]. Journal of Money, Credit and Banking, 1978, 10 (4): 464-475.

[66] FRY M. J. Saving, Investment, Growth and the Cost of Financial Repression [J]. World Development, 1980, 8 (4): 317-327.

[67] MATHIESON D. J. Financial Reform and Stabilization Policy in a Developing Economy [J]. Journal of Development Economics, 1980, 7 (3): 359-395.

[68] LEVINE R, Zervos S. Stock Markets, Banks, and Economic Growth [J].

American Economic Review, 1998, 88 (3): 537-558.

[69] BECK T, LEVINE R. Stock Markets, Banks, and Growth: Panel Evidence [J]. Journal of Banking & Finance, 2004, 28 (3): 423-442.

[70] ROUSSEAU P L, WACHTEL P. What Is Happening to the Impact of Financial Deepening on Economic Growth? [J]. Economic Inquiry, 2011, 49 (1): 276-288.

[71] MERTON R C. A Functional Perspective of Financial Intermediation [J]. Financial Management, 1995, 24 (2): 23-41.

[72] BAGEHOT W. Lombard Street: A Description of the Money Market [M]. Scribner, Armstrong & Company, 1873.

[73] MERTON R C, Bodie Z. A Framework for Analyzing the Financial System [M] //The Global Financial System: A Functional Perspective. Boston: Harvard Business School Press, Boston, 1995.

[74] ROMER P M. Increasing Returns and Long-Run Growth [J]. Journal of Political Economy, 1986, 94 (5): 1002-1037.

[75] REBELO S. Long-Run Policy Analysis and Long-Run Growth [J]. Journal of Political Economy, 1991, 99 (3): 500-521.

[76] ROMER P. M. Endogenous Technological Change [J]. Journal of Political Economy, 1990, 98 (5): 71-102.

[77] GROSSMAN G M, HELPMAN E. Quality Ladders in the Theory of Growth [J]. The Review of Economic Studies, 1991, 58 (1): 43-61.

[78] AGHION P, HOWITT P. A Model of Growth through Creative Destruction [J]. Econometrica, 1992, 60 (2): 323-351.

[79] DEMIRGÜÇ-KUNT A, BECK T, HONOHAN P. Finance for All: Policies and Pitfalls in Expanding Access [M]. Washington D. C.: The World Bank, 2008.

[80] 李猛. 金融宽度和金融深度的影响因素：一个跨国分析 [J]. 南方经济，2008 (5)：56-67.

[81] 邵宜航，刘仕保，张朝阳. 创新差异下的金融发展模式与经济增长：理论与实证 [J]. 管理世界，2015(11)：29-39.

[82] LEVINE R. Finance and Growth：Theory and Evidence [M] //Handbook of Economic Growth. North-Hottand：Elsevier，2005：865-934.

[83] AGHION P，BOLTON P. A Theory of Trickle-Down Growth and Development [J]. The Review of Economic Studies，1997，64 (2)：151-172.

[84] GALOR O，ZEIRA J. Income Distributions and Macroeconomics [J]. The Review of Economic Studies，1993，60 (1)：35-52.

[85] GALOR O，MOAV O. From Physical to Human Capital Accumulation：Inequality in the Process of Development [J]. The Review of Economic Studies，2004，71 (4)：1001-1026.

[86] BECK T，DEMIRGÜÇ-KUNT A，MARTÍNEZ-PERÍA M. S. Reaching Out：Access to and Use of Banking Services across Countries [J]. Journal of Financial Economics，2007，85 (1)：234-266.

[87] STIGLITZ J E，WEISS A. Credit Rationing in Markets with Imperfect Inform-ation [J]. The American Economic Review，1981，71 (3)：393-410.

[88] LEYSHON A，THRIFT N. Access to Financial Services and Financial Infras-tructure Withdrawal：Problems and Policies [J]. Area：1994，26 (3)：268-275.

[89] LEYSHON A，THRIFT N. Geographies of Financial Exclusion：Financial Abandonment in Britain and the United States [J]. Transactions of the Institute of British Geographers，1995，20 (3)：312-341.

[90] LEYSHON A，FRENCH S，SIGNORETTA P. Financial Exclusion and the Geography of Bank and Building Society Branch Closure in Britain [J].

Transactions of the Institute of British Geographers, 2008, 33 (4): 447-465.
[91] CARBÓ S, GARDNER E, MOLYNEUX P. Financial Exclusion [M]. Basingstoke: Palgrave Macmillan, 2005.
[92] CLAESSENS S. Access to Financial Services: A Review of the Issues and Public Policy Objectives [J]. The World Bank Research Observer, 2006, 21 (2): 207-240.
[93] KEMPSON E, WHYLEY C. Kept out or Opted Out? Understanding and Combating Financial Exclusion [M]. Great British: The Policy Press, 1999.
[94] EVANS D S, JOVANOVIC B. An Estimated Model of Entrepreneurial Choice under Liquidity Constraints [J]. Journal of Political Economy, 1989, 97 (4): 808-827.
[95] BECK T, DEMIRGÜÇ-KUNT A, HONOHAN P. Access to Financial Services: Measurement, Impact, and Policies [J]. The World Bank Research Observer, 2009, 24 (1): 119-145.
[96] 江春，苏志伟. 金融发展如何促进经济增长：一个文献综述 [J]. 金融研究，2013 (9): 110-122.
[97] ROE M J, SIEGEL J I. Political Instability: Effects on Financial Development, Roots in the Severity of Economic Inequality [J]. Journal of Comparative Economics, 2011, 39 (3): 279-309.
[98] BECK T, DEMIRGÜÇ - KUNT A, MARTÍNEZ - PERÍA M S. Banking Services for Everyone? Barriers to Bank Access and Use around the World [J]. The World Bank Economic Review, 2008, 22 (3): 397-430.
[99] BECK T, DEMIRGÜÇ-KUNT A. Access to Finance: An Unfinished Agenda [J]. The World Bank Economic Review, 2008, 22 (3): 383-396.
[100] 王修华，邱兆祥. 农村金融发展对城乡收入差距的影响机理与实证研

究［J］. 经济学动态，2011（2）：71-75.

［101］DEMIRGÜÇ - KUNT A，LEVINE R. Finance and Economic Opportunity［M］. Washington D. C.：The World Bank，2008.

［102］CLAESSENS S，PEROTTI E. Finance and Inequality：Channels and Evidence［J］. Journal of Comparative Economics，2007，35（4）：748-773.

［103］CULL R，DEMIRGÜÇ-KUNT A，MORDUCH J. Does Microfinance Regulation Curtail Profitability and Outreach?［M］. New York：NYU Wagner Research Paper，2008：1-41.

［104］BLACK S E，STRAHAN P E. Entrepreneurship and Bank Credit Availability［J］. The Journal of Finance，2002，57（6）：2807-2833.

［105］BECK T，LEVINE R，LEVKOV A. Big Bad Banks? The Winners and Losers from Bank Deregulation in the United States［J］. The Journal of Finance，2010，65（5）：1637-1667.

［106］ARDALAN K. Community Reinvestment Act：Review of Empirical Evidence［J］. Academy of Banking Studies Journal，2006，5（2）：115-139.

［107］CHRISTOPOULOS D K，TSIONAS E G. Financial Development and Economic Growth：Evidence from Panel Unit Root and Cointegration Tests［J］. Journal of Development Economics，2004，73（1）：55-74.

［108］VLACHOS J，WALDENSTRÖM D. International Financial Liberalization and Industry Growth［J］. International Journal of Finance & Economics，2005，10（3）：263-284.

［109］ANG J B，MCKIBBIN W J. Financial Liberalization，Financial Sector Development and Growth：Evidence from Malaysia［J］. Journal of Development Economics，2007，84（1）：215-233.

［110］HASSAN M K，SANCHEZ B，YU J S. Financial Development and Economic Growth：New Evidence from Panel Data［J］. The Quarterly Review of Economics and Finance, 2011, 51 (1): 88-104.

[111] HERWARTZ H, WALLE Y M. Determinants of the Link between Financial and Economic Development: Evidence from a Functional Coefficient Model [J]. Economic Modelling, 2014 (37): 417-427.

[112] BOULILA G, TRABELSI M. The Causality Issue in the Finance and Growth Nexus: Empirical Evidence from Middle East and North African Countries [J]. Review of Middle East Economics and Finance, 2004, 1 (1): 123-138.

[113] ZANG H, KIM Y C. Does Financial Development Precede Growth? Robi-nson and Lucas Might Be Right [J]. Applied Economics Letters, 2007, 14 (1): 15-19.

[114] CHAKRABORTY I. Does Financial Development Cause Economic Growth? The Case of India [J]. South Asia Economic Journal, 2008, 9 (1): 109-139.

[115] SHAN J Z, MORRIS A G, SUN F. Financial Development and Economic Growth: An Egg-and-Chicken Problem? [J]. Review of International Economics, 2001, 9 (3): 443-454.

[116] CALDERÓN C, LIU L. The Direction of Causality between Financial Development and Economic Growth [J]. Journal of Development Economics, 2003, 72 (1): 321-334.

[117] BERGLOF E, BOLTON P. The Great Divide and Beyond: Financial Architecture in Transition [M] //Financial Development and Economic Growth: Exptaining the Links. New York: Patgrave Macmiuan, 2004: 106-134.

[118] MANNING M J. Finance Causes Growth: Can We Be So Sure? [J]. Contributions in Macroeconomics, 2003, 3 (1): 1-22.

[119] BERGER A N, MOLYNEUX P, WILSON J O S. Banks and the Real Economy: An Assessment of the Research [J]. Journal of Corporate Finance, 2019 (62): 1-61.

[120] KINDLEBERGER C P, ALIBER R Z. Manias, Panics, and Crashes: A History of Financial Crises [M]. Fifth edition ed. Hoboken, New Jersey: John Wiley & Sons, Inc., 2005.

[121] BERGER A N, KASHYAP A K, SCALISE J M, et al. The Transformation of the U. S. Banking Industry What a Long, Strange Trip It's Been [J]. Brookings Papers on Economic Activity, 1995 (2): 55-218.

[122] BERGER A N, UDELL G F. The Institutional Memory Hypothesis and the Procyclicality of Bank Lending Behavior [J]. Journal of financial Intermediation, 2004, 13 (4): 458-495.

[123] RAJAN R G. Has Finance Made the World Riskier? [J]. European Financial Management, 2006, 12 (4): 499-533.

[124] SAHAY R, Čihák M, N'diaye P, et al. Rethinking Financial Deepening: Stability and Growth in Emerging Markets [J]. Revista de Economía Institucional, 2015, 17 (33): 73-107.

[125] ARCAND J L, BERKES E, PANIZZA U. Too Much Finance? [J]. Journal of Economic Growth, 2015, 20 (2): 105-148.

[126] BERGER A N, BOUWMAN C H S. Bank Liquidity Creation, Monetary Policy, and Financial Crises [J]. Journal of Financial Stability, 2017 (30): 139-155.

[127] BREITENLECHNER M, GÄCHTER M, SINDERMANN F. The Finance-Growth Nexus in Crisis [J]. Economics Letters, 2015 (132): 31-33.

[128] BECK R, GEORGIADIS G, STRAUB R. The Finance and Growth Nexus Revisited [J]. Economics Letters, 2014, 124 (3): 382-385.

[129] MANGANELLI S, POPOV A. Financial Dependence, Global Growth Opportunities, and Growth Revisited [J]. Economics Letters, 2013, 120 (1): 123-125.

[130] LA PORTA R, LOPEZ-DE-SILANES F, SHLEIFER A, et al. Law and Finance [J]. Journal of Political Economy, 1998, 106 (6): 1113-1155.

[131] LA PORTA R, LOPEZ-DE-SILANES F, SHLEIFER A, et al. Legal Determinants of External Finance [J]. The Journal of Finance, 1997, 52 (3): 1131-1150.

[132] BECK T, DEMIRGÜÇ-KUNT A, LEVINE R. Legal Theories of Financial Development [J]. Oxford Review of Economic Policy, 2001, 17 (4): 483-501.

[133] BECK T, DEMIRGÜÇ-KUNT A, LEVINE R. Law and Finance: Why Does Legal Origin Matter? [J]. Journal of Comparative Economics, 2003, 31 (4): 653-675.

[134] PAGANO M, VOLPIN P. The Political Economy of Finance [J]. Oxford Review of Economic Policy, 2001, 17 (4): 502-519.

[135] JOHNSON S, MCMILLAN J, WOODRUFF C. Property Rights and Finance [M]. Massachusetts: National Bureau of Economic Research, 2002.

[136] JOHNSON S, MCMILLAN J, WOODRUFF C. Courts and Relational Contracts [J]. Journal of Law, Economics, and Organization, 2002, 18 (1): 221-277.

[137] PEROTTI E C, VON THADDEN E-L. Corporate Governance and the Distribution of Wealth: A Political-Economy Perspective [J]. Journal of Institutional and Theoretical Economics JITE, 2006a, 162 (1): 204-217.

[138] PEROTTI E C, VON THADDEN E-L. The Political Economy of Corporate Control and Labor Rents [J]. Journal of Political Economy, 2006b,

114 (1): 145-175.

[139] TRESSEL T, DETRAGIACHE E. Do Financial Sector Reforms Lead to Financial Development? Evidence from a New Dataset [M]. Washington D. C.: IMF Working Paper, 2008.

[140] BLACKBURN K, FORGUES-PUCCIO G F. Financial Liberalization, Bureaucratic Corruption and Economic Development [J]. Journal of International Money and Finance, 2010, 29 (7): 1321-1339.

[141] GRAFF M, KARMANN A. What Determines the Finance-Growth Nexus? Empirical Evidence for Threshold Models [J]. Journal of Economics - Zeitschrift für Nationalökonomie, 2006, 87 (2): 127-157.

[142] RAMCHARAN R. The Link between the Economic Structure and Financial Development [J]. The BE Journal of Macroeconomics, 2010, 10 (1): 1-35.

[143] LEVINE R. Bank-Based or Market-Based Financial Systems: Which Is Better? [J]. Journal of Financial Intermediation, 2002, 11 (4): 398-428.

[144] BECK T, LEVINE R. Industry Growth and Capital Allocation: Does Having a Market or Bank-Based System Matter? [J]. Journal of Financial Economics, 2002, 64 (2): 147-180.

[145] DEMIRGÜÇ-KUNT A, MAKSIMOVIC V. Funding Growth in Bank-Based and Market-Based Financial Systems: Evidence from Firm-Level Data [J]. Journal of Financial Economics, 2002, 65 (3): 337-363.

[146] BERGER A N, BOUWMAN C H S. Bank Liquidity Creation [J]. Review of Financial Studies, 2009, 22 (9): 3779-3837.

[147] GIEDEMAN D C. Branch Banking Restrictions and Finance Constraints in Early-Twentieth-Century America [J]. The Journal of Economic History,

2005, 65 (1): 129-151.

[148] SAVAGE D T. Interstate Banking: A Status Report [J]. Federal Reserve Bulletin, 1993 (79): 1075-1089.

[149] ASHCRAFT A B. New Evidence on the Lending Channel [J]. Journal of Money, Credit and Banking, 2007, 38 (3): 751-775.

[150] DEMYANYK Y, OSTERGAARD C, SØRENSEN B E U S. Banking Deregulation, Small Businesses, and Interstate Insurance of Personal Income [J]. The Journal of Finance, 2006, 62 (6): 2763-2801.

[151] RICE T, STRAHAN P E. DOES Credit Competition Affect Small-Firm Finance? [J]. The Journal of Finance, 2010, 65 (3): 861-889.

[152] BERTRAND M, SCHOAR A, THESMAR D. Banking Deregulation and Industry Structure: Evidence from the French Banking Reforms of 1985 [J]. The Journal of Finance, 2007, 62 (2): 597-628.

[153] BERGER A N, GOULDING W, RICE T. Do Small Businesses Still Prefer Community Banks? [J]. Journal of Banking & Finance, 2014 (44): 264-278.

[154] 江春，滕芸. 企业家精神与金融发展关系研究评述 [J]. 经济学动态，2010 (2): 110-115.

[155] AGHION P, FALLY T, SCARPETTA S. Credit Constraints as a Barrier to the Entry and Post-Entry Growth of Firms [J]. Economic Policy, 2007, 22 (52): 732-779.

[156] BLANCHFLOWER D G , SHADFORTH C. Entrepreneurship in the UK [J]. Foundations and Trends© in Entrepreneurship, 2007, 3 (4): 257-364.

[157] MAGRI S. The Financing of Small Entrepreneurs in Italy [J]. Annals of Finance, 2009, 5 (3-4): 397-419.

[158] COLOMBO M G, GRILLI L. Funding Gaps? Access to Bank Loans by High-

Tech Start-Ups [J]. Small Business Economics, 2007, 29 (1-2): 25-46.

[159] AGARWAL S , HAUSWALD R. Distance and Private Information in Lending [J]. Review of Financial Studies, 2010, 23 (7): 2757-2788.

[160] UCHIDA H, UDELL G F, YAMORI N. Loan Officers and Relationship Lending to SMEs [J]. Journal of Financial Intermediation, 2012, 21 (1): 97-122.

[161] GIANNETTI C. Relationship Lending and Firm Innovativeness [J]. Journal of Empirical Finance, 2012, 19 (5): 762-781.

[162] BROWN J R, COOKSON J A, HEIMER R Z. Growing up without Finance [J]. Journal of Financial Economics, 2019, 134 (3): 591-616.

[163] ALESSANDRINI P, PRESBITERO A F, ZAZZARO A. Geographical Organ-ization of Banking Systems and Innovation Diffusion [M] //The Changing Geography of Banking and Finance. Boston Springer, 2009: 75-108.

[164] ALESSANDRINI P, PRESBITERO A F, ZAZZARO A. Bank Size or Dist-ance: What Hampers Innovation Adoption by SMEs? [J]. Journal of Economic Geography, 2010, 10 (6): 845-881.

[165] BENFRATELLO L, SCHIANTARELLI F, SEMBENELLI A. Banks and Innovation: Microeconometric Evidence on Italian Firms [J]. Journal of Financial Economics, 2008, 90 (2): 197-217.

[166] CHAVA S, OETTL A, SUBRAMANIAN A, et al. Banking Deregulation and Innovation [J]. Journal of Financial Economics, 2013, 109 (3): 759-774.

[167] CORNAGGIA J, MAO Y, TIAN X, et al. Does Banking Competition Affect Innovation? [J]. Journal of Financial Economics, 2015, 115 (1): 189-209.

[168] HOMBERT J, MATRAY A. The Real Effects of Lending Relationships on

Innovative Firms and Inventor Mobility [J]. The Review of Financial Studies, 2017, 30 (7): 2413-2445.

[169] HUGHES J P, LANG W, MESTER L J, et al. Efficient Banking under Interstate Branching [J]. Journal of Money, Credit and Banking, 1996, 28 (4): 1045-1071.

[170] AGUIRREGABIRIA V, CLARK R, WANG H. The Geographic Flow of Bank Funding: Branch Networks and Local-Market Competition [M]. Kingston: Queens University, 2017.

[171] RIME B, STIROH K J. The Performance of Universal Banks: Evidence from Switzerland [J]. Journal of Banking & Finance, 2003, 27 (11): 2121-2150.

[172] DEMSETZ R S, STRAHAN P E. Diversification, Size, and Risk at Bank Holding Companies [J]. Journal of Money, Credit and Banking, 1997, 29 (3): 300-313.

[173] CHEN X, SKULLY M, BROWN K. Banking Efficiency in China: Application of Dea to Pre-and Post-Deregulation Eras: 1993-2000 [J]. China Economic Review, 2005, 16 (3): 229-245.

[174] ALLEN J, LIU Y. Efficiency and Economies of Scale of Large Canadian Banks [J]. Canadian Journal of Economics/Revue Canadienne d'Économique, 2007, 40 (1): 225-244.

[175] BERGER A N, DEYOUNG R. The Effects of Geographic Expansion on Bank Efficiency [J]. Journal of Financial Services Research, 2001, 19 (2-3): 163-184.

[176] DICK A A. Demand Estimation and Consumer Welfare in the Banking Industry [J]. Journal of Banking & Finance, 2008, 32 (8): 1661-1676.

[177] BERGER A N, HASAN I, ZHOU M. The Effects of Focus Versus Diversification on Bank Performance: Evidence Form Chinese Banks [J]. Journal of Banking & Finance, 2010, 34 (7): 1417-1435.

[178] AGUIRREGABIRIA V, CLARK C R, WANG H. Diversification of Geo-graphic Risk in Retail Bank Networks: Evidence from Bank Expansion after the Riegle-Neal Act [J]. RAND Journal of Economics, 2016, 47 (3): 529-572.

[179] DENG S, ELYASIANIA E. Geographic Diversification, Bank Holding Company Value, and Risk [J]. Journal of Money, Credit and Banking, 2008, 40 (6): 1217-1238.

[180] GOETZ M R, LAEVEN L, LEVINE R. Does the Geographic Expansion of Banks Reduce Risk? [J]. Journal of Financial Economics, 2016, 120 (2): 346-362.

[181] BAELE L, DE JONGHE O, VANDER VENNET R. Does the Stock Market Value Bank Diversification? [J]. Journal of Banking & Finance, 2007, 31 (7): 1999-2023.

[182] DE NICOLÓ G. Size, Charter Value and Risk in Banking: An International Perspective [M]. Board of Governors of the Federal Reserve System International Finance Discussion Papers No. 689, 2000.

[183] JENSEN M C, RUBACK R S. The Market for Corporate Control: The Scientific Evidence [J]. Journal of Financial Economics, 1983, 11 (1): 5-50.

[184] DENG S, ELYASIANI E, MAO C X. Diversification and the Cost of Debt of Bank Holding Companies [J]. Journal of Banking & Finance, 2007, 31 (8): 2453-2473.

[185] YILDIRIM C, EFTHYVOULOU G. Bank Value and Geographic Diversi-

fication: Regional vs Global [J]. Journal of Financial Stability, 2018 (36): 225-245.

[186] PILLOFF S J. Performance Changes and Shareholder Wealth Creation Associated with Mergers of Publicly Traded Banking Institutions [J]. Journal of Money, Credit and Banking, 1996, 28 (3): 294-310.

[187] HOUSTON J F, JAMES C M, RYNGAERT M D. Where Do Merger Gains Come From? Bank Mergers from the Perspective of Insiders and Outsiders [J]. Journal of Financial Economics, 2001, 60 (2): 285-331.

[188] PENAS M F, UNAL H. Gains in Bank Mergers: Evidence from the Bond Markets [J]. Journal of Financial Economics, 2004, 74 (1): 149-179.

[189] BRICKLEY J A, LINCK J S, SMITH JR C W. Boundaries of the Firm: Evidence from the Banking Industry [J]. Journal of Financial Economics, 2003, 70 (3): 351-383.

[190] BERGER A N, MILLER N H, PETERSEN M A, et al. Does Function Follow Organizational Form? Evidence from the Lending Practices of Large and Small Banks [J]. Journal of Financial Economics, 2005, 76 (2): 237-269.

[191] GOETZ M R, LAEVEN L, LEVINE R. Identifying the Valuation Effects and Agency Costs of Corporate Diversification: Evidence from the Geographic Diversification of Us Banks [J]. Review of Financial Studies, 2013, 26 (7): 1787-1823.

[192] GOETZ M R, LAEVEN L, LEVINE R. The Valuation Effects of Geographic Diversification [M]. Washington D. C.: International Monetary Fund Working Paper, 2012.

[193] HELLMANN T F, MURDOCK K C, STIGLITZ J E. Liberalization, Moral Hazard in Banking, and Prudential Regulation: Are Capital Requirements

Enough [J]. The American Economic Review, 2000, 90 (1): 147-165.

[194] CHAN Y-S, GREENBAUM S I, THAKOR A V. Information Reusability, Competition and Bank Asset Quality [J]. Journal of Banking & Finance, 1986, 10 (2): 243-253.

[195] BESANKO D, THAKOR A V. Relationship Banking, Deposit Insurance and Bank Portfolio Choice [M] //Capital Markets and Financial Intermediation. Cambridge: Cambridge University Press, 1993: 292-318.

[196] DI PATTI E B, DELL'ARICCIA G. Bank Competition and Firm Creation [J]. Journal of Money, Credit and Banking, 2004, 36 (2): 225-251.

[197] FUNGÁČOVÁ Z, SHAMSHUR A, WEILL L. Does Competition Reduce the Risk of Bank Failure? Cross-Country Evidence from Europe [J]. Journal of Banking & Finance, 2017 (83): 104-120.

[198] SUÁREZ F J. Closure Rules, Market Power and Risk-Taking in a Dynamic Model of Bank Behavior [M]. London: London school of Eionomics, 1994.

[199] REPULLO R. Capital Requirements, Market Power, and Risk-Taking in Banking [J]. Journal of Financial Intermediation, 2004, 13 (2): 156-182.

[200] BECK T, DEMIRGÜÇ-KUNT A, LEVINE R. Bank Concentration, Competition, and Crises: First Results [J]. Journal of Banking & Finance, 2006, 30 (5): 1581-1603.

[201] KEELEY M C. Deposit Insurance, Risk, and Market Power in Banking [J]. The American Economic Review, 1990, 80 (5): 1183-1200.

[202] BERGER A N, KLAPPER L F, TURK-ARISS R. Bank Competition and Financial Stability [J]. Journal of Financial Services Research, 2009, 35 (2): 99-118.

[203] JIMÉNEZ G, LOPEZ J A, SAURINA J. How Does Competition Affect Bank Risk-Taking [J]. Journal of Financial Stability, 2013, 9 (2): 185-195.

[204] BUSHMAN R M, HENDRICKS B E, WILLIAMS C D. Bank Competition: Measurement, Decision-Making, and Risk-Taking [J]. Journal of Accounting Research, 2016, 54 (3): 777-826.

[205] MATUTES C, VIVES X. Imperfect Competition, Risk Taking, and Regulation in Banking [J]. European Economic Review, 2000, 44 (1): 1-34.

[206] CALOMIRIS C W, MASON J R. Fundamentals, Panics, and Bank Distress During the Depression [J]. American economic review, 2003, 93 (5): 1615-1647.

[207] JAYARATNE J, STRAHAN P E. The Finance-Growth Nexus Evidence from Bank Branch Deregulation [J]. The Quarterly Journal of Economics, 1996, 111 (3): 639-670.

[208] STIROH K J, STRAHAN P E. Competitive Dynamics of Deregulation: Evidence from U. S. Banking [J]. Journal of Money, Credit and Banking, 2003, 35 (5): 801-828.

[209] BOYD J H, DE NICOLÓ G. The Theory of Bank Risk Taking and Competition Revisited [J]. The Journal of Finance, 2005, 60 (3): 1329-1343.

[210] BOYD J H, DE NICOLÓ G, JALAL A. Bank Risk Taking and Competition Revisited: New Theory and New Evidence [M]. Washington D. C.: International Monetary Fund, 2006.

[211] DE NICOLÓ G, LOUKOIANOVA E. Bank Ownership, Market Structure, and Risk [M]. Washington D. C.: International Monetary Fund Working Paper, 2007.

[212] SCHAECK K, ČIHÁK M. How Does Competition Affect Efficiency and Soundness in Banking: New Empirical Evidence [M]. Frankfurt: European Central Bank Working Paper Series No. 932, 2008.

[213] SCHAECK K, ČIHÁK M, Wolfe S. Are Competitive Banking Systems More Stable? [J]. Journal of Money, Credit and Banking, 2009, 41 (4): 711-734.

[214] 邹朋飞，欧阳青东. 信贷市场竞争与银行业的稳定性 [J]. 湘潭大学学报（哲学社会科学版），2011，35（3）：38-44.

[215] ANGINER D, DEMIRGÜÇ-KUNT A, ZHU M. How Does Competition Affect Bank Systemic Risk? [J]. Journal of Financial Intermediation, 2014, 23 (1): 1-26.

[216] AKINS B, LI L, NG J, et al. Bank Competition and Financial Stability: Evidence from the Financial Crisis [J]. Journal of Financial and Quantitative Analysis, 2016, 5 (1): 1-28.

[217] GOETZ M R. Competition and Bank Stability [J]. Journal of Financial Intermediation, 2017 (35): 57-69.

[218] MARTÍNEZ-MIERA D, REPULLO R. Does Competition Reduce the Risk of Bank Failure? [J]. Review of Financial Studies, 2010, 23 (10): 3638-3664.

[219] MASON E S. Price and Production Policies of Large-Scale Enterprise [J]. The American Economic Review, 1939, 29 (1): 61-74.

[220] BAIN J S. Industrial Organization [M]. New York: Wiley, 1959.

[221] DEMSETZ H. Industry Structure, Market Rivalry, and Public Policy [J]. The Journal of Law and Economics, 1973, 16 (1): 1-9.

[222] PELTZMAN S. The Gains and Losses from Industrial Concentration [J]. The Journal of Law and Economics, 1977, 20 (2): 229-263.

[223] 欧阳青东．中国保险业交易成本制度研究［D］．广州：暨南大学，2008.
[224] BERGER A N, HANNAN T H. The Price-Concentration Relationship in Banking [J]. The Review of Economics and Statistics, 1989, 71 (2): 291-199.
[225] BERGER A N, HANNAN T H. The Rigidity of Prices: Evidence from the Banking Industry [J]. The American Economic Review, 1991, 81 (4): 938-945.
[226] HANNAN T H. Bank Commercial Loan Markets and the Role of Market Structure: Evidence from Surveys of Commercial Lending [J]. Journal of Banking & Finance, 1991a, 15 (1): 133-149.
[227] NEUMARK D, SHARPE S A. Market Structure and the Nature of Price Rigidity: Evidence from the Market for Consumer Deposits [J]. The Quarterly Journal of Economics, 1992, 107 (2): 657-680.
[228] MOLYNEUX P. Structure and Performance in European Banking [D]. U K: University of Wales, Bangor, UK, 1993.
[229] MOLYNEUX P D, LLOYD-WILLIAMS M, THORNTON J. Competitive Conditions in European Banking [J]. Journal of Banking & Finance, 1994, 18 (3): 445-459.
[230] BERGER A N. The Profit-Structure Relationship in Banking: Tests of Market-Power and Efficient-Structure Hypotheses [J]. Journal of Money, Credit and Banking, 1995a, 27 (2): 404-431.
[231] 赵紫剑．银行规模经济问题研究综述［J］．经济学动态，2004，(10)：93-96.
[232] 黄志豪，于蓉．银行产业组织理论研究综述［J］．经济学动态，2005，(2)：91-94.

[233] 史振乐．银行业产业组织理论综述［J］．经济研究导刊，2014，(16)：133-135.

[234] 谢钟芸．商业银行绩效问题研究：国内外文献综述［J］．中国市场，2017 (22)：12-13.

[235] NEUBERGER D. Industrial Organization of Banking: A Review [J]. International Journal of the Economics of Business, 1998, 5 (1): 97-118.

[236] FAMA E F. What' s Different About Banks? [J]. Journal of Monetary Economics, 1985, 15 (1): 29-39.

[237] HANNAN T H. Foundations of the Structure - Conduct - Performance Paradigm in Banking [J]. Journal of Money, Credit and Banking, 1991b, 23 (1): 68-84.

[238] 刘伟，黄桂田．中国银行业改革的侧重点：产权结构还是市场结构［J］．经济研究，2002 (8)：3-11.

[239] 谭政勋．中国银行业效率结构与制度研究［D］．广州：暨南大学，2008.

[240] BERGER A N, DEMSETZ R S, STRAHAN P E. The Consolidation of Financial Services Industry: Causes, Consequences, and Implications for the Future [J]. Journal of Banking & Finance, 1999, 23 (2): 135-194.

[241] BOOT A W A, THAKOR A V. Can Relationship Banking Survive Competition? [J]. The Journal of Finance, 2000, 55 (2): 679-713.

[242] JAYARATNE J, WOLKEN J D. How Important Are Small Banks to Small Business Lending: New Evidence from a Survey of Small Firms [J]. Journal of Banking & Finance, 1999, 23 (2-4): 427-458.

[243] WESTWOOD J B, HOLLAND C P. Bigger Is Beautiful [J]. The Banker, 2000 (supplement): 18-20.

[244] MESLIER C, MORGAN D P, SAMOLYK K, et al. The Benefits and

Costs of Geographic Diversification in Banking [J]. Journal of International Money and Finance, 2016 (69): 287-317.

[245] 龚方乐. 农村信用合作管理体制的若干问题 [J]. 经济研究参考, 2001 (37): 2-12.

[246] 殷孟波，翁舟杰. 从交易费用看农村信用社的制度选择：为合作制正名 [J]. 财经科学，2005 (5): 28-32.

[247] 凌涛. 探索农村金融改革新思路：也谈我国农村信用合作社体制改革的争论 [J]. 金融研究，2001 (7): 60-66.

[248] 高冬民. 从国际经验看中国城市信用合作社的干预、处置：1998—2002 [J]. 金融研究，2004 (9): 77-85.

[249] 谢平. 中国农村信用合作社体制改革的争论 [J]. 金融研究，2001 (1): 1-13.

[250] HEISE A. Commercial Banks in Macroeconomic Theory [J]. Journal of Post Keynesian Economics, 1992, 14 (3): 285-296.

[251] WRAY L R. Commercial Banks, the Central Bank, and Endogenous Money [J]. Journal of Post Keynesian Economics, 1992, 14 (3): 297-310.

[252] DYMSKI G A. A "New View" of the Role of Banking Firms in Keynesian Monetary Theory [J]. Journal of Post Keynesian Economics, 1992, 14 (3): 311-320.

[253] BLOCK W, DAVIDSON L. The Case against Fiduciary Media: Ethics Is the Key [J]. Journal of Business Ethics, 2010, 98 (3): 505-511.

[254] 李广子. 跨区经营与中小银行绩效 [J]. 世界经济，2014 (11): 119-145.

[255] 范香梅，邱兆祥，张晓云. 我国中小银行地域多元化风险与收益的实证分析 [J]. 管理世界，2010 (10): 171-173.

[256] 陈晞，叶宇. 2007—2009 年中小银行跨区域经营效率与影响因素分析

[J]. 金融理论与实践，2011（7）：51-53.

[257] DICK A A. Nationwide Branching and Its Impact on Market Structure, Quality, and Bank Performance [J]. The Journal of Business, 2006, 79 (2): 567-592.

[258] SCHMID M M, WALTER I. Geographic Diversification and Firm Value in the Financial Services Industry [J]. Journal of Empirical Finance, 2012, 19 (1): 109-122.

[259] BERGER A N, EI GHOUL S, GUEDHAMI O, et al. Internationalization and Bank Risk [J]. Management Science, 2016, 63 (7): 2283-2301.

[260] RUGMAN A M, VERBEKE A. A Perspective on Regional and Global Strategies of Multinational Enterprises [J]. Journal of International Business Studies, 2004, 35 (1): 3-18.

[261] AGGARWAL R, BERRILL J, HUTSON E, et al. What Is a Multinational Corporation? Classifying the Degree of Firm-Level Multinationality [J]. International Business Review, 2011, 20 (5): 557-577.

[262] CETORELLI N, GOLDBERG L S. Banking Globalization and Monetary Transmission [J]. The Journal of Finance, 2012, 67 (5): 1811-1843.

[263] GARCÍA-HERRERO A, VÁZQUEZ F. International Diversification Gains and Home Bias in Banking [J]. Journal of Banking & Finance, 2013, 37 (7): 2560-2571.

[264] GULAMHUSSEN M A, PINHEIRO C, POZZOLO A F. International Diversification and Risk of Multinational Banks: Evidence from the Pre-Crisis Period [J]. Journal of Financial Stability, 2014 (13): 30-43.

[265] HUGHES J P, LANG W W, MESTER L J, et al. The Dollars and Sense of Bank Consolidation [J]. Journal of Banking & Finance, 1999, 23 (2): 291-274.

[266] ALLEN L, PANTZALIS C. Valuation of the Operating Flexibility of Multinational Corporations [J]. Journal of International Business Studies, 1996, 27 (4): 633-653.

[267] DUNNING J H, RUGMAN A M. The Influence of Hymer's Dissertation on the Theory of Foreign Direct Investment [J]. The American Economic Review, 1985, 75 (2): 228-232.

[268] LEE T, CHAN K C, YEH J-H, et al. The Impact of Internationalization on Firm Performance: A Quantile Regression Analysis [J]. International Review of Accounting, Banking and Finance, 2010, 2 (4): 39-59.

[269] LIANG H-Y, CHING Y P, CHAN K C. Enhancing Bank Performance through Branches or Representative Offices? Evidence from European Banks [J]. International Business Review, 2013, 22 (3): 495-508.

[270] 范香梅，邱兆祥，张晓云. 我国商业银行跨区域发展的经济效应研究 [J]. 财贸经济，2011 (1): 64-71.

[271] 刘惠好，杨扬，金蕾. 跨区域经营对城市商业银行 X 效率的影响研究 [J]. 经济经纬，2014 (2): 140-145.

[272] 薛超. 我国城市商业银行规模扩张与多元化经营研究 [D]. 天津：南开大学，2014.

[273] 陈宇峰. 分支机构数量、资产规模与银行规模经济：基于扩增型规模经济方法的分析 [J]. 山西财经大学学报，2007, 29 (1): 100-106.

[274] 位华，陈丽萍. 市场约束与政府干预共同作用下的银行风险承担 [J]. 东岳论丛，2012 (8): 117-121.

[275] 曹廷求，张光利. 市场约束、政府干预与城市商业银行风险承担 [J]. 金融论坛，2011 (2): 3-14.

[276] 张金清，吴有红. 外资银行进入水平影响商业银行效率的“阈值效应”分析：来自中国商业银行的经验证据 [J]. 金融研究，2010 (6):

60-74.

[277] 何蛟，傅强，潘璐. 股权结构对中国商业银行效率的影响［J］. 金融论坛，2010（7）：33-38.

[278] 殷孟波，石琴. 金融业全面开放对我国银行业竞争度的影响：基于Panzar-Rosse模型的实证研究［J］. 财贸经济，2009（11）：12-18.

[279] 李伟，韩立岩. 外资银行进入对我国银行业市场竞争度的影响：基于Panzar-Rosse模型的实证研究［J］. 金融研究，2008（5）：87-98.

[280] 甘小丰. 城市商业银行效率研究［J］. 金融理论与实践，2007（3）：12-15.

[281] TAN Y. Performance, Risk and Competition in the Chinese Banking Industry [M]. Oxford: Chandos Publishing, 2014.

[282] PAPI L, SARNO E, ZAZZARO A. The Geographical Network of Bank Organizations: Issues and Evidence for Italy [M] //Handbook on the Geographies of Money and Finance. UK: Edward Elgar Publishing Limited. 2017: 156-197.

[283] BAIN J S. Barriers to New Competition: Their Character and Consequences in Manufacturing Industries [M]. Cambridge, MA: Harvard University Press, 1956.

[284] CLAESSENS S, LAEVEN L. What Drives Bank Competition? Some International Evidence [J]. Journal of Money, Credit and Banking, 2004, 36 (3): 563-583.

[285] CLAESSENS S. Competition in the Financial Sector: Overview of Competition Policies [J]. The World Bank Research Observer, 2009, 24 (1): 83-118.

[286] DEMSETZ H. Information and Efficiency: Another Viewpoint [J]. Journal of Law and Economics, 1969, 12 (1): 1-22.

[287] BAUMOL W J, PANZAR J C, WILLIG R D. Contestable Markets and the Theory of Industry Structure [J]. American Economic Review, 1982, 72 (1): 1-15.

[288] NATHAN A, NEAVE E H. Competition and Contestability in Canada's Financial System: Empirical Results [J]. Canadian Journal of Economics, 1989, 22 (3): 576-594.

[289] BERGER A N, DEMIRGÜÇ-KUNT A, LEVINE R, et al. Bank Concentration and Competition: An Evolution in the Making [J]. Journal of Money, Credit and Banking, 2004, 36 (3): 433-451.

[290] FERNANDEZ DE GUEVARA J, MAUDOS J, PÉREZ F. Market Power in European Banking Sectors [J]. Journal of Financial Services Research, 2005, 27 (2): 109-137.

[291] LERNER A P. The Concept of Monopoly and the Measurement of Monopoly Power [J]. The Review of Economic Studies, 1934, 1 (3): 157-175.

[292] PANZAR J C, ROSSE J N. Testing for "Monopoly" Equilibrium [J]. The Journal of Industrial Economics, 1987, 35 (4): 443-456.

[293] BOONE J, VAN OURS J C, VAN DER WIEL H. How (Not) to Measure Competition [M]. The Nethertands: CPB Discussion Paper No. 91, 2007.

[294] BOONE J. A New Way to Measure Competition [J]. The Economic Journal, 2008, 118 (531): 1245-1261.

[295] MARIUS ANDRIEŞ A, CĂPRARU B. The Nexus between Competition and Efficiency: The European Banking Industries Experience [J]. International Business Review, 2014, 23 (3): 566-579.

[296] BECK T, DE JONGHE O, SCHEPENS G. Bank Competition and Stability: Cross - Country Heterogeneity [J]. Journal of Financial Intermediation,

2013, 22 (2): 218-244.

[297] LIU H, WILSON J O S. Competition and Risk in Japanese Banking [J]. The European Journal of Finance, 2013, 19 (1): 1-18.

[298] LIU H, MOLYNEUX P, WILSON J OS. Competition and Stability in European Banking: A Regional Analysis [J]. The Manchester School, 2013, 81 (2): 176-201.

[299] LIU H, MOLYNEUX P, NGUYEN L H. Competition and Risk in South East Asian Commercial Banking [J]. Applied Economics, 2012, 44 (28): 3627-3644.

[300] MAUDOS J, SOLÍS L. The Determinants of Net Interest Income in the Mexican Banking System: An Integrated Model [J]. Journal of Banking & Finance, 2009, 33 (10): 1920-1931.

[301] CARBÓ S, HUMPHREY D, MAUDOS J N, et al. Cross - Country Comparisons of Competition and Pricing Power in European Banking [J]. Journal of International Money and Finance, 2009, 28 (1): 115-134.

[302] 郭晔，赵静. 存款竞争，影子银行与银行系统风险：基于中国上市银行微观数据的实证研究 [J]. 金融研究，2017 (6): 81-94.

[303] 杨天宇，钟宇平. 中国银行业的集中度、竞争度与银行风险 [J]. 金融研究，2013 (1): 122-134.

[304] 张宗益，吴恒宇，吴俊. 商业银行价格竞争与风险行为关系：基于贷款利率市场化的经验研究 [J]. 金融研究，2012 (7): 1-14.

[305] BERGER A N, HUMPHREY D B. Efficiency of Financial Institution: International Survey and Directions for Future Research [J]. European Journal of Operational Research, 1997, 98 (2): 175-212.

[306] BIKKER J A, HAAF, KATHARINA. Competition, Concentration and Their Relationship: An Empirical Analysis of the Banking Industry [J].

Journal of Banking & Finance, 2002, 26 (11): 2191-2214.

[307] MARIUS ANDRIEŞ A, CĂPRARU B. Competition and Efficiency in Eu 27 Banking Systems [J]. Baltic Journal of Economics, 2012, 12 (1): 41-60.

[308] 周立，王涛，赵玮. 外资银行进入对我国银行业竞争度的影响：基于 Panzar-Rosse 模型的实证研究 [J]. 湖北经济学院学报，2014，12 (2)：24-31.

[309] 余东华，马路萌. 中国银行业竞争程度的测度分析：基于 PR 模型和利率非市场化 [J]. 财贸研究，2012 (4)：106—111.

[310] 王聪，宋慧英. 外资银行进入对中国商业银行竞争行为影响的实证研究 [J]. 南方经济，2012 (9)：17-31.

[311] 赵子铱，彭琦，邹康. 我国银行业市场竞争结构分析：基于 Panzar-Rosse 范式的考察 [J]. 统计研究，2005 (6)：69-73.

[312] BOONE J. Intensity of Competition and the Incentive to Innovate [J]. International Journal of Industrial Organization, 2001, 19 (5): 705-726.

[313] BOONE J, GRIFFITH R, HARRISON R. Measuring Competition [M]. Advanced Institute of Management Research Paper 022, 2005.

[314] VAN LEUVENSTEIJN M, BIKKER J A, VAN RIXTEL A A R J M, et al. A New Approach to Measuring Competition in the Loan Markets of the Euro Area [J]. Applied Economics, 2011, 43 (23): 3155-3167.

[315] SCHAECK K, ČIHÁK M. Competition, Efficiency, and Stability in Banking [J]. Financial Management, 2014, 43 (1): 215-241.

[316] FERNANDEZ DE GUEVARA J, MAUDOS J. Explanatory Factors of Market Power in the Banking System [J]. The Manchester School, 2007, 75 (3): 275-296.

[317] 易纲. 中国改革开放三十年的利率市场化进程 [J]. 金融研究，2009

(1): 1-14.

[318] ANGINER D, DEMIRGÜÇ-KUNT A, ZHU M. How Does Deposit Insurance Affect Bank Risk? Evidence from the Recent Crisis [J]. Journal of Banking & Finance, 2014 (48): 312-321.

[319] 高铁梅. 计量经济分析方法与建模：Eviews 应用及实例 [M]. 2 版. 北京：清华大学出版社，2009.

[320] 欧阳青东，陈雨花. 养老保险制度变迁、人口结构、市场竞争对人身保险消费的影响：基于 2000—2010 年分省数据的经验研究 [J]. 湖南师范大学社会科学学报，2013，42 (1): 123-130.

[321] 王擎，吴玮，黄娟. 城市商业银行跨区域经营、信贷扩张、风险水平及银行绩效 [J]. 金融研究，2012 (1): 141-153.

[322] 杨肃昌. 城市商业银行跨区域经营与风险管理研究 [J]. 甘肃金融，2012 (7): 8-12.

[323] MARKOWITZ H M. Portfolio Selection [J]. The Journal of Finance, 1952, 7 (1): 77-91.

[324] MARKOWITZ H M. Portfolio Selection: Efficient Diversification of Investments [M]. New York: Yale University Press, 1959.

[325] LEWELLEN W G. A Pure Financial Rationale for the Conglomerate Merger [J]. The Journal of Finance, 1971, 26 (2): 521-537.

[326] BOOT A W A, SCHMEITS A. Market Discipline and Incentive Problems in Conglomerate Firms with Applications to Banking [J]. Journal of Financial Intermediation, 2000, 9 (3): 240-273.

[327] LIANG N, RHOADES S A. Geographic Diversification and Risk in Banking [J]. Journal of Economics and Business, 1988, 40 (4): 271-284.

[328] AKHIGBE A , WHYTE A M. Changes in Market Assessment of Bank Risk Following the Riegle-Neal Act of 1994 [J]. Journal of Banking & Finance,

2003, 27 (1): 87-102.

[329] FANG Y, VAN LELYVELD I. Geographic Diversification in Banking [J]. Journal of Financial Stability, 2014 (15): 172-181.

[330] SHARPE S A. Asymmetric Information, Bank Lending and Implicit Contracts: A Stylized Model of Customer Relationship [J]. The Journal of Finance, 1990, 45 (4): 1069-1087.

[331] JAPPELLI T, PAGANO M. Information Sharing, Lending and Defaults: Cross-Country Evidence [J]. Journal of Banking & Finance, 2002, 26 (10): 2017-2045.

[332] CALOMIRIS C W. US Bank Deregulation in Historical Perspective [M]. Cambridge, UK: Cambridge University Press, 2000.

[333] EGAN M, HORTAÇSU A, MATVOS G. Deposit Competition and Financial Fragility: Evidence from the US Banking Sector [J]. American Economic Review, 2017, 107 (1): 169-216.

[334] HOUSTON J, JAMES C, Marcus D. Capital Market Frictions and the Role of Internal Capital Markets in Banking [J]. Journal of Financial Economics, 1997, 46 (2): 135-164.

[335] DE HAAS R, VAN LELYVELD I. Internal Capital Markets and Lending by Multinational Bank Subsidiaries [J]. Journal of Financial Intermediation, 2010, 19 (1): 1-25.

[336] CETORELLI N, GOLDBERG L S. Liquidity Management of U. S. Global Banks: Internal Capital Markets in the Great Recession [J]. Journal of International Economics, 2012, 88 (2): 299-311.

[337] CAMPELLO M. Internal Capital Markets in Financial Conglomerates: Evidence from Small Bank Responses to Monetary Policy [J]. The Journal of Finance, 2002, 57 (6): 2773-2805.

[338] KLEIN P G, SAIDENBERG M R. Organizational Structure and the Dive-rsification Discount: Evidence from Commercial Banking [J]. The Journal of Industrial Economics, 2010, 58 (1): 127-155.

[339] FRIEDMAN M, SCHWARTZ A J. A Monetary History of the United States: 1867-1960 [M]. Princeton: Princeton University Press, 1963.

[340] CARLSON M. Are Branch Banks Better Survivors? Evidence from the Depression Era [J]. Economic Inquiry, 2004, 42 (1): 111-126.

[341] CARLSON M, MITCHNER K J. Branch Banking, Bank Competition, and Financial Stability [J]. Journal of Money, Credit and Banking, 2006, 38 (5): 1294-1328.

[342] AUBUCHON C P, WHEELOCK D C. The Geographic Distribution and Characteristics of U. S. Bank Failures, 2007-2010: Do Bank Failures Still Reflect Local Economic Condition? [J]. Federal Reserve Bank of St. Louis Review, 2010 (92): 395-415.

[343] ACHARYA V V, HASAN I, SAUNDERS A. Should Banks Be Diversified? Evidence from Individual Bank Loan Portfolios [J]. The Journal of Business, 2006, 79 (3): 1355-1412.

[344] CHONG B S. The Effects of Interstate Banking on Commercial Banks' Risk and Profitability [J]. The Review of Economics and Statistics, 1991, 73 (1): 78-84.

[345] GARCÍA-HERRERO A, GAVILÁ S, SANTABÁRBARA D. What Explains the Low Profitability of Chinese Banks? [J]. Journal of Banking & Finance, 2009, 33 (11): 2080-2092.

[346] HO K, ISHII J. Location and Competition in Retail Banking [J]. Inte-rnational Journal of Industrial Organization, 2011, 29 (5): 537-546.

[347] HERRING R J, CARMASSI J. The Corporate Structure of International

Financial Conglomerates: Complexity and Its Implications for Safety and Soundness [M] //Oxford Handbook of Banking. Oxford: Oxford University Press 2010.

[348] DEMIRGÜÇ-Kunt A, Huizinga H. Bank Activity and Funding Strategies: The Impact on Risk and Returns [J]. Journal of Financial Economics, 2010, 98 (3): 626-650.

[349] BHAGAT S, BOLTON B, LU J. Size, Leverage, and Risk-Taking of Financial Institutions [J]. Journal of Banking & Finance, 2015 (59): 50-537.

[350] BERGER A N. The Relationship between Capital and Earnings in Banking [J]. Journal of Money, Credit and Banking, 1995b, 27 (2): 432-456.

[351] KOEHN M, SANTOMERO A M. Regulation of Bank Capital and Portfolio Risk [J]. The Journal of Finance, 1980, 35 (5): 1235-1244.

[352] KIM D, SANTOMERO A M. Risk in Banking and Capital Regulation [J]. The Journal of Finance, 1988, 43 (5): 1219-1233.

[353] HOLMSTROM B, TIROLE J. Financial Intermediation, Loanable Funds, and the Real Sector [J]. The Quarterly Journal of Economics, 1997, 112 (3): 663-691.

[354] ALLEN F, CARLETTI E, MARQUEZ R. Credit Market Competition and Capital Regulation [J]. Review of Financial Studies, 2011, 24 (4): 983-1018.

[355] MEHRAN H, THAKOR A. Bank Capital and Value in the Cross-Section [J]. The Review of Financial Studies, 2011, 24 (4): 1019-1067.

[356] BERGER A N, BOUWMAN C HS. How Does Capital Affect Bank Performance During Financial Crises? [J]. Journal of Financial Economics, 2013, 109 (1): 146-176.

[357] AGORAKI M-E K, DELIS M D., PASIOURAS F. Regulations, Comp-

etition and Bank Risk - Taking in Transition Countries [J]. Journal of Financial Stability, 2011, 7 (1): 38-48.

[358] MOLYNEUX P, THORNTON J. Determinants of European Bank Prof-itability: A Note [J]. Journal of Banking & Finance, 1992, 16 (6): 1173-1178.

[359] GURU B K, STAUNTON J, BALASHANMUGAM B. Determinants of Commercial Bank Profitability in Malaysia [J]. Journal of Money, Credit, and Banking, 2002, 17 (1): 69-82.

[360] SAUNDERS A, STROCK E, TRAVLOS N G. Ownership Structure, Der-egulation, and Bank Risk Taking [J]. The Journal of Finance, 1990, 45 (2): 643-654.

[361] LAEVEN L, LEVINE R. Bank Governance, Regulation and Risk Taking [J]. Journal of Financial Economics, 2009, 93 (2): 259-275.

[362] BELTRATTI A, STULZ R M. The Credit Crisis around the Globe: Why Did Some Banks Perform Better? [J]. Journal of Financial Economics, 2012, 105 (1): 1-17.

[363] VAN ESSEN M, ENGELEN P-J, MICHAEL C. Does "Good" Corporate Governance Help in a Crisis? The Impact of Country - and Firm - Level Governance Mechanisms in the European [J]. Corporate Governance: An International Review, 2013, 21 (3): 201-224.

[364] ELLIS L, HALDANE A, MOSHIRIAN F. Systemic Risk, Governance and Global Financial Stability [J]. Journal of Banking & Finance, 2014 (45): 175-181.

[365] DEMIRGÜÇ-KUNT A, HUIZINGA H. Determinants of Commercial Bank Interest Margins and Profitability: Some International Evidence [J]. The World Bank Economic Review, 1999, 13 (2): 379-408.

[366] ATHANASOGLOU P P, BRISSIMIS S N, DELIS M D. Bank-Specific, Industry-Specific and Macroeconomic Determinants of Bank Profitability [J]. Journal of International Financial Markets, Institutions and Money, 2008, 18 (2): 121-136.

[367] DIETRICH A, WANZENRIED G. Determinants of Bank Profitability before and During the Crisis: Evidence from Switzerland [J]. Journal of International Financial Markets, Institutions and Money, 2011, 21 (3): 307-327.

[368] PASIOURAS F, KOSMIDOU K. Factors Influencing the Profitability of Domestic and Foreign Commercial Banks in the European Union [J]. Research in International Business and Finance, 2007, 21 (2): 222-237.

[369] KNOTT A M, POSEN H E. Is Failure Good? [J]. Strategic Man-agement Journal, 2005, 26 (7): 617-641.

[370] PEROTTI E C, SUAREZ J. Last Bank Standing: What Do I Gain If You Fail? [J]. European Economic Review, 2002, 46 (9): 1599-1622.

[371] CAPRIO JR G, KLINGEBIEL D. Bank Insolvencies: Cross Country Expe-rience [M]. Washington D. C.: World Bank Policy Research Working Paper 1620, 1996.

[372] MAILATH G J, MESTER L J. A Positive Analysis of Bank Closure [J]. Journal of Financial Intermediation, 1994, 3 (3): 272-299.

[373] PARK S. Bank Failure Contagion in Historical Perspective [J]. Journal of Monetary Economics, 1991, 28 (2): 271-286.

[374] NGUYEN H-L Q. Do Bank Branches Still Matter? The Effect of Closings on Local Economic Outcomes [M]. Massachusetts. Massachusetts Institute of Technology, 2014.

[375] BRUNNERMEIER M K. Deciphering the Liquidity and Credit Crunch 2007-2008 [J]. Journat of Economic Perspective, 2009, 23 (1): 77-100.

[376] DANIELSSON J, SHIN H S, ZIGRAND J-P. Risk Appetite and End-ogenous Risk [M]. London School of Economics Working Paper, 2010.

[377] MERTON R C. On the Pricing of Corporate Debt: The Risk Structure of Interest Rates [J]. The Journal of Finance, 1974, 29 (2): 449-470.

[378] BONGINI P, LAEVEN L, MAJNONI G. How Good Is the Market at Assessing Bank Fragility? A Horse Race Betweent Different Indicators [J]. Journal of Banking & Finance, 2002, 26 (5): 1011-1028.

[379] HILLEGEIST S A, KEATING E K, CRAM D P, et al. Assessing the Probability of Bankruptcy [J]. Review of Accounting Studies, 2004, 9 (1): 5-34.

[380] BARTRAM S M, BROWN G W, HUND J E. Estimating Systemic Risk in the International Financial System [J]. Journal of Financial Economics, 2007, 86 (3): 835-869.

[381] CAMPBELL J Y, HILSCHER J, SZILAGYI J. In Search of Distress Risk [J]. The Journal of Finance, 2008, 63 (6): 2899-2939.

[382] HOVAKIMIAN A, KANE E J, LAEVEN L. Variation in Systemic Risk at US Banks During 1974 - 2010 [M]. Cambridge: National Bureau of Economic Research Working Paper, 2012.

[383] ANGKINAND A P, SAWANGNGOENYUANG W, WIHLBORG C. Financial Liberalization and Banking Crises: A Cross - Country Analysis [J]. International Review of Finance, 2010, 10 (2): 263-292.

[384] ROY A D. Safety First and the Holding of Assets [J]. Econometrica, 1952, 20 (3): 431-449.

[385] HOUSTON J F, LIN C, LIN P, et al. Creditor Rights, Information

Sharing, and Bank Risk Taking [J]. Journal of Financial Economics, 2010, 96 (3): 485-512.

[386] 徐明东，陈学彬. 货币环境、资本充足率与商业银行风险承担 [J]. 金融研究，2012 (7): 48-62.

[387] 王海霞. 银行风险、收益与客户贷款集中度：基于城市商业银行的实证分析 [J]. 金融理论与实践，2009 (11): 71-74.

[388] 刘飞. 城市商业银行跨区域扩张的收益和风险 [J]. 金融论坛，2011 (8): 75-79.

[389] 陈其安，黄悦悦. 政府监管、市场约束对商业银行风险承担行为的影响 [J]. 金融论坛，2011, 16 (10): 56-61.

[390] BERGER A N, MOLYNEUX P, WILSON J O. The Oxford Handbook of Banking [M]. 2nd. New York: Oxford University Press, 2015.

[391] BHATIA V, BASU S, MITRA S K, et al. A Review of Bank Efficiency and Productivity [J]. OPSEARCH, 2018 (55): 557-600.

[392] MURPHY N B, ORGLER Y E. Cost Analysis for Branching Systems: Methodology, Test Results, and Implications for Management [J]. The Journal of Financial Research, 1982, 5 (2): 181-188.

[393] DOUKAS J, SWITZER L N. Economies of Scale and Scope in Canadian Branch Banking [J]. Journal of International Financial Markets, Institutions & Money, 1991, 1 (2): 61-84.

[394] ZARDKOOHI A, KOLARI J. Branch Office Economies of Scale and Scope: Evidence from Savings Banks in Finland [J]. Journal of Banking and Finance, 1994, 18 (3): 421-432.

[395] BERGER A N, LEUSNER J H, MINGO J J. The Efficiency of Bank Branches [J]. Journal of Monetary Economics, 1997, 40 (1): 141-162.

[396] HARIMAYA K, KONDO K. Effects of Branch Expansion on Bank Effi-ciency: Evidence from Japanese Regional Banks [J]. Managerial Finance, 2016, 42 (2): 82-94.

[397] FLANNERY M J. The Social Costs of Unit Banking Restrictions [J]. Journal of Monetary Economics, 1984, 13 (2): 237-249.

[398] BERGER A N, DEYOUNG R, GENAY H, et al. Globalization of Financial Institutions: Evidence from Cross-Border Banking Performance [J]. Brookings-Wharton Papers on Financial Services, 2000, 3 (1): 23-120.

[399] JAYARATNE J, STRAHAN P E. Entry Restrictions, Industry Evolution, and Dynamic Efficiency: Evidence from Commercial Banking [J]. Journal of Law and Economics, 1998, 41 (1): 239-274.

[400] KROSZNER R S, STRAHAN P E. Regulation and Deregulation of the US Banking Industry: Causes, Consequences and Implications for the Future [M] //Economic Regulation and Its Reform: What Have We Learned? chicago: University of Chicago Press, 2014: 485-543.

[401] SCHRANZ M S. Takeovers Improve Firm Performance: Evidence from the Banking Industry [J]. Journal of Political Economy, 1993, 101 (2): 299-326.

[402] HUBBARD R G, PALIA D. Executive Pay and Performance Evidence from the US Banking Industry [J]. Journal of Financial Economics, 1995, 39 (1): 105-130.

[403] DE CARVALHO F J C, DE PAULA L F, WILLIAMS J. Banking in Latin America [M] //The Oxford Handbook of Banking. Oxforld: Oxforld University Press, 2015: 984-1016.

[404] CASU B, GIRARDONE C. Testing the Relationship between Competition

and Efficiency in Banking: A Panel Data Analysis [J]. Economics Letters, 2009, 105 (1): 134-137.

[405] KOETTER M, VINS O. The Quiet Life Hypothesis in Banking: Evidence from German Savings Banks [M] . Goethe Uniersity, Frank furt, 2008.

[406] COCCORESE P, PELLECCHIA A. Testing the "Quiet Life" Hypothesis in the Italian Banking Industry [J]. Economic Notes, 2010, 39 (3): 173-202.

[407] CHEN X. Banking Deregulation and Credit Risk: Evidence from the EU [J]. Journal of Financial Stability, 2007, 2 (4): 356-390.

[408] DICK A A, LEHNERT A. Personal Bankruptcy and Credit Market Com-petition [J]. The Journal of Finance, 2010, 65 (2): 655-686.

[409] ACHARYA V V, IMBS J, STURGESS J. Finance and Efficiency: Do Bank Branching Regulations Matter? [J]. Review of Finance, 2011, 15 (1): 135-172.

[410] BERGER A N, MESTER L J. Explaining the Dramatic Changes in Performance of U. S. Banks: Technological Change, Deregulation and Dynamic Changes in Competition [J]. Journal of Financial Intermediation, 2003, 12 (1): 57-95.

[411] 邹朋飞. 我国城市商业银行规模扩张的动机与效应研究 [J]. 南方金融, 2008 (10): 14-17.

[412] JOUIDA S, BOUZGARROU H, HELLARA S. The Effects of Activity and Geographic Diversification on Performance: Evidence from French Financial Institutions [J]. Research in International Business and Finance, 2017 (39): 920-939.

[413] CAI W, XU F, ZENG C. Geographical Diversification and Bank Perfor-mance: Evidence from China [J]. Economics Letters, 2016 (147): 96-98.

[414] LEE C-C, HSIEH M-F, YANG S-J. The Relationship between Revenue Diversification and Bank Performance: Do Financial Structures and Financial Reforms Matter? [J]. Japan and the World Economy, 2014, 29 (1): 18-35.

[415] DEDU V, CHITAN G. The Influence of Internal Corporate Governance on Bank Performance -an Empirical Analysis for Romania [J]. Procedia - Social and Behavioral Sciences, 2013 (99): 1114-1123.

[416] ADAMS R B, MEHRAN H. Corporate Performance, Board Structure and Its Determinants in the Banking Industry [M]. New York: Federal Reserve Bank of New York Staff Reports, 2011.

[417] PENI E, VÄHÄMAA S. Did Good Corporate Governance Improve Bank Performance During the Financial Crisis? [J]. Journal of Financial Services Research, 2012, 41 (1-2): 19-35.

[418] 艾洪德，周继燕. 我国商业银行综合经营绩效研究：以银行系金融控股公司为例 [J]. 财经问题研究，2015 (6): 47-52.

[419] 张涤新，邓斌. 金融危机冲击下我国金融控股公司的经营绩效 [J]. 管理科学学报，2013, 16 (7): 66-79.

[420] PATHAN S, FAFF R. Does Board Structure in Banks Really Affect Their Performance? [J]. Journal of Banking & Finance, 2013, 37 (5): 1573-1589.

[421] AMBA M S, ALMUKHARREQ F. Impact of the Financial Crisis on Profitability of the Islamic Banks vs Conventional Banks-Evidence from GCC [J]. International Journal of Financial Research, 2013, 4 (3): 83-93.

[422] HAW I-M, HO S S M, HU B, et al. Concentrated Control, Institutions, and Banking Sector: An International Study [J]. Journal of Banking & Finance, 2010, 34 (3): 485-497.

[423] ADAMS R B, MEHRAN H. Bank Board Structure and Performance: Evidence for Large Bank Holding Companies [J]. Journal of Financial Intermediation, 2012, 21 (2): 243-267.

[424] JALAL A M, PREZAS A P. Outsider Ceo Succession and Firm Performance [J]. Journal of Economics and Business, 2012, 64 (6): 399-426.

[425] BECCALLI E, CASU B, GIRARDONE C. Efficiency and Stock Performance in European Banking [J]. Journal of Business Finance & Accounting, 2006, 33 (1-2): 245-262.

[426] FU X M, LIN Y R, MOLYNEUX P. Bank Efficiency and Shareholder Value in Asia Pacific [J]. Journal of International Financial Markets, Institutions and Money, 2014 (33): 200-222.

[427] LIADAKI A, GAGANIS C. Efficiency and Stock Performance of EU Banks: Is There a Relationship? [J]. Omega, 2010, 38 (5): 254-259.

[428] FARRELL M J. The Measurement of Productive Efficiency [J]. Journal of the Royal Statistical Society Series A (General), 1957, 120 (3): 253-290.

[429] FÄRE R, LOVELL C A K. Measuring the Technical Efficiency Production [J]. Journal of Economic Theory, 1978, 19 (1): 150-162.

[430] BERGER A N, HUNTER W C, TIMME S G. The Efficiency of Financial Institutions: A Review and Preview of Research Past, Present and Future [J]. Journal of Banking & Finance, 1993, 17 (2): 221-249.

[431] BERGER A N, MESTER L J. Inside the Black Box: What Explains Differences in the Efficiencies of Financial Institutions? [J]. Journal of Banking & Finance, 1997, 21 (7): 895-947.

[432] PARADI J C, ZHU H. A Survey on Bank Branch Efficiency and Performance Research with Data Envelopment Analysis [J]. Omega, 2013, 41

(1): 61-79.

[433] ALLEN L, RAI A. Operational Efficiency in Banking: An International Comparison [J]. Journal of Banking & Finance, 1996, 20 (4): 655-672.

[434] KUMBHAKAR S C, WANG H-J, HORNCASTLE A P. A Practitioner's Guide to Stochastic Frontier Analysis Using Stata [M]. New York, USA: Cambridge University Press, 2015.

[435] 徐传谌，齐树天. 中国商业银行 X-效率实证研究 [J]. 经济研究，2007 (3): 106-116.

[436] BERGER A N, HUMPHREY D B. The Dominance of Inefficiencies over Scale and Product Mix Economies in Banking [J]. Journal of Monetary Economics, 1991, 28 (1): 117-148.

[437] AIGNER D, LOVELL C K, SCHMIDT P. Formulation and Estimation of Stochastic Frontier Production Function Models [J]. Journal of Econometrics, 1977, 6 (1): 21-37.

[438] COELLI T J. A Guide to Frontier Version 4.1: A Computer Program for Stochastic Frontier Production and Cost Function Estimation [M]. Austratia: The University of New England, 1996.

[439] MEEUSEN W, VAN DEN BROECK J. Efficiency Estimation from Cobb-Douglas Production Functions with Composed Error [J]. International Economic Review, 1977, 18 (2): 435-444.

[440] LEIBENSTEIN H. Allocative Efficiency vs. "X-Efficiency" [J]. The American Economic Review, 1966, 56 (3): 392-415.

[441] 迟国泰，孙秀峰，芦丹. 中国商业银行成本效率实证研究 [J]. 经济研究，2005 (6): 104-114.

[442] 徐辉，李健，钟惠波. 银行效率与不良贷款冲击效应的实证研究：基

于 SFA 测度分析的应用［J］. 金融评论，2012（3）：29-40.
［443］王聪，邹朋飞. 基于资本结构和风险考虑的中国商业银行 X-效率研究［J］. 管理世界，2006(11)：6-12.
［444］KROSZNER R S. The Effect of Removing Geographic Restrictions on Banking in the United States：Lessons for Europe［J］. Financial Markets，Institutions & Instruments，2008，17（1）：5-18.
［445］SYLLA R，LEGLER J B，WALLIS J J. Banks and State Public Finance in the New Republic：The United States，1790-1860［J］. The Journal of Economic History，1987，47（2）：391-403.
［446］ROTHBARD M N. A History of Money and Banking in the United States：The Colonial Era to World War Ⅱ［M］. Atabama：Ludwig von Mises Institute，2002.
［447］RAJAN R G，RAMCHARAN R. Constituencies and Legislation：The Fight over the McFadden Act of 1927［J］. Management Science，2016，62（7）：1843-1859.
［448］OMAROVA S T，TAHYAR M E. That Which We Call a Bank：Revisiting the History of Bank Holding Company Regulations in the United States［J］. Review of Banking & Financial Law，2011（31）：113-198.
［449］BECK T，LEVINE R，LEVKOV A. Big Bad Banks? The Impact of US Branch Deregulation on Income Distribution［J］. The Journat of Finance，2010，65（5）：1637-1667.
［450］YILDIRIM H. S，MOHANTY S K. Geographic Deregulation and Competition in the U. S. Banking Industry［J］. Financial Markets，Institutions & Instruments，2010，19（2）：63-94.
［451］FISCHER K-H，PFEIL C. Regulation and Competition in German Bank-ing：An Assessment［M］. Frankfare：Goethe University，2003.

[452] GRUSON M, NIKOWITZ W. The Second Banking Directive of the European Economic Community and Its Importance for non-EEC Banks [J]. Fordham International Law Journal, 1988, 12 (2): 205-241.

[453] GODDARD J. European Banking: An Overview [J]. Journal of Banking & Finance, 2007, 31 (7): 1911-1935.

[454] ALAMÁ L, TORTOSA - AUSIN E. Bank Branch Geographic Location Patterns in Spain: Some Implications for Financial Exclusion [J]. Growth and Change, 2012, 43 (3): 505-543.

[455] LOZANO-VIVAS A, MELéNDEZ-JIMéNEZ M A, MORALES A J. With Whom to Merge? A Tale of the Spanish Banking Deregulation Process [J]. SERIEs, 2011, 2 (2): 159-184.

[456] CERASI V, CHIZZOLINI B, IVALDI M. Branching and Competition in the European Banking Industry [J]. Applied Economics, 2002, 34 (17): 2213-2225.

[457] 欧阳青东，彭洁，陈雨花. 中美商业银行跨区域经营及管制制度变迁比较研究 [J]. 南方金融，2012 (8): 36-40+63.

[458] VANDER VENNET R. Cost and Profit Efficiency of Financial Conglomerates and Universal Banks in Europe [J]. Journal of Money, Credit, and Banking, 2002, 34 (1): 254-282.

[459] BECK T, LEVINE R, LEVKOV A. Big Bad Banks? The Winner and Losers from Bank Deregulation in the United States [J]. The Journal of Finance, 2010, 65 (5): 1637-1667.

[460] GROSSMAN R S. The Shoe That Didn't Drop: Explaining Banking Stability During the Great Depression [J]. The Journal of Economic History, 1994, 54 (3): 654-682.

[461] WHEELOCK D C. Regulation, Market Structure, and the Bank Failures of

the Great Depression [J]. Federal Reserve Bank of St Louis Review, 1995, 77 (3/4): 27-38.

[462] MITCHENER K J. Bank Supervision, Regulation, and Instability During the Great Depression [J]. The Journal of Economic History, 2005, 65 (1): 152-185.

[463] CARLSON M, MITCHENER K J. Branch Banking as a Device for Discipline: Competition and Bank Survivorship During the Great Depression [J]. Journal of Political Economy, 2009, 117 (2): 165-210.

[464] PELTZMAN S. Toward a More General Theory of Regulation [J]. Journal of Law and Economics, 1976, 19 (2): 211-240.

[465] 钱先航，曹廷求，李维安. 晋升压力、官员任期与城市商业银行的贷款行为 [J]. 经济研究，2011 (12): 72-85.

[466] 王兆星. 国际银行监管规则改革趋势和几点思考 [J]. 国际货币评论，2016 (5): 1-9.

[467] 胡再勇. 国际金融监管体系改革的成就及最新进展 [J]. 银行家，2014 (11): 79-82.

[468] 陈奉先. 金砖国家应急外汇储备安排：成本收益、治理缺陷与中国选择 [J]. 南方金融，2015 (2): 4-13.

[469] 张璇. 欧盟泛欧金融监管体系改革及其启示 [J]. 财经问题研究，2011 (6): 116-119.

[470] 陈云贤. 英美欧金融监管体系比较与借鉴 [J]. 国际货币评论，2017 (2-3): 5-9.

[471] 王兆星. 国际银行监管规则改革趋势性特征及启示 [J]. 中国农村金融，2016b (12): 5-8.

[472] 孙若鹏.《巴塞尔协议Ⅲ》最终版的背景、变化及对中国银行业的影响 [J]. 金融监管研究，2018 (10): 33-48.